展也大成

學禮堂访談録

王锷 主编

凤凰出版社

图书在版编目（CIP）数据

展也大成 / 王锷主编. -- 南京 : 凤凰出版社, 2018.4
（学礼堂访谈录）
ISBN 978-7-5506-2747-5

Ⅰ. ①展… Ⅱ. ①王… Ⅲ. ①方向东－访问记②杜泽逊－访问记③程远芬－访问记④刘蕾－访问记 Ⅳ. ①K825.4

中国版本图书馆CIP数据核字(2018)第038828号

书　　　名	展也大成
主　　　编	王　锷
封面题签	刘晓东
责任编辑	崔广洲
书籍设计	徐　慧
出版发行	凤凰出版社(原江苏古籍出版社) 发行部电话025-83223462
出版社地址	南京市中央路165号,邮编:210009
出版社网址	http://www.fhcbs.com
照　　　排	南京凯建图文制作有限公司
印　　　刷	南通印刷总厂有限公司 南通市通州经济开发区朝霞路180号,邮编:226300
开　　　本	880×1230毫米　1/32
印　　　张	11.375
字　　　数	255千字
版　　　次	2018年4月第1版　2018年4月第1次印刷
标准书号	ISBN 978-7-5506-2747-5
定　　　价	58.00元

(本书凡印装错误可向承印厂调换,电话:0513-80237871)

學禮堂
劉

学礼堂师生合影

方向东先生工作照

方先生与王锷在学礼堂交谈

方向东先生、王锷老师与学生合影

方先生部分著作

杜泽逊先生

杜先生与王锷在学礼堂交谈

山东大学校经处

《四库存目标注》

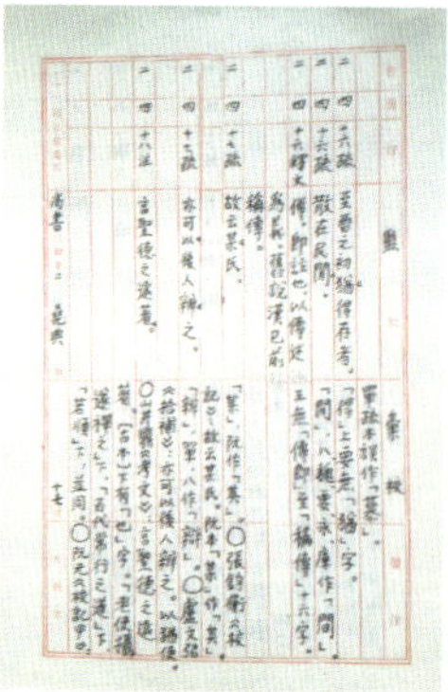

《〈尚书注疏〉汇校》誊清稿

《四库全书存目丛书》同仁合影
左起：杜泽逊、刘蔷、罗琳、刘荣

程远芬先生

程远芬、杜泽逊先生合影

2005 年兰州文溯阁开馆留影
前排左起陈红彦、刘蔷、程嘉雨、白莉蓉
后排左起陈晓华、黄爱平、万群、程远芬、丁原基(右二)

程先生部分著作

刘蔷先生

刘先生与王锷在学礼堂交谈

刘先生与沈津先生在哈佛燕京图书馆合影

刘先生部分著作

序

王锷

11 月 1 日晚饭后去学礼堂，手捧《学礼堂访谈录》第一辑《允也君子》样书，典雅的题签，精致的装帧，多少还是有些兴奋！

《学礼堂访谈录》第二辑选取对方向东、杜泽逊、程远芬和刘蔷四位先生的访谈。

老方是南京师范大学文学院教授、古典文献学专业博士生导师，前随徐复先生治训诂学，后师从钱玄先生研究《大戴礼记》。老方对古文献专业，感情深厚，为本科生讲授《老子》导读、《庄子》导读等课程，曾自掏腰包，设立奖金，鼓励学生背诵《老子》《庄子》，吾所带直博弟子侯婕，能背诵《老子》全文，获老方千元奖励；数年前，经老方呼吁，在随园中大楼右侧，为徐老塑像一尊，以示纪念。老方为人，秉性刚毅，正直豪爽，喜酒善饮，不为酒困，人皆称之；其为学也，刻苦努力，喜事校雠，崇尚老庄，偶玩其占，有口皆碑。老方历时十载，整理无锡秦蕙田《五礼通考》六百万言，我有幸襄助，参与盛事。近数年，老方以一人之力，夜以继日，校点阮刻本《十三经注疏》，并已陆续交付中华书局出版。此等传承中华文化之伟业，学界少有，令人钦佩！其《贾谊集汇校集解》《大戴礼记汇校集解》《孙诒让训诂研究》等著作，早已享誉学界！

老杜是教育部长江学者特聘教授、山东大学儒学高等研究院教授、古典文献学专业博士生导师，师从王绍曾先生研治版本目录学。我与老杜，经其师霍旭东先生介绍，相识于 2001 年第 22 届中国历史文献研究会兰州年会。2003 年 8 月，前往济南拜访老杜，受其邀请，住宿杜府，时杜夫人程远芬老师外出授课，我与老杜，以版本、目录、校勘、辨伪、藏书为中心，海聊三日，亲手把玩槐影楼珍藏古籍善本，令我大开眼界。我举家南迁至南京后，几乎年年与老杜见面，每次相见，切磋学问，交流心得，总有说不完的话。近几年，老杜执掌尼山学堂，培养国学人才，邀我为尼山学堂学生讲授《周礼》导读课程，故见面机会更多。我每次去山大，免不了到“欠身欲起遭书围”的校经处聊天，故对其作为有更多了解。老杜为人诚实，待人忠厚，与朋友交，言而有信。其治学谨严，目光如炬，勤勉刻苦，持之有恒，多年专注于版本目录学，卓然名家；后华丽转身，以北监本为底本，汇校《十三经注疏》，目前已经完成《尚书注疏》《周易注疏》之汇校工作，正在从事《毛诗注疏》汇校。老杜善于策划主持大型古典文献类学术研究项目，见闻广博，视野开阔，经验丰富，见解独到，故其所思所想、所作所为，足以砥砺后学，启迪他人。其代表作有《四库存目标注》《文献学概要》《微湖山堂丛稿》等。

程远芬女史是齐鲁师范学院教授，主要从事文献学、古籍整理的教学与研究工作，先后参加《清史稿艺文志拾遗》《百衲本二十四史校勘记》的编纂与整理工作。要说程老师，当然离不开老杜，他们不仅是天作之合的夫妻，而且是一对令同道中人艳羡的学术伉俪。自从编纂《清人著述总目》，老杜就“挟持”程老师以项目组为家了。程老师“被迫”辞去校教务处副处长职务，除本职教学工作外，全身心投入到老杜主持的各种项目中，唯杜是从，难能可贵！他们夫妇每日辰时工作，亥时回家，午餐晚饭，全在食堂，没有节假日，没有休息天。一说此事，老杜脖子一歪说：“食堂菜品如此丰富，家里能做到吗？”真是“嫁杜随杜”了。每次与程老师见面，除了问候吃住外，立即就是谈清人著作哪部著录错了，书名有误，卷数不合，版本不当等等；近年见面，开口便是北监本如何，毛本有缺，沿自闽本，阮元漏校等等，对老杜主持之《清人著述总目》《〈十三经注疏〉汇校》如数家珍。某日，我对老杜说：“你学术研究有今天的成绩，起码有一半功劳是程老师的。”他居然笑而不答，顾左右而言他。又某日，在山大聊天，我说：“程老师给《清史稿艺文志拾遗》《四库存目标注》做索引，十分艰辛！”老杜迅速回答：“她可以赖以不朽！何苦之有？”记得次日王学典院长设宴款待，邀请刘晓东先生和老杜作陪，我讲到此事，刘老师、王院长同时说：“好一个‘赖以不朽’！”欢声笑语中，大家还以“赖以不朽”为话题，干了一杯！程老师对清代文献稔熟，尤擅长于用四角号码编纂古籍索引。一般来说，版本目录学著作，只编“书名索引”和“作者索引”两大类，程老师编纂《四库存目标注索引》，有所创新，分“撰校评阅序跋者索引”“书名索引”“刻工写工及刻抄者名号索引”“藏书家及藏书印鉴索引”等四大类，其中“撰校评阅序跋者索引”“刻工写工及刻抄者名号索引”“藏书家及藏书印鉴索引”三类，不仅拓宽了《标注》的使用范围，更重要的是彰显了《四库存目标注》本身的特色，读者利用《四库存目标注索引》，不仅可以检索到6824种《四库存目》书的书名、卷数、作者、版本，而且也可以查检到与6824种书相关的其他信息，如编者、校阅者、刊刻者、刻工、序跋者和收藏这些版本的藏书家及其藏书印等。所以说，《四库存目标注》不仅是一部《四库》学、版本目录学者必须阅读的学术专著，也是一部从事目录、索引编纂和藏书史、出版史、版本鉴定者必备的工具书。赖以不朽者，程也？杜也？吾不知也！

刘蔷女史是清华大学图书馆研究员，主要从事版本学、目录学和藏书史研究。我与刘蔷相识，也是在2001年中国历史文献研究会兰州年会。刘蔷为人干练，待人诚恳，治学勤奋，聪慧过人，且有君子风范，在版本目录学和藏书史等方面，成就突出。记得某年去清华参加经学会议，刘蔷与其丈夫老郭一起邀请我在甲所吃饭，品着小二，谈天说地。会议期间，老郭抽空专门带我参观清华校园，导游讲解，热情招待。2005年，弟子万丽文撰写硕士学位论文“孙希旦《礼记集解》研究”时，需要孙延钊《孙敬轩先生年谱》，此文刊载于《瓯风杂志》，清华大学图书馆有藏。我电话求助于刘蔷，不到一周，便收到刘蔷寄来的复印件，令人感动！此后大凡去北京，刘蔷得知，必设席招待，举杯相聚，故来往颇多，是学术交往中好友之一。刘蔷因工作之故，对清华图书馆所藏古籍，十分熟悉，主持重订《清华大学图书馆馆藏善本书目》一书，著录书名、卷数、作者、版本，并详注版本行款信息和藏书印，在馆藏善本书目中，实不多见。此书编成之时，顾廷龙先生题“清秘琳琅垂簿录，华光辉耀映书城”志喜。近年专心研究清代宫廷天禄琳琅藏书，著有《天禄琳琅研究》《天禄琳琅知见书录》二书，对天禄琳琅藏书的流布变迁了如指掌，于《天禄琳琅书目》的学术价值有精深研究。程老师和刘老师的学术研究活动以及治学方法，对高校和科研院所中从事人文学科研究的学生尤其是女学生而言，具有榜样作用，值得仿效。

老方、老杜、程老师和刘老师四位的学术研究，主攻方向不同，治学方法有异，但是，他（她）们努力钻研，勤学不辍，在各自的学术研究领域，都做出了重要的成绩，堪为楷模！《小雅》曰：“允也君子，展也大成。”毛亨《传》曰：“展，诚也。”故本辑取名《展也大成》。

2017年11月5日于桂香书屋

目　录

汇校新书和大戴，整理通考与群经

——方向东先生访谈录

方向东先生简介

方向东先生，男，汉族，1954年11月生，安徽省太湖县人。中国古典文献学专业硕士，汉语言文字学博士。南京师范大学文学院文献与信息学系副主任，教授，博士生导师。兼任中国训诂学会理事、中国历史文献学会常务理事、中国《史记》研究会理事、江苏语言学会常务理事等。主要研究方向是上古及两汉文献，发表过有关《周易》《老子》《庄子》《大戴礼记》《水经注》《文选》《五礼通考》等研究论文数十篇，出版过《贾谊〈新书〉集解》《〈贾谊集〉汇校集解》《〈鬼谷子〉注评》《〈庄子〉今解》《〈大学〉〈中庸〉评析》《孙诒让训诂研究》《〈大戴礼记〉汇校集解》《〈老子〉注释》等专著，获江苏省哲学与社会科学二等、三等奖各一次，主持古委会项目四项，多次荣获南师大优秀教学成果奖。曾参与《史记》修订本以及"中古汉语语料库建设研究"的工作。已完成古委会项目——秦蕙田《五礼通考》的整理工作，目前主要从事国家社科基金项目"阮刻本《十三经注疏》汇校勘正"研究及阮刻本《十三经注疏》校定本的工作。长期在南师大文学院讲授《论语》《孟子》《老子》《庄子》《国学与人生原理》等课程，在南京《市民讲堂》和南师大《敬文讲坛》以及省市级部门为社会大众作过多次国学讲座。

一、上下求索

王锷：非常感谢方老师能接受学礼堂的采访，首先请您谈谈求学的经历。

方向东先生：我的学习经历确实是很复杂的，以前也跟一部分人谈过。我上学是很早的，四岁半就入了小学。小时候在家没有人带，我姐姐就把我带到学校去了，到了小学就跟着糊里糊涂地去上课。从 1959 年上到 1965 年，然后小学毕业。1965 年下半年进初一，第二年上半年就开始停课搞“文化大革命”，我就辍学回家，那时才十一岁。“文化大革命”时，全国的学校大串联，我还跟着几个小朋友一块，步行到安庆，走了四天，每天要走大约三十公里。后来就一直在家里跟着父母干活，恢复高中后才把我们召回去读书。那时候读书的学生还比较少，我们一个公社就几个初中生，当时能去上高中的只有三个人，一个是在太湖做医生的叶同学，还有一个是在广东中山大学搞生物基因工程的何同学，现在是达安基因工程的董事长，另一个是我。

1971 年上高中，1973 年毕业，高中毕业之后，就又没有书可念了。当时我姐姐在另外一个小学里边做教师，她们跟中学里边有一些工作上的联系，让我去中学里边代课，然后就做了半年高中代课教师。让我教物理、化学，我从初中开始就没有上过物理、化学，在高中里物理、化学一直跟不上，到毕业的时候成绩也只是良好，其他都是优秀，但体育是不及格的。让我教物理、化学是比较为难的，我只能跑到高中里边去借仪器，给学生上课，半年之后又回家去了。到 1975 年上半年，又到我们大队的小学当了半年民办教师，现在民办教师是算工龄的，所以我的工龄是从那时候算起的。

1975 年下半年推荐上了中专，推荐上大学的都是上海下放的学生，他们跟公社、大队的领导都是有关系的，经常给大队的领导送些从城里带来大白兔奶糖之类的东西，我就只能上中专，很不满意的，很痛苦，甚至大哭了一场，被我父亲大骂一顿。我父亲说，像我们这样的家庭能上个中专已经非常不错了。中专是安庆师范学院的前身，叫安庆师范，是个比较老的师范学校。后来改成大学之后还有一部分中专的老教师任教，但是这些老师基础都非常好。我们当时的问题主要是没有书读，我上的是语文班，上了两年就分到我们太湖老山里边一个叫寺前镇的地方。寺前镇是赵朴初先生的家乡，寺前镇有个学校叫佛图中学，位置在花亭湖上面，是镇里一个公社的中学，佛图中学上边有个佛图寺。我就在那工作，当初中教师，带初一。佛图中学有个最大的好处，它是安庆市四中对口支持农村的点，有一些教师是安庆四中下放到那的，最好的就是把一些图书资料带过来了。这些书堆在一个平房里面，无人问津。我就跑去，把里边的书扒开来，然后就读了很多大学里边的书，包括文艺理论、现代汉语、古代汉语方面的书。

1977年恢复高考，我1977年中专毕业。安徽省教育厅规定，中专刚毕业的学生当年不能参加高考，必须要工作一年之后才能参加高考。那我当年就考不成了，考不成就只能在那读书、教学，熬到1978年。1978年之后又来了个规定，必须工作满两年才能参加高考，那又没办法了，只好熬到1979年了。当时的条件也不好，工资只有二十几块钱，还要补贴家里，没有办法去县城中学补习，又走不开。1979年又差一点没有考成，因为那是一个山区的学校，太湖县九个区有五个区是山区，很多年轻教师几乎都分到山里去，就是想从山区调到县城都非常困难。我跟那些教师都相处得非常好，校长第二天要到镇里边去开会，就是寺前区区教委，那个时候不叫教委，叫辅导站。我向校长已经反映了这个情况，他已经知道我要考大学，他就跟我讲，如果下半年有人分过来，我就同意你去参加高考，如果没有人分过来，你还是不能参加高考，你走了没有人上课，即使找到人代课，学校里也没有钱给人家发工资，有这个问题。然后，头一天晚上散步，跟那些老师们散步，他们就讲，明天校长要到区里去，要到辅导站去。他们就给我出了个主意，说你一定要跟着去，否则你不知道校长怎么说，如果明明有人分过来，校长说没有人分过来，那你就考不成了。我一想，对。第二天一大早我就守在校长门口，就跟着校长一起去了。去了以后找到那个辅导站站长，那个站长姓张，但是名字已经忘了，后来我托同学去打听这个人，我想感谢他一下，可惜也没有找到。我们那位校长姓吴，人倒也很好，也很厚道。他就跟那个辅导站张站长商量，他讲方老师想去参加高考，下半年能不能分个人给我。那个站长讲，你们下半年不可能有人分过来，校长马上就回了我，他讲那你就不能去参加高考。这就慌了神了，这可怎么办呢？然后吴校长就去办事情，我就留了下来，在张站长那里，我还想跟他多说几句话，就赖在站长那里。站长先让我抄了一人通中专招生的一些材料，还有高中招生的名单，我给他抄，抄完之后就跟他聊。我就采取哀兵必胜的战略，讲我前面读书是一个很曲折的经历，1977 年恢复高考不能去考，1978 年也不能去考，到了 1979 年又没有机会。我讲我考得取考不取是另外一回事，不去考的话总不甘心，我讲即使不去考的话，也不可能在你这长期待着。因为当时那个地方的交通状况太差了，去我家要一整天，比我现在来南京要曲折多了。我家是靠前山上的一个村庄，走到区里边的汽车站，要有五华里多，然后坐十九公里汽车到县城，从县城再走八华里到花亭湖水库大坝，到了水库里边要坐一个半小时的机帆船，下了船以后还有十华里，要步行到学校，得费多大劲！那个时候车子是按点发车的，有时候赶不上，一点不耽误就要一天时间，折腾死了。我讲，我以后也不会在这边待着，即使不能参加高考也肯定要调走。然后我就跟他瞎扯，扯我的家境如何如何，经历怎么受挫折，我讲你留得住我的人留不住我的心啊，所以，吃过饭之后，那个站长竟然同意了。首先，他也肯定很能理解我；第二，他觉得我讲得也很在理，我即使不参加高考，肯定也会调走，我不可能在你这边长期待的。但是跟我一块去的一个姓赵的安庆师院的同学就在那边待了很久，好多年才离开，当时是很难离开的。

1979 年我参加高考，也考得不好，只比分数线高出了十几分，当时大概可以报安徽师大的，还不敢报，就报了安庆师院，为了求稳，保证录取。那时候还叫做安徽师范大学教学点，等于师范升级了。原来上师范的时候叫做安庆师范专科学校，简称安庆师范。我上的是中文班，那个时候没有书读啊，我就拿着那个《辞源》读，四本通读过三本。安庆师范教学点在我们毕业的前一年改成了安庆师范学院。本科要读四年，以前的专科学校读两年。一进去都是老面孔，我对那边很熟悉，我还经常跑到老师那里混饭吃。老师让我当班长，当了半年班长，我就发现不能当，绝对不能当，一会儿要开会，一会儿要搞活动，我心想我是来读书的，怎么能老做这些琐碎的事呢，不像那些有家庭背景、家庭条件好的同学。我想不能当班长，当了半年之后就不当了，退当副班长，有一个同学很积极，我对他说你当班长，你当班长比较合适。我当副班长就可以逃脱了，然后又退到团委副书记，副书记就更不要管事了，这样我就可以把几乎所有的时间用来读书。那个时候读书是很刻苦的，早上五点多起床，做了早操，吃了早饭，去上早自习，上下午上课，晚上上晚自习，每天要学到十二点钟，中午要午休一下，每个礼拜除了周末去看一场电影，还有吃了晚饭去散散步以外，其他的时间都在读书。那个时候我是年龄大一点的，我们同学最大的是1949年的，最小的是1963年的，所以我们很用功。我当时已经开始打算考古代汉语的研究生的，想考安徽大学王健庵先生的研究生，后来也没有考，我给王老师写过信，他大概还跟徐老有些联系。想想安大好像考不取，就报了现代汉语，报的是邢福义先生，华中科技大学。我也给邢福义老师写过信，邢福义也觉得我不错，还给我回了信，希望我去考他的研究生，但还是没有考成。那个时候我把现代汉语、古代汉语，还有从先秦到三国时的主要典籍都基本读过了。安庆师院图书馆哪本书摆在哪个架子上我都非常熟悉，可以直接到那边去拿。在专业方面，我觉得考研是有把握的，古籍阅读方面是按照当时北大办的一个杂志，叫《大学生》杂志，现在不知道有没有，估计也应该还有，那个杂志到现在我还保留着。那个杂志列了中国古代文学阅读书目，开的全部都是原典，我就按照书目一本一本地读。我记得当时从先秦一直读到《曹操集》，然后就去准备考试。

1982 年下半年即大四的上学期，我们去潜山县实习，一个班分两个点，一个是潜山中学，一个是野寨中学，野寨中学在天柱山脚下，潜山中学在县城里边，我就分到了潜山中学实习。实习结束以后呢，我和几个同学跑到那边一个三祖寺去玩，这是个佛家的祖寺，在天柱山脚下，我们太湖有个二祖寺。发现有抽签的，大家就抽着玩。我说我抽什么呢，他们讲你抽你考得成考不成啊。因为那个时候我报名已经报过了，他们就说抽抽看能不能考得取啊。其实我心里想，我考应该差不多，心里还是有把握的。跑去抽，抽了一个很坏的签，签还是上上签，但是签文比较差，意思是考不成，那个签文讲得很明白，考不成啊！那签文这样讲，“海底茫茫石里平”，就是茫茫大海，里边有暗礁，“石里平”，石头在里面，表面上是平的；下句是“孤舟欲渡求前程”，我是一叶孤舟，要渡过这个茫茫大海，去求前程；后面两句更可怕了，“只恐中途风波起，何处潜藏逃尔生”，就是你何处躲藏逃避啊。这签的签文不好，但是签是上上签，所以我当时就纳闷了，我想这考试会有这样的问题吗，同学们安慰我讲，这签肯定不可信。实习结束之后，我还带着一大帮同学跑到我家去钓鱼，我们几个还挤到一张床上睡觉，第二天又跑到县城里边去玩。他们都讲这签不可信，但是我心存疑虑啊，这到底是怎么回事啊？

那个时候我母亲身体不好，但那时候农村医疗条件差，似乎是老胃病性质的，那次回去我觉得她身体不好，我就劝她去医院看看，她给我的同学们做饭，也很高兴。回到学校过了一段时间以后，我姐夫拍电报给我，叫我回去，说我母亲已经在县医院诊断得了癌症。我就立马赶回去，后来那个学期的后半段我就都在家里陪我母亲，我在家里还研究了好多药方，包括民间的偏方，想治疗好我母亲，然后我找了合肥的同学把她安排到省立医院去就诊。那里的医生就跟我讲，你母亲这个状况，现在动手术已经没有很大作用了。当时我想给那个医生跪下来，想求他医治。后来送我们过去的那个车队的师傅，他年纪比较大，有经验，他就跟我讲，这个事情你要问下你的母亲，她是想动手术还是不愿动手术，由她自己决定，你要征求她的意见。我母亲她一方面感觉自己状况不好，再者也是害怕花钱啊，后来就回去了，回去之后我就一直在家里，课也不去上了。到考试前三天，我才到学校去，我知道母亲已经没得救了，我想报了名就去考一考，看一看题目吧，也为下一年做个准备。我记得是 1983 年农历正月十三考试，我是初十去乘车子，没有搭上，车子紧张，没有票，走不了，十一才到安庆去，十三考试，我当时就是想去看看题目。那时候是正月，还很冷，然后考试的头一天下午，我午睡起来泡茶，茶杯炸掉了。那个水是中午十二点吃饭的时候在食堂灌的，茶杯炸掉了，我当时感觉很不好。晚上我跟几个同学散步，讲起明天考试，他们讲你考试肯定没有问题，我当时就脱口而出，还不知道我母亲怎么样。散步回来，两封加急电报等着我，那时候没有电话，我知道母亲已经不行了。第二天一大早，我乘班车赶回去，母亲昨天下午三点已经去世了。所以，这一次就没有考成，就分到皖南农学院附中。

安庆师院也有一部分老师是从皖南农学院来的，皖南农学院是原来的安徽省劳动大学，被撤销之后，教师有一部分到安大去了，有一部分到师大去了，有一部分到安庆师院来了，到安庆师院来的老师包括石云孙他们几位，还有编文学史教材的许凌云，包括胡金望，当时很年轻，他们的水平都很好。当时我们的分配政策是，从合肥来的回到合肥去，从安庆来的回到安庆去，从铜陵来的回到铜陵去，只要是市里来的回到市里去。那么我到哪里去呢？我就没地方去了。我们太湖有三个同学，其中有个同学是要回去的，我觉得有前车之鉴，是坚决不回去的，宁愿在外边漂泊都不愿回去，我知道一旦我回去之后又要被发配到山里去了。系主任就建议我，你就到劳大去，劳大撤掉以后改成了皖南农学院，到那个附中里边，那个地方毕竟是以前的劳大，劳大的图书馆里的书很多，你想考试，还是有方便之处的。所以我就听了系主任石云孙的话，石主任还健在，八十多岁了，他现在还在写书，大概跟徐老关系也很好。他讲那个附中最多带一个班的语文课，带一个班的班主任，其他学校至少要带两个班，对你考试还是有好处的，所以我就过去了。人还没到，档案先到，那个附中的校长觉得我还不错，她就想培养我将来做她的助手，想留下我，这又碰到麻烦了，我害怕走不了。我跑过去以后，她就问我有什么想法，想不想考研究生啊，有没有找对象啊，怎么样怎么的，其实当时我已经与严美珍在谈恋爱了。我也不想回答她，也搞不清楚她什么意思啊，我讲这些事情以后再说。那时候 9 月份开学，10 月份国庆节严美珍要到上海去，以前很流行去上海买东西，有些东西下边买不到啊。正好车队里有车子，要从那个学校门口过，可以把我带过去。国庆节嘛，校长交代我一件事情，就是国庆节要开运动会，她就让我负责学生写来的广播稿，让我过目，然后送到广播台去，我已经答应她了。严美珍又拉着我到上海去，我一想不能去，不能言而无信啊。我就跟严美珍讲，我不能去，原因以后我再给你解释，我讲这叫小不忍则乱大谋。我还有个同学分在上边的水阳镇，那就更偏僻了，他是上海下放的，他还想调到我这个学校来，我们这个地方坐车去上海还方便一些，他们到水阳镇还要坐半个小时的船，他后来也在那里陷了好多年，到知青回城他才回去，回去没两年就退休了。我就想呢，我首先要争取考试，即使不能考试，我也要争取调走，第三我的同学还想调到这边来。我的想法是，如果能走的话，我就把他引荐过来。有这几件事情摆在这，不能一开始就搞坏了，其实我完全可以把这件事情托付给上面的师兄，上面七八级还有人分过去，但我没有那样做，我很认真。那个校长很厉害的，她丈夫是农学院的马列部主任，是大学本部的，她也是华东师大化学系本科毕业，很强势，附中的领导都是女的，她们的老公都是在本部里边有一官半职的，她们都很厉害。因为我以前当过民办教师，上课还是很好的，校长也不进教室听课，她就在走廊上来回晃，来回听，她觉得我上课是没什么问题的。我带学生一起拔草，一起劳动，所有的活动都跟学生一起，校长抓不到我半点把柄。另外，我是预备党员，还要在那里转正，我不能有一丝一毫的松懈，不能让校长抓住把柄。你们现在读书道路是很平坦的，我们那个时候完全不一样。

王：去时间不长就要准备考试，要离开了？

方：我没有去之前就已经想着怎么离开了，那也是带有一定的精心设计的心理。

王：在农学院待了有多长时间？

方：两个学期。我是 1983 年 9 月份去的，后来我就想着考取研究生，就想着不能让校长抓到任何把柄，你一旦把印象搞坏了，她也就不放你走，你是毫无办法的。我当时要走嘛，我即使考不上，我要离开，要调走，要调到安庆去，还有我的同学要调到这个学校来，还有我有预备党员要转正等等问题。

王：在那待了一年以后直接考的南师的研究生？

方：就是一年。然后我就认真工作，教学对学生也很负责。后来考试又经历了个非常艰难的阶段。

王：从农学院考南师的话，报名也是必须要学校同意才可以考了？

方：那时候是必须要单位同意的，单位不同意你是考不成的。后来我一直不敢跟校长开这个口啊，过了不久皖南农学院就办了一个大学本部的英语补习班，我想去参加那个补习班，我觉得外语是没有什么把握的。补习班跟我的课有冲突，我就跟教导主任反映，教导主任跟校长商量。校长一听说，哎呀，你想考研究生啊！我不敢跟她讲我想考研究生，我只好讲我这外语以前是自学的，我大学里边的同学有合肥、安庆城里的，他们的外语成绩都好得很，我们有些农村来的同学连二十六个字母都不认识，大学时就没办法教课，开了一个学期就没开了，水平好的很好，差的很差，老师没法教，我们都是坚持自学过来的，听力一点都不行，口语也不行，就词汇还可以，我还达到托福考试八千左右的单词量，还翻译过一本小书。外语不行，就想参加一个外语补习班，外语都已经学了那么长时间了，丢掉了太可惜，说不定哪一天有用呢。我说考研以后再说，只好给她虚晃一枪了，校长也没有话说。假如你直接跟她讲你要想去考研，说不定她就不让你去上这个补习班了。我去参加了以后呢，按照考试的水平，自己模拟考了考，大约能考五十分，那时候外语大概是五十分左右，已经差不多了。那个皖南农学院离县城还有十三公里，有一个山叫麻姑山，风景很好，上次我讲想要到宣城去看看，实际上我也想到麻姑山去看看，很多人被分到那个地方，尤其是年轻人，都不想在那山沟里待了，再加上劳大被撤掉了，换成了农学院，所以都想走。

我记得非常清楚，皖南农学院的教务处和人事处联合颁发了一个文件，关于考研的政策，规定了几条：凡是以前考过的，不给考；大学刚刚毕业，工作不满两年的，不给考；凡是下一年有教学任务的，不给考；还有一条，凡是去外边进修出去过的，不给考。他的意思就是把所有的人整个堵死，那就整个没法考了。我心里想，这个事情怎么弄啊。晚上我就跟一帮老乡、同学在那一起商量啊，不是全都给堵死了嘛，我就想怎么办呢。我们那个教导主任姓应，叫应翠萍，是个浙江人，人很好，她当时上的是北师大，毕业之后被分到内蒙工作了八年，后来才调到南面来，她的经历很坎坷，我就跟她走得比较近，经常跑到她家去聊天。我想，直接跟校长说，肯定一棍子就打死了。我写了一封非常长的申请报告，可惜没有留下来，要是留下来肯定很有趣味。写了七八页纸，我就写了我为什么想去考研，为什么选择这个时候考，我将来是想要读书的，再加上我母亲在临终之前也想着要我去考，我写了一大堆对考研的认识，考研主观上是为了自己，但是客观上对学生也有好处啊，至少我自己水平提高了。当时很多年轻的老师觉得没有出路，就在那里打麻将，他们就混日子了，我讲我至少比他们要好得多。我把报告先交给教研组组长，教研组组长也是女的，然后呈到教导主任那里，再呈到校长那里，我直接去说肯定不行。首先我要争取她们的同情，我跟那个教导主任谈过，我讲主任你也是做母亲的，你如果站在领导的角度，你肯定在工作上考虑了，假如你不站在领导的角度，你站在一个母亲的角度，假如你的儿子碰到这样的问题，你会不会支持他，她当然没有话说了。教导主任一进去就把申请书交到校长那里了，我就去找校长。校长讲，你去看看学校文件啊，其实那个时候文件我早就看过了，校长的意思就是不同意呗。后来我就再去找她，我就讲根据学校里边的文件，凡是以前考过的不给考，我就讲我以前没考过，这一条对我不存在，我去年考研究生是母亲去世这种特殊情况。我讲凡是下一年有教学任务的不给考试，这个只能针对大学部的老师，没有哪个中学里边教师没有教学任务，这个不可能针对我们中学部的老师，哪有一个中学的教师是闲着让你去考试，不可能嘛。凡是以前进修过的不给考，我讲我没进修过；凡是工作不满两年的、没有实践经验的不给考，我讲我中专毕业工作过两年，不算有实践经验但是实践过了，我后来就跟校长摊牌了。校长讲呢，那也不行。那也不行，就傻眼了。

我记得非常清楚，凡是考研的人，那天下午要到宣城市里去体检。我上完两节课，在回来的路上，我住在大学部的宿舍里，从中学部这边走回去，中间有一洼水塘，我在塘坝上考虑了很久，我还是要回去找校长。我就往校长办公室一站，站着不吭气，不讲话，我就像示威一样在那站着。校长和教导主任在那里批作业，两个人一个办公室，在那里批作业，她看到我去了，然后就不理我。那就像比气一样的，看看谁沉得住气，我就一直在那里站着，站着一动不动。教导主任也抬起头来看看我，用很同情的目光看看我，但是她是做不了主的，我知道教导主任肯定是同意我去参加考试的，但是校长这边通不过。我足足站了十几分钟，校长也耐不住了，她讲你是不是为考试的事情来的，我说是的，我讲按你们的政策，我只能两年以后考，我现在给学生带的高一，两年以后他们正好是高三，两年以后我的学生考大学比我考研究生重要，我不愿意他们在高三的时候我去考试。要不你明年让我去考，我讲明年让我去考和今年让我去考有什么区别呢，我又没有考过啊，还不知道能不能考得取。如果你实在不同意，那我就两年以后一定去考，我就不管你学生是不是高三了，你既然这么规定的吧，我就只好这样了。后来我就讲，我也不知道我水平怎么样，不知道考得取考不取，你就让我去考，如果没有考取，考不上，那我考研的事情就两年以后再说，我就不跟你提考研的事情了。校长想想也有道理啊，所以她就放我去考，我拿着介绍信，跑到大学部那里去盖章。有一个女教师正在那边赖着，正在跟那边的校长较劲啊。后来，我跟那些老乡聊起来，有几个老乡后来到科技大，到南开去了，我就跟他们讲要去考试，他们讲你才来的怎么可能让你去考试，我讲那也不一定啊，我搞成了以后，他们都非常佩服，对我说真是佩服得你五体投地，四脚朝天，竟然让你给搞成了。一般是很难搞成的，真的搞不成的。

王：好不容易刚分来一个比较优秀的大学生，怎么可能放您走呢？作为校长来说，她留住您也是在工作上需要您的。

方：其实她是想培养我做副校长的，做她的助手，但是我不感兴趣，我对那个不感兴趣。假如我家在那里，我在那里当个校长，可能还差不多。我根本就不会考虑当校长，这样就等于侥幸又逃脱了。

王：然后一考就考中了？

方：考试是1984年在宣城考的，我觉得很简单啊，考试三个小时的卷子我一个小时就做完了。我考试是准备了两年，基本上所有的题目我都理出了一个提纲来，到时候填充一下、梳理一下就行了，时间上是绝对可以保证的。我记得一共考五门嘛，外语、政治，还有三门专业课，最后一门是综合，我考了一个小时就考完了。反正想不起来的也想不起来，想得起来的立马就填好了，监考的人还以为我交了白卷，考试题目都已经很熟悉了。

王：你们当年考研究生是以徐老（徐复）的名义招还是整体一个导师组来招？

方：导师组。招生的是徐老、钱老（钱玄）还有张芷先生他们三个人，简章上招生是挂徐老的名，当时是这样的。

王：是什么方向呢？

方：方向是这样的，第一届吴金华、第二届马树杉是汉语史，第三届是古文献。

王：您这一届是古文献？也就是您毕业以后拿的文凭就是古文献的。

方：对，古文献，古典文献学。等于说徐老在这边又开了一个口子，开了个古典文献学的方向。

王：你们这一级是哪几个人呢？

方：浦卫忠、徐山、周先林和我四个人。第一届三个，是吴金华、王继如，还有朱声琦。第二届是马树杉、梁晓虹、钱兴奇，也是三个。

王：马树杉是不是也在苏州那边？

方：马树杉在常州工学院当院长，现在退休了。

王：等于说你们加起来一共十个人，那徐老后来就没招吗？

方：后来就没招了，后来就是吴金华开始招了。

王：那也就是说，徐老他们从开始招研究生，总共就招了十个人。两届汉语史，一届古文献。

方：那时候徐老招我的时候就已经七十五岁了，到我毕业已经七十八岁了，后来就没招了。

王：考上研究生之后，您到南师来，三年研究生的经历如何？

方：研究生期间很单纯，就天天在图书馆，我就把《十三经注疏》通读了一遍。徐老只给我们专门讲了一次。当时不开课，徐老就找我们座谈了一次，然后就讲了很多书，先讲了黄侃的二十四部书，到章太炎的二十五部书，他讲你们要读这些书，这是最基本的。然后就把选题给我们了，告诉我们哪些书可以去研究，去整理，我的《贾谊〈新书〉校注》就是当时给的题目，徐山做的是扬雄的《方言》，浦卫忠做的是刘师培的《左盦集》，周先林做的是《蔡中郎集》，都是徐老给我们的，十几部书让我们挑。

王：只是谈一次话，完了以后给你们每人一个题目。

方：是的，然后他是给本科生偶尔上上课，我们就去听，跟着八三级的本科生一块听。那时候钱老还上文字学。徐老就叫我们读书，反正先把书单开给你了，二十五部书，你就去读吧。

王：在南师的研究生学习期间，您觉得除了徐老让你们读书之外，这三年您最大的收获是什么？

方：我觉得最好的就是打下了非常好的基础，这个是非常重要的。因为可以说我在本科阶段读书也算扎实的，我本科读过的书，有了这个基础，现在再来读，虽然有些也读不懂，但要方便多了，读过以后跟没有读过完全不一样。读书的同时就是围绕着做论文嘛，我就研究贾谊。当时徐超、王洲明他们两个也在做，他们有一次带着问题来请教徐老，我也过去了，过去了之后徐老给我们看他编的一个笔记，记录了很多问题，留了个底子，徐老就把它给我，他讲，你做贾谊《新书》，里面有好多问题，你可以参考一下。当时我们的论文选题应该是比较自由的，都可以做校注的。

王：当时您做的硕士论文就叫《〈新书〉校注》？

方：对，《〈新书〉校注》，就做这个论文。然后答辩的时候你把这个前言拿过来答辩就行了。你认认真真地做一本书，跟做一篇论文打下的基础我想还是不一样。

王：那是不一样。也就是说您做贾谊《新书》，做完以后把前言拿过来答辩，前言肯定是您在做《新书》的基础上写成的，有一定含金量的。

方：对，做专书研究有好处。你现在单纯做一篇论文，里边涉及的问题也多，但是，它对于了解古文献的学术规范，读书打下的基础，可能不一样。

二、《〈贾谊集〉汇校集解》

王：您的《贾谊〈新书〉集解》，从论文答辩到出版有多长时间？

方：十年。

《贾谊〈新书〉集解》

王：跟其他的《新书》研究著作有什么不同呢？

方：当时王洲明他们做的还没有出来。王洲明他们是在人民文学出版社出版的，中华书局出版的是阎振益和钟夏做的。我可以毫不客气地说，我肯定下的功夫最多，我解决的问题最多啊。我做那个题目一开始，就把能找到的所有贾谊的材料，都通读过了。版本要校啊，里边的问题也绝大多数都解决了。也就是说，跟别人相比，我是觉得他们可能功夫没有下那么多。他们对于自己做的学术那一块是很深入的，但是书可能是副产品。当时我就跟徐老讲，说有些问题不好解说。他说我写个信，你到山大去，你去找徐超，再跟他们交流交流。我后来还专门到山大拜访过王洲明和徐超两位先生，他们也做这个嘛。我就带着这些问题向他们请教，我解决了一些他们没有解决的问题。

贾谊作品的整理，最早的是天津人民出版社出版的《贾谊集》，是一个白文版标点本。然后是吴云、李春台的《〈贾谊集〉校注》，也有一些缺陷。那我做的是集解，集解首先是要把全部的材料收集过来，然后选择正确的观点。一开始在河海大学出版社出的那个很不好。

王：当时为什么要放在河海大学出版社去出呢？

方：当时出书非常难，我参加答辩的时候，南通师专的端木隽先生，徐老把他请过来参加我们的答辩，他就讲你这部书十年之内能出来就不错了。当时确实用了十年嘛。后来是为了评职称，我的老乡在那边，我就拜托他出一本书嘛，那书做得一团糟，做得很差。2000 年又重出的，重出本好点，我就把它扩展修改，更名为《〈贾谊集〉汇校集解》了。

王：那这本书放了十年才出，主要是没有经费吗？

方：那时候不可能有经费的。

王：自己也是在不断地修改完善？

方：对。那个时候我们一个小讲师想要出书是不可能的，就包括钱老他们的书出版都很困难。人家要看着他的面子，看着他的学术，要赚钱才肯出的，一个普通的小讲师是不可能出书的。

王：《贾谊〈新书〉集解》在河海大学出版社第一次出版是哪一年？

方：是 1994 年。好像当时就是为了评副高。

王：在我印象中，整个 90 年代是学术著作出版最困难的一段时间。

方：没有补贴，那个时候是不大可能出来的。要看你单位有没有钱，或者你个人掏钱。

王：而且在那个年代，已经形成了一个像潜规则的，没有补贴，这个书谁也不给你出。给你出来之后，出版社只留一些样书，市面上不销售。

方：当时一是因为经济非常困难，再一个，那种书也卖不掉，出版社是要有经济效益的，一般的书不给你出。到后来好一点，现在就害怕你没有书。

王：但是这个书出来，学术界反响还是不错的。从您个人来说，起码副教授的问题解决了，就是靠这个书，是吧？

方：对。因为这个书我毕竟下了十多年的功夫嘛，其他人很难下这么大的功夫的。

王：后来，中华书局又让您做《新书》的注译，就是那一套经典丛书里边的。

方：那是后来，中华书局要做一套推广到海外去，以全球化的视野做全注全译。现在春雨出版集团又要做这个，我讲这个不能再做了，再做要闹笑话了。

《新书》

王：为什么？

方：再做，还不是一样的东西嘛！所以我就不愿意再做了。那个是个翻译版、普及版。

王：我觉得那个注译本质量还不错。

方：那个书还不错。做完贾谊《新书》以后就不想再研究它了，也没有时间做了。

《〈贾谊集〉汇校集解》里面有一条最可贵的札记，就是1999年的时候，到内蒙开会，去博物馆，我就把"天降单于"那个问题解决了，那个问题就是陶鸿庆讲错了。徐老提的观点是对的，但是没有实证。

王：到内蒙的博物馆，我们参观的时候，看到了那个考古的材料，解决了这一条。

方：对，"天降单于"瓦当。那个观点是徐老的，但是我有实证材料，陶鸿庆许多的说法都是错误的。现在看来，清代的有些人，他们也是材料不够啊。

三、《〈大戴礼记〉汇校集解》

王：在读研究生的时候钱老有没有给你们上过课？

方：他给本科生上文字学，我们跟着听。没有单独上过课。

王：那后来跟钱老做《大戴礼》是您副高评完以后的事了？我们到内蒙去是1999年了，那时候您已经跟着钱老了，应该是在那之前了。

方：钱老1999年去世，在他去世前两年，1997年开始跟着钱老做。

王：跟钱老做《大戴礼》研究，听您说与南大鲁国尧先生有关？

方：是的。钱老的经历很复杂。他一开始在江苏省教院工作，那个时候很长一段时间文科教授是不能做学术的，这种学术是被认定为封资修的。钱老早年就关注礼学，是在跟黄侃读本科的时候就开始了，参加工作之后又积累了很多材料，但不敢研究礼学。那个时候他们上课是比较多的，钱老在教院里边工作很忙，他就是暗中偷偷地搞，潜伏了至少十几年。后来江苏教院和南师合并，环境也不一样了，他才在这边开始搞礼学。

他最早出的书是《校勘学》，然后出了《三礼名物通释》，这是他个人的独立成果。他开始做《三礼辞典》的时候，把钱兴奇招过去了，钱兴奇一直跟他做《三礼辞典》，《三礼辞典》也做了好几年。后来，钱兴奇不做礼学研究了，钱老是很不高兴的。钱兴奇当时是在古籍所，你要想到当时的那种环境，筒子楼是住了多少年的，一个副高职称的人，在南师生存很艰难，过得很不好，没有钱，也没有房子，职称又没有指望。所以，钱兴奇最早玩计算机，他一开始玩计算机是玩计算机排版，可以挣点钱啊，靠计算机排版挣的钱比你靠写书挣的稿费要高得多啊，他老早就搞这个。正因为他计算机玩得好，后来出版社就找他去了，他就到出版局去了。我想如果学术环境稍微好一点，钱兴奇还是会坚持做礼学的。当时那个情况实在是不好，我们也想离开，也坚持不下来，真的很难坚持。我在南京搬了九次家，搬到最后还是连阳台二十八平米，我一家三口怎么过啊，那个日子是非常艰难的。我在五舍住的那个房子黄梅天是地下铺一排砖，整个地上都冒水啊，那个日子是很难过的，我是比较理解钱兴奇的。

钱老晚年，我跟他交流比较多，钱老是个心非常细的人，但心地不是太开阔，他们这一代人受过很多打击，再加上他的出身比较特殊，很压抑的，他特别胆小。他不像徐老，徐老一生实际上是没有受过多少打击的，徐老到那个农场去劳动，他还可以把要自杀的人劝回来，别人已经忍不住了，他劝回来。钱老不行，他的处境决定了他不是那么豁达。

钱老晚年很伤心，他碰到人就讲他屁股后边光光的，意思就

方老师读书

是没有人再继续做礼学。后来，何永康当院长，他跟鲁国尧的关系很好，鲁国尧先生就写了两封信给何永康，他就讲钱老的礼学是绝学，一定要有人接着去做，否则太可惜了。这样讲了之后，院里边派了高小康，是当时的副院长，也是我的同学，他就跟我讲这个事情，问我愿不愿意做，我讲倒不是愿意不愿意的问题，主要是我基础不好，一个要钱老愿意，再一个我觉得自己基础也不行啊，基础不好，我也不敢做那个事情啊，如果钱老愿意的话，我倒是可以考虑。我当时主要是想安慰钱老，至少我给你希望，不能让你太遗憾。起码有人在做礼学，至于我做得怎么样，那是另外一回事。我主要是为了安慰他，所以，我就跟赵生群老师俩人跑到他家，就讲这个事，相当于二度拜师。钱老就很高兴，他看我做过贾谊《新书》，他就讲，《大戴礼记》也可以做个集解，大概两年可以做得出来。于是我就拼命做啊，我先把材料收集好，然后努力做。我大概完成了百分之八十，我记得大概是钱老去世前三天，我把稿子带到他那边去，钱老就在床上躺着。我本来还想跟他交流交流，就把稿子带过去了。他讲你带回去吧，他的意思是他看不动了。但当我临走的时候，他又示意要我把稿子留下来，他还想再看看。前边的主要思路也有了，包括征引哪些主要的书，钱老已经给我开过目录了，就按照那个来做的。

王：《〈大戴礼记〉汇校集解》大概是1999年基本上就做完了？

方：对。那一次我们去威海开训诂学研究会，正好中华书局张力伟去了，我就跟张力伟聊。当时上海师大徐时仪也去了，徐时仪就给我联系了上海古籍。我就跟张力伟讲，这个书能不能出，他同意了，但是要贴钱的，后来贴了两万块钱。上海古籍只要贴一万五，我想还是在中华出好一点，就在中华出了。

王：《〈大戴礼记〉汇校集解》从校到出，也好长时间，出版是在2008年？

方：对，也有十年时间，因为出书困难。那部书我也解决了不少问题。

王：《〈大戴礼记〉汇校集解》出来的时候，黄怀信先生的书已经出来了？

方：对，已经出来了，我也看了他的书。

王：那么您自己觉得您这个书和他的相比，包括前人孔广森等人的书，您觉得有什么推进？

方：基本材料都差不多，但是黄怀信先生的书，我觉得有两点缺陷：一是与学生合作的，书中有一些低级错误，二是解说比较简单。相对来说，我的《〈大戴礼记〉汇校集解》，可能错误少一些。

从事古籍整理，古汉语水平很重要。在大学阶段，我的古汉语老师是尤光，他是南开大学毕业的，分到我们安庆师院教古汉语。我一直记得他一句话，你一定要把古汉语搞熟，搞得滚瓜烂熟，要把它的文选读熟，把基本的通论都搞懂。我就记住他这句话，我的古汉语基础是比较好的。到南师从 1987 年到 1999 年，我教了十多年的古汉语。马老师从俄罗斯回来，我就到古文献去教《庄子》《老子》。古汉语有个好处，就是文字、音韵、训诂、词汇，什么东西都要懂些，这样能够发现一些问题。你能够发现问题，而且至少有一个解决的思路，这样你解决古书里的问题就不吃亏。所以，古汉语是非常重要的，像薛正兴，他做过江苏古籍出版社社长，就是靠古汉语起家的。薛正兴就是原来训诂培训班的。

王：就是洪诚先生那边办的。

方：对，训诂培训班的。薛正兴先生上了这个训诂班，到出版社做编辑，他就是把古汉语搞得好，他首先写的文章就是批评王力教材的错误，他就是把四本古汉语搞得滚瓜烂熟。这对于编辑很有作用，他实际上吃的是王力古汉语的饭。那个东西非常有用。我上大学、研究生的时候，包括教学的过程中，这些文字、音韵、词汇都在读，我对甲骨文、金文、战国文字都是下过功夫的。当然不一定有成绩了，但是对于解决古词汇里面的问题还是有作用的。

王：《〈大戴礼记〉汇校集解》出版之后，在学术界的反响还是不错的。

方：应该还是不错的。至少没有很差的硬伤吧，也是下过功夫的。

王：对，搜罗的材料比较全，能够在某些方面有所推进，发现问题，并且解决问题，应该就很好了。

四、整理《五礼通考》

王：我到南师来十多年，协助方老师您做了一个很重要的项目，就是整理《五礼通考》。那么从您个人来看，您觉得我们做这个《五礼通考》，有多大价值，谈谈做这部书的甘苦。

方：《五礼通考》嘛，我觉得那个价值还是很大的，因为我们当初在做这个选题的时候，是不知道《儒藏》他们也在做，否则也不一定会费那么大的劲、花那么多的功夫去做它，但是做这部书有一个非常大的好处，就是对礼学资料比较熟悉了。我们做《五礼通考》的时候，第一步是把《四库全书》电子版的原文一小段一小段的复制过来，这个过程就很痛苦。因为不能整页复制，小字又排到一起去了，是要分开来复制的。然后把它跟《四库全书》对一遍，再核对《十三经注疏》的材料，我记得至少是校了三遍吧。我后来为什么敢做《十三经注疏》呢，就是有整理《五礼通考》的基础。有了这个基础以后，我心里有底气，读了几遍以后就比较快了。我大概花了四年左右的时间吧，《十三经注疏》就快点校完了，一千几百万字啊。其次，《五礼通考》是一部礼学资料汇编嘛，这部书将来对别人有作用。第三个，我们把它征引的重要的资料都做过校对，改正了它不少的错误，这个我想将来在某种程度上是超出《儒藏》整理本的。《五礼通考》资料价值非常大，我想无论是搞礼学的人，还是搞相关礼制的人，都离不开这本书。我相信我们的整理本，应该好一些，毕竟用了十年时间。

王：当然也可能出现一些低级性的错误，毕竟量太大。开始整理《五礼通考》时，我复制的是卷首四卷和前五十卷，本来复制一段做一段，后来觉得烦，就索性把它复制完吧。那一年过春节，家人都回老家了，就我一个人在家，我就每天复制，大概整整复制了二十五天时间，把那五十卷一百多万字复制完。每复制一段，大小字又要给它调一调，等到最后一天，所有的都复制完了，眼睛一天到晚都在跳，左眼也跳，右眼也跳，计算机看的时间太长了。完了以后再要去校，再去核对。我们把《五礼通考》征引《十三经注疏》《二十四史》里边的材料全部都校了一遍。这个过程也很辛苦，但是你说没有这些付出，很难把它做好。

方：是的。我觉得每一个做学问的人都应该扎实地整理一两本这种经典的名著。这是一种锻炼，不仅锻炼你的耐性，同时又给你打下了很好的基础，如果一个学者没有做一两种这样的书，他的功力就不够，不知其中的甘苦，也不知其中的奥妙。昨天晚上我还跟郭超颖在邮件里边讨论这个问题，我把关于“反注”的那个文章也发给郭超颖看了，她也提了一些意见，提了一些她的想法。我就讲，古文献的这个东西，它淹没的时间太长，那就导致我们后面人如果读它只能读到皮毛，完全不能发现其中的问题，即使发现了问题，也很难解决。有些问题在古代，在当时，古人可能觉得它不是个问题，完全不是问题，这是大家都很清楚的，但是一旦经过历史的尘封以后，它就会变得扑朔迷离，甚至会变成一个哑谜，没有办法解答。这个正是我们古文献的艰难所在，也是它的趣味所在。假如你读书读不出来一些问题，是毫无乐趣的，那很苦的，因为又伤眼睛，又费神。但是当你一旦读出问题来了，然后你初步的去解决它，解决了它以后，你就有一种成就感，你才会觉得它很有趣。所以，我觉得任何学者，无论是比我们大的先生们，还是民国学者、古代的学者，他们都要做这种实际工作，凡是不做实际工作的人，他们的学问都是浮在表面上的。宋代的理学，当然它在理论上是有建树的，但是在历史的沉淀下，有些方面还是超不过汉学。你看，“古史辨”又要被重新讨论，为什么呢？因为有些是浮在表面上的。浮在表面上的东西，经过历史的淘汰，它就不会留下任何东西啊。上次我们去曲阜，去跟贾海生一起开会，他讲了这个问题，提出一个观点我很赞成。他讲现在学术界边缘化非常严重，这个边缘化不是讲对我们不重视啊，或者是科技冲击啊等等，就是现在很多学者研究的课题边缘化，比如说你研究这个东西，它究竟有没有作用，它将来在历史上会不会产生影响，这个很重要。我觉得贾海生的眼界很高，他的眼界好。比如说发现了一个材料，考证了一个作者的生平，他是哪一年生的，我现在解决了这个问题，这个问题没有多大意义，你只是就这个问题来说这个问题，自说自话而已。

王：其实您说这些都是有道理的，整理《五礼通考》对我最大的启示有两个，第一个，这本书无论从哪个角度来说，它

的整理出版在学术史上应该会有一定的意义；第二就是当你整理这样大部头著作的时候，你可以把你所学的知识，比如目录学、版本学、校勘学、训诂学等知识，把它完整地结合在一起，能够应用到工作当中去。我曾整理《守雅堂稿辑存》《藏书纪事诗》，但是这两本书加起来也就是五六十万字，并没有感觉能把自己学的知识结合应用。整理完《五礼通考》以后，那就不一样了。因为这么大的量，经常要思考版本、校勘、文字、礼制等多方面的问题，涉及的面非常广，认识自然会提高。我们俩上一次去山东大学跟他们的学生座谈，有的学生问我们这部书对学生有什么用。我还谈到说，说得再简单一点，如果从《五礼通考》选题做博士论文的话，少说做一百篇论文不成问题。

方：都是现成的，只要把它们组织起来就可以了。

王：对，稍微把它加加减减，再加以讨论，就是一篇优秀的博士论文。干我们这个行当，也就是做古籍整理与研究的人，如果说没有专门整理过一部古籍，或者整理古籍没有达到一定量的时候，不要轻易谈什么是版本学，什么是目录学，什么是校勘学。你没这个实践的感觉。

方：对，那是不一样的。当然了，做学问有不同的做法。做学问有谋生的做法，我博士作一篇论文，我考虑怎么好毕业，硕士作一篇论文，怎么好毕业；我做教师或者是要去评职称的，我怎么达到它的评价标准。这是一种做法，就是说读书为稻粱谋，那就是为了应付当下。还有一个你就是要考虑到“为往圣继绝学”，这是更高境界的了，你怎么做一点对将来有影响力的东西。

有些学者的基本道德观念，就是做这个东西仅仅是为了评个职称，或者是混个饭吃，混得好一点。这两者是不同境界的东西，所以我在纪念徐老的文章里边就讲到这个读书是有一定境界的。做学问同样也是有境界的，这个境界是看你到底定位在什么地方。我如果就是只想解决这个问题，我就围着这个问题去做，我绝对会比你先拿到职称，比你过得好，这是另外一种做法。也有人不计名利，不会考虑这个问题，他就是想做一点有实际意义的东西。我也不鼓励人家去饿着肚子去搞什么东西。再一个就是，从一个学者的角度来讲，如果你换一种思维，假如说你有饭吃，有这个闲工夫，何不去做点好东西呢？你去做一点好东西不是更好吗？我干嘛要去吃那么多呢，干嘛要去忽悠别人呢，你何不去做点有实际意义的东西呢？你要对得起自己的良心，我自己要问心无愧啊，就是说，不管我水平怎么样，我好歹下了功夫。我下了这么多功夫，我也就那么大的眼力，我也只能看出那么多的问题来，或者解决这么多的问题来，我就这么大的本事，我也尽心力了，我也无愧了。一个人做事要对得起自己的良心，如果对别人不负责，你做一个乱七八糟的书，你是害人啊，难道你不是害人吗？就是你这书我又不能不看，看又花了时间，然后什么东西都没看出来。我就觉得这样做对不起自己的良心。

王：当然，整理一部古籍，如果量小还可以做得精一些，量大就可能会有一些遗憾。

方：对啊，瑕疵嘛肯定会有一点了，那是正常的，你讲古人的错误，古人也是有瑕疵嘛。

王：是的。《五礼通考》做完，我记得让井超和李佩一块去打印，打印了三部，都把打印社的打印机给打坏掉了。当时一套是二十多册，因为我规划好的，大约二十卷打一册，打了二十多册，一共是五百八十几万字，一套是六千多页，打了三套是一万八千多页。那个打印社的小殷老板说，从开打印社以来，从来没有见过打这么大部头稿子的。如果今天再告诉我，说让我做，我都会感到害怕，这么苦，这么长时间。但是，做完之后，我感觉还是有收获的，最起码对礼学的材料是比较熟了。但不知中华书局何时能出版？

方：要催催中华书局，合同是 2015 年出版。其实很多东西，有价值的东西，不一定是聪明人做出来的，是傻瓜做出来的。

五、整理阮刻本《十三经注疏》

王：我原来以为，《五礼通考》做完以后，您老兄恐怕就自由了，超脱了，随便想做点什么就做点什么了，您怎么又整理阮刻本《十三经注疏》了呢？

方：我做完贾谊《新书》以后，我就发誓不再做集解了，后来又做了《〈大戴礼记〉汇校集解》，做完《〈大戴礼记〉汇校集解》之后，我又发誓不再做这个东西了，后来又做了，还是在做，没办法。

王：做完《五礼通考》以后，您申请了国家社科基金项目“中华书局影印阮刻本《十三经注疏》汇校勘正”，为什么又开始做“《十三经注疏》汇校勘正”这个选题呢？您把做这个选题的想法和情况给我们谈谈吧。

方：要做《十三经注疏》的起因，一是《五礼通考》里边引了很多经书方面的资料，我发现了有的《四库全书》本里面的《十三经注疏》的材料是对的，而阮元的是错的，这个问题引起了我的兴趣。而秦蕙田采用的这个内务府本，在今天看来采用的很可能是殿本了，殿本为什么对，阮刻本为什么错，那就有兴趣了。后来艺文印书馆出的那个南昌府本我们专业买过来了，我就把它对了一部分。就是因为《五礼通考》里面涉及，我就校了一部分。就发现了很多南昌府本不错，然后其它阮刻本错的例子。我大概校了一半吧，然后我就申报了这个项目，我发现这个阮刻本问题很多，就叫学生去做相关的研究。还有一个原因是他们整理得太差了。北大的标点本出来，我一看，里面的错误太多了，后来上海古籍的出来，也不理想。就是觉得有点不忍心啊，我觉得《十三经注疏》是个非常好的经典，就相当于一个非常好的地方，让一个烂开发商或者是一个没有资本的开发商给它开发掉了，开发得一塌糊涂，太可惜了，太浪费了。再一个我还想着，这种事情如果我们不去做，不是说没有人做，可能愿意做的人还很多，但是要做它必须具备几个基本条件：第一个，你必须对中国古典文献比较熟悉，第二个你要有比较好的小学功底，第三个你要有认真负责的工作态度。他们有些不是说水平不够，可能是态度不认真，或者是花的时间不够，或者是自己没有亲自负责，不都是这些原因嘛，所以说这么好的经书就没有人肯认认真真花时间做好，就像一些开发商胡乱开发，反正我要开发，把这个地方开发出来，至于开发得怎么样再说，这就太可惜了。我觉得有一种责任感，文化传承的责任感，我觉得我还比较适合做这件事情，想把它做好，我至少可以做一个阮元的升级版吧。现在看来，我至少把阮元的这个本子质量提高一点，或者是还原它的本来面目。也就是说当初这个《十三经注疏》是利用不同版本刊印的，出现了不同的错误，我至少可以根据这些本子再做一个准确的本子来。我是觉得做好这个事情，在某种程度上就是对得起阮元。他当时在那样的条件下做了一个这样优秀的东西，如果说我们胡乱地把它做一做，我觉得于心不忍。我不做也就拉倒，要做就尽力做好。如果他们做得很好，我肯定不去做这些东西。

王：可以这么说，您有这个兴趣是因为做《五礼通考》的过程中和《十三经注疏》对校，发现了一些问题，激起了你研究它、做它的兴趣。我也想起来，你们学生老是考虑着这个东西我能不能做，或者做了之后会有什么问题，我跟方老师做《五礼通考》的时候，我们一起在外面开会，他就写过《五礼通考》引《周礼注疏》考，《五礼通考》引《仪礼注疏》考。后来我也学方老师，凡是发现什么问题，全部把这些材料捋出来，我写过一篇《〈五礼通考〉征引〈二十四史〉考异》的文章，在北大的《国学研究》上发了，两万多字，也先后写过引《周礼注疏》，引《仪礼注疏》的，我只是考察它们在文字上的差异。方老师除了考察这些差异之外，又考虑到了阮刻本《十三经注疏》的问题，这要不是做《五礼通考》，也不可能想到要做这样一个东西。

方：那也不敢去做。我发现《五礼通考》读了三遍以后，速度很快，可以做这个东西啊，我今年就可以把它做完交过去，再花个三五年的时间，好好地校一遍，不就大功告成了嘛。

王：也就是从2012年我们《五礼通考》基本收尾，到现在，也有四年多了吧？那么您根据目前做的情况，阮刻本的《十三经注疏》，您大概能够得出一个什么样的结论呢，有一些什么样的突破点，您现在可以告诉我们吧？

方：《十三经注疏》南昌府本错误最多，它是初刻，初刻错误很多，后面的刻本又在初刻的基础上改正了很多错误，增加了一些新的错误，后来它的不同的传本，不同的刻本，产生的错误也有所不同，参差不齐。根据我们校的结果，阮刻本《十三经注疏》南昌府本错误固然是最多的，有些本子跟南昌府本有一个传承的关系，比如说脉望仙馆本，它就是直接根据南昌府本来改的，改正了不少错误，但也增加了不少错误。锦章书局本大概是根据脉望仙馆本订正的，也增加了一些错误。那么脉望仙馆本和锦章书局本有一个最大的功绩在哪里呢？阮元的《校勘记》，前后排列的次序有些是错误的，从文选楼本《校勘记》，到后来的学海堂本《校勘记》，他们的次序有些跟原文不一致，脉望仙馆本和锦章书局本把它调过来了，绝大多数是调对了，但也有少数是调错的，这几个本子是一个系列。中华书局本说是据世界书局本且对它出现的错误订正了两百多处。还有江西书局本，江西书局本可以被证明是用的南昌府本的板子重新拼版的。道光本不一定是根据南昌府本这个初刻本来的，它可能根据的是另外一个本子，因为它们出现的错误是不一样的。那么世界书局本依据的底本到底是在道光本前还是道光本后，我们根据它的错误率，它是小于道光本的，也就是说它可能是参考了道光本，但是世界书局本的底本可能是南昌府本之后再修订的一个本子。世界书局的主人沈知方讲是阮刻初印的一个本子，初印本跟南昌府本不一样，它改正了南昌府本里边不少的错误，也就是说它用的这个本子是比南昌府本好，是南昌府本之后的一个修订本。有这么一种关系，但是它有没有直接继承道光本，中华书局本的说法是值得怀疑的，他们的错误率不一样，这个你只有通过实际的去校，才知道。我现在认为，世界书局本依据的底本是南昌府本出来以后再修订的一个本子，是一个早期的印本，但不是第一次的那个初印本。

王：就是它的底本是初印本修订以后的一个本子吧？

方：对，是这样的。因为我现在还不能证明世界书局本是从道光本来的，中华书局本的说法是有问题的，中华书局本说它是从道光本来的，这个说法没有依据，这是我得出的一个结论。除了这些本子之外，还有个点石斋本，点石斋本前面有俞樾的序，讲它是遵照阮本重校印的，它的扉页上讲得很清楚。现在看来，它的错误率是最低的。我都把它统计了，我把校勘有错误的情况，都分条统计了。统计了以后发现，它的错误率是最低的。其中一个重要原因就是它遵照原本重校印，它重新校了，实际上它是根据殿本来校的，殿本里面很多地方是直接改动的，它可能没有版本依据，但它把那个地方改对了，殿本的文字错误率是比较

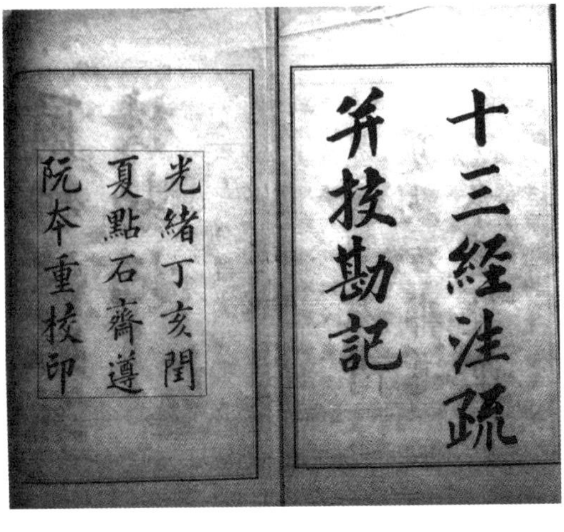

方老师藏点石斋本《十三经注疏》

低的，所以点石斋本的错误率最低。但是殿本的问题是，首先它有些文字是径改的，他们不一定找到版本依据，这是一；还有一个就是殿本里面的一些次序，一些体例，它改了，它择取的《经典释文》的内容也不同。文字的错误率是比较低的，严格意义上讲，殿本并不是阮刻这一系列的本子，它是根据北监本来的。比如说我现在在校《尚书》，发现它跟南宋的两浙茶盐司的那个本子是不一样的。

王：对，它跟那个没关系，它是跟元十行本有渊源的，从元十行本来的。

方：他们也做了改动。

王：因为两浙茶盐司的本子是八行本，没有陆德明《释文》的，它那个是另外一个系统的，他们的源流不一样。

方：但是它里面有些是对的，后面的北监本都是错误的。我记得上次，杜泽逊在山大也讲了这个问题。比如说它这里面有一个“疾赊”这个词，“疾”就是快的意思，“赊”就是我们“赊欠”的赊。它在北监本里面就写作“余”，像殿本它们就改成“徐”，“疾徐”，就是一个快一个慢，他觉得改得很合理。但是这个“赊”呢，它在两浙茶盐司的木子里就作这个“赊”，因为“赊”字就有缓的意思，本来是不需要改的，后来刻书的人可能觉得这个地方让人难懂，他就直接把它改成“徐”了，其实这并不存在什么正误的问题，只是做了一些改动。

王：也有一些是属于妄改了。

方：对。它是把字给改了，改了之后意思也对，但它没有依据。我现在做《十三经注疏》就是，如果宋本不误，我就用宋本，因为宋本比明本早啊。阮刻本《十三经注疏》这个系列实际上是非常复杂的，如果说详细对的话，可能没有校订的地方多得很。

王：因为这里边还牵扯到关于《十三经注疏》的问题，从注疏来说，我们可以给它分两个系统，一个是八行本系统，一个是十行本系统，八行本系统《十三经注疏》不全，十行本《注疏》其实也不全。阮刻本是属于十行本系统的，但是十行本系统尤其是阮元这个《注疏》里边又带来很多麻烦，他所引用的本子，比如说闽、监、毛本，尤其是毛本，是初印本呢，还是后来经过修改以后的本子呢？

方：那你不知道啊。

王：现在这个没法判断，因为毛本到清代还在不断地被翻刻，而这种翻刻是和初印有差异的。杜泽逊在校的那个北监本，我手头上有，是初刻初印本。但是毛本无论是日本藏的还是美国哈佛藏的，肯定不是初刻初印，里面有很多模糊的地方。但是究竟后到什么程度，现在也不知道。

方：现在毛本的初印本有没有办法找到啊？

王：我想肯定是有，但是需要去鉴别。这就像前几天我让学生买的浙江大学出版社出的阮刻本《礼记注疏》，他们是根据上海图书馆藏的初刻初印本影印的。我那一天到宝应县图书馆，看到有一套《十三经注疏》，我当时就翻到了《周礼》，那个本子还刻得不错，因为没有时间，也没有再去考证。

方：那浙大出版社出的印了什么啊？

王：他们印了阮刻本《十三经注疏》里边的《五经注疏》，《毛诗注疏》是西泠印社出版社刊印的，其余四经是浙江大学出版社刊印的。通过您校这个阮刻本《十三经注疏》，比如说从南昌府本一直到我们看到的中华书局本，中间的道光本、脉望仙馆本，还有扫叶山房本等等，哪个质量最好？

方：还是点石斋本最好，点石斋本错误率最低。

王：要比我们常用的这个中华书局本还要好？

方：中华书局本的错误率实际上仅次于南昌府本，质量一般。大概中华书局当时就是想做一个简装本，方便学界，然后就找了一个初印本，实际上呢，初印本是比较差的，这个差呢，不是差到南昌府本那个程度，它比南昌府本要好，它的错误实际上跟道光本差不多。这个本子，不如点石斋本。

王：您上次让刘蔷帮您查的是哪两个本子？

方：那个是扫叶山房本，现在基本上可以证明，扫叶山房本并不存在。因为人大图书馆藏了一套扫叶山房本，我让刘蔷拜托她的那个朋友把书前的部分都拍了照片，然后发给我。它是这样的，《周易》不是第一册嘛，它里面有所谓的版权页，就是它把脉望仙馆的版权页这一页换掉了，换成了扫叶山房的商标。也就是把这一页换掉就行了，后面都是一样的。

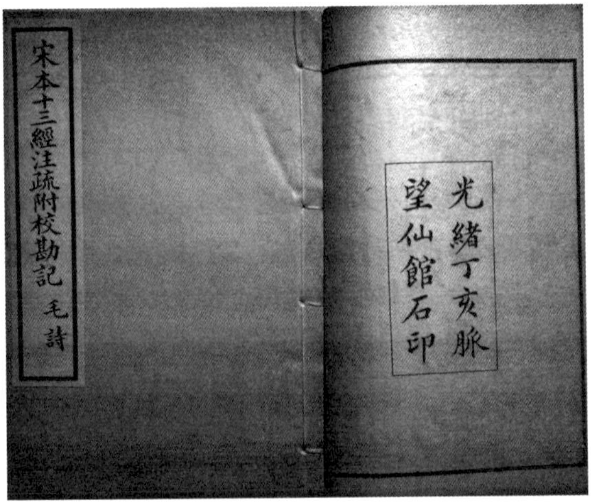

方老师藏脉望仙馆本（扫叶山房发行）

王：也就是扫叶山房的《十三经注疏》其实就是换了版权页的脉望仙馆本。

方：是的。因为我买的那一套只是函套上有“扫叶山房发行”字样，里面版权页还是脉望仙馆的。可能有这样的一个过程，就是脉望仙馆也是上海比较早的一个书局，扫叶山房在苏州嘛，他是把这个《十三经注疏》的版权转移给了扫叶山房，或者是当初脉望仙馆还在的时候，就委托扫叶山房来代它卖书，是这样一个道理。

我在网上看到的一部扫叶山房本，七千多块钱，我问他你这个书还完整啊，他讲很完整，我没有叫他前面拍几张照片过来，就买过来。卖书的那个朋友讲，这部书是摆在台湾一个朋友那边，要从台湾那边寄过来，我也不知道是不是真的，他是辽宁人，那个人听口气还是可以的，他讲他也是读书人，也是喜欢书的，我觉得这个人还是比较厚道的。我没跟他讲价钱，就买过来了。买过来一看呢，封面上是扫叶山房，函套上有“扫叶山房发行”，但是里面的内容跟脉望仙馆本完全一样。我前面也买了脉望仙馆本，两个一对，完全一样，我就发现就是扫叶山房代它发行。这其中的缘由就是，比如说你是脉望仙馆，我是扫叶山房，你委托我，我代你卖书，或者是利益分成。后来呢，大概就把这个版权转移过去了，因为我考察过陈正宏他们研究扫叶山房史的资料，没有任何资料可以证明扫叶山房印过《十三经注疏》。

王：您现在用的阮刻本《十三经注疏》，大概有哪些版本？

方：有南昌府本、脉望仙馆本、点石斋本、锦章书局本、世界书局本，再到中华书局本。我现在就江西书局本和道光本没有。江西本应该说也是不错的，但是它的错误率还是比点石斋本要高一些。

方老师所藏锦章书局本

王：**那么您校江西书局本是怎么校的呢？**

方：我当时让学生做过博士论文，把我校勘的那个材料，交给他们，叫他们再去南图等地考察的。

王：**南图有江西本是吧？**

方：江西本我们南师就有，我叫学生去查的，就是列出这些条目你们专门去找。

王：**通过您这项工作，把阮刻本《十三经注疏》的版本源流和各方面的差异都搞清楚了。**

方：应该说差不多了。扫叶山房本它还有一个特色，它印的所有的书，它的版心都有“扫叶山房”四个字，它还印了“十七史”，版心都有这四个字。那个就关系到它的版权页，版权页就是我刚才说的那个情况造成的。

六、《周易》研究心得

王：我们刚才听您讲了那么多，您还有个秘密的东西没有讲。其实方老师对《周易》的研究还是很深入的，以前也开过《周易》的课，在给学生上课的时候还偶尔露一手，您能不能讲一讲您研究《周易》的一些情况?

方:《周易》要从三祖寺那个签讲起，刚才已经讲过了。我就感觉非常神奇啊，刚才不是讲到那个签是上上签嘛，上上签就意味着我第二年就很顺利地考到南师来了，虽然这个中间过程很艰难，但最后还是吉利的。它确实考不成，“中途风波起”啊，这个事情躲不掉的，就没有办法躲啊，情况就完全对应了。我硕士毕业以后，那时《周易》热，我就想解开这个谜，看《周易》到底是怎么回事。后来抽签那就不灵了，你看现在寺庙的签都是假的，他给你的都是好的，就像现在老师给学生打评语一样，那都是好的，他不让你有坏的。我当时想，我一定要对《周易》有所关注，我就开始读《周易》了。最早读的书是洪丕谟写的《中国古代算命术》，当时“《周易》热”一开始，出来的书都在地摊上，图书馆里面没有，不会正式出版的。凡是地摊上有的，我都把它买下来，买来就读。读来读去，后来《四库全书》出来了，《四库全书》数术类的十本，我还买了一套，不光是《周易》的书，包括相学、姓名学，都买了。读了以后，再读《四库全书·数术》里面的书，除了“堪舆类”没有怎么读之外，都读过了，什么《人伦大统赋》啊，都读过了。读了以后，就发现买了那么多书，上当了，洪丕谟的《中国古代算命术》，还有其他的一些算命的书，都是按照《四库全书·数术》里面的内容，给他翻译一下就是了。那时候还测试，因为感兴趣嘛，也因为有感觉，我就不断地去试，遇到一个什么样的事情，就占一卦，看看它的结果。我当时还记笔记了，现在这个笔记本还保存着，上次我去扬州讲座，还把笔记本里的内容搞几条讲给他们听。其中有个很精彩的例子，有一次中意女排锦标赛，就是中国跟意大利排球比赛，双方打到四平局，第五局双方打到十一平决定胜负的时候，当时排球还是十五分分胜负，我就想看看到底是中国赢还是意大利赢啊，我当时就起了一卦。我是根据电视画面上出现的中意两方的两名排球队员的队号起了一卦，是天火同人卦。结果那一局一直鏖战过十六平，还没有分出胜负来，我当时占卜的结果是中方要输。一直打到十六比十八，最后是中方的排球队员莫名其妙地发球失手了，对方又发了一球过来，结果就输掉了。我当时是记日记的，记日记有一个好处，就是玩嘛，玩其占嘛，就是记下来，我可以验证。那个时候没有电话，我的同学家在后宰门，我想到他家去，我会预测一下，他在不在家，还可以预测今天是不是很愉快，会不会遇到什么阻碍等事情。所以后来呢，有人就不断地找我，不断地找，包括要出国去啊，他老婆会打电话给我，一定要占一占这个飞机有没有问题啊，他女儿要出国去有没有问题啊，就这样的。

王：那飞机票已经买好了只能说好，不能说不好啊。

方：但是，也有会验证的，比如说他中间受到什么阻碍，它会有，就是说这个东西非常神奇啊。

王：那我俩那次遇台风您占了没有啊？

方：那个倒没有占，但是我有感觉。

王：感觉害死了，害得我们在机场呆了二十四个小时。

方：那我是提前跟您讲了，这一点不假吧。我提前给您讲，我讲我们这次出来太顺利了，恐怕回去会碰到什么不顺利的事。我是提前就跟您讲了，那是刮台风之前。

王：那别人出去都起卦，为什么我们自己出去就不起一卦呢？

方：那我不会有意去占，这个东西你有意去占是不灵的，一定是你心血来潮，突然想占的时候就玩玩。

王：那也玩了有二十多年了？

方：只能讲你不断地去思考它，中间我也做过讲座的，也给本科生开过课的。我发现讲起来太艰难，六十四卦开一个学期你又讲不完。

王：那么您觉得通过您二十多年的玩，《周易》能不能这样

的玩？对人生有什么好处或者启示？

方：可以。至少有几大好处，人对越是神秘的东西越感兴趣，这个可以满足你的好奇心；第二，可以增加人缘，人家都知道我会玩啊，一见面就熟了，那样朋友多啊，就在饭桌上聊一聊。所以说现在有些人啊，比如说南京中医院有个主任，他就不懂《周易》，古代是“不学《易》，无以为太医”，“不学《易》，无以为将相”，一个中医院的主任，他对《周易》都不怎么样了解，他的中医水平就会受限制。

王：它是相通的吧？

方：对，很多东西是相通的。《周易》里面它是有很多的人生知识与人生哲理的，“近取诸身，远取诸物”，我们的哲学有很多东西都是从生活当中推演出来的。我在给学生灌输一个观点，就是你不要把生活看得那么枯燥，你要把生活中的东西化到古人的道理中去，要去品味它，这样会使你的生活变得非常快乐。我遇到一个东西不灵，我要去思考它，它为什么不灵啊。灵了，哪些东西是灵的，哪些东西是对的。有一位叫刘正的人他写了一本书，书的名字我忘掉了，他在里面提到了几个观点很好，他讲学《周易》至少要具备四个基本条件：第一，要有比较深厚的基础知识，就是对基本原理要通，你对《周易》体系里边的这些名词、俗语、卦爻辞等等，基本上要熟悉。他就讲，这就像中医，你要讲究他的药方，掌握药性、药理，这是一样的东西。古代的药方都要背，背过以后，根据你这个病的情况，给你来个加减乘除，高明的医生就是这样的，不高明的那就是按照这个方子来啊，它就不对症，不一定治得好。我们人生也是一样，单纯的面相也好，手相也好，或者是骨相也好，或者命理也好，它都不是一个全面的信息，我们人生是个综合信息。有人讲你给我看看手相好不好，一个手相也可能代表某一方面，有好处，但是并不能代表你全部，你光一个面相好，也不能代表你的全部。有些时候你看着面相不好的人，他或者是特别聪明，或者是大富大贵，这是很难说的，它是一个综合因素。第二，要有比较丰富的人生经验。《周易》为什么到后来讲得是“玩其占”啊，就是你有丰富的经验以后，你就不会机械地把握那些原理，那些卦象了。就是说你要用《周易》里边的这个原理，结合现实的情况，你来化成什么东西。我的理解，《周易》就像一个宝葫芦，就像古代神话里边的宝葫芦，它把天地人很多的东西，这些象、数、理、义都装在里面，你把它拿出来，那么就看你怎么解了。就像解梦一样，也是这样的道理，你做的是个梦，但是我怎么解你这个梦，就完全看解得准确不准确了。第三个，他认为《周易》还要灵性，就是一个人要有灵性。这个所谓的灵性就是我们今天所讲的第六感，一个人的直觉很重要，一个榆木脑袋肯定是不能学《周易》的，只知道一加一等于二的人是肯定不能学《周易》的，你要知道一加一可能等于一，可能等于二，可能等于无数，这样可能会好一些。第四，学《周易》要不断地品味它，掌握了它的基本原理，你就要不断地品味它。

有些精彩的例子，比如说我的一个高中同学，他当初是做房地产的，有一段时间跟人合伙做文化公司，他想赚钱啊，就请了周杰伦来，在五台山演出。一般的情况是能赚钱的，他就打电话给我，他讲让我去他公司一趟，我就去了，我就问他有什么事啊，他讲，你帮我看看，我目前请了周杰伦过来，你帮我看看能不能赚钱。我然后就起了一卦，我问这个事情你已经决定了，他讲已经决定了，已经签了合同了。我问能不能改变，他讲不能改变。我告诉他如果能改变的话最好改变。他当时定的时间是礼拜五，他如果挪动一个时间点，比如说挪到礼拜六、礼拜天，那结果可能就不一样了。他讲不能改变，我讲你这个恐怕不能赚钱，有两个因素决定了你不能赚钱，但是我无法告诉你这两个具体的是什么因素，不知道。他讲我们这个演唱会啊，只要卖出一半的票，就能赚钱，他的票价都定得比较高嘛。结果演出的那一天，他就打电话要送几张票给我，他问我要几张，我讲我又不看那东西，你随便送个两三张来，让孩子们去看，他们喜欢那个东西，他后来就给我送了几张票过来。那是上午十点多钟，我就问他，我讲你现在卖票的情况怎么样啊，他讲已经快到一半了，快到一半那不是意味着快要赚钱了嘛。我也不知道怎么回事，反正我是按照这个《周易》原理推测的。后来，我那同学根本没有告诉我最后的结果，我晚上看电视，就是他演出的当天，全国有一个联合的票贩集团，山东的、河北的、河南的，跑到南京，从下午到晚上，一张真票都没有卖出去，全是假票。因此他没有卖到一半，他就亏了。还有第二个因素，周杰伦带了一个团队，二十多个人，他没有按照合同，他提前到的南京，比如说我今天演出，你可以昨天来，但是他提前了一天。他们的生活费开支是很庞大的，比如说住房是两三千的，吃饭是一两千的，按这个标准，一个人就好几千,二十多个人的团队就是好多万下去了。这两个因素，决定了他不能赚钱。我另外一个朋友，就是原来在中苑宾馆的老总，他也参加进去了，他告诉我，赔了几十万进去了。我那同学，可能赔了一百多万进去了。他后来打电话给我，问我你看我们这个文化公司到底是做下去还是不做了，我讲你本行是做房地产的，你就不要做这个文化公司，我们也不知道这个里面水有多深，我讲你还是做你的老本行稳当一点。确实有两个因素决定了他没有赚钱，但这从《易》经原理里边是具体推测不出来的。

王：那您当时推测出来有两个因素？

方：对，有两个因素决定了他不能赚钱，就是根据内卦和外卦的关系。

王：如果他们学生想玩玩，先读什么书呢？

方：那可读的书多得很，我当时除了读地摊上的书之外，就是读刘大钧的《周易概论》，还有黄寿祺的，张立文的。

王：刘大钧的书好用，还是高亨的书好用？

方：高亨的书不宜先读，高亨的书学术性比较强，还是先读刘大钧的《周易概论》。我当时就是读了《周易概论》之后，去开始研究《帛书周易》的，当时邓球柏的《帛书周易》刚出版。要读古人的就读惠栋的《周易述》，惠栋的《周易述》写得很好，但是前面还是要读些基础书。

王：那么金景芳先生他们的呢？

方：他们的也可以，像我们熟知的徐志锐的《周易大传新注》，都可以读。

王：方老师的《周易》学，目前是没有人学，也不知道传

给谁，您这边有没有感兴趣的？

方：《周易》其实是一个很重要的书，读了《周易》以后，你看问题的角度就不一样。应该来说我们都这么多年了，你们可以看得出，我考虑问题肯定不是很僵化的，还是比较灵通的，它可以锻炼人的思维。

七、师从徐老、钱老

王：您到南师来之后，跟徐老和钱老的关系都很密切，您觉得这两位先生分别给您带来了什么样的影响？

方：那当然是学术的感召力啦。我感受到的不仅是他们学术学问的崇高了，他们对于我来说，就像孔子与学生一样，可望而不可即的感觉。我觉得他们有一种最重要的精神，就是对学术的执着，对学术没有执着之心，也就做不了那么好，做不到那么高。这种执着是有一种精神做支撑的，没有一种精神也是做不到的。钱老的学术道路是有很多波折的，中间多少年没做，这样就有一种反作用力，也可能是越不让做的东西，越觉得丢掉了可惜了，越觉得时间浪费了，所以，他晚年是非常勤奋的，他一定要把这些东西弄好。他做《三礼名物通释》《三礼辞典》《三礼通论》，都是激发了他一定要完成的心志。

徐老出道早，他的视野非常广，他的小学基础非常好，他后来侧重于语言、训诂、音韵、词汇等等，从这些小学出发去解决问题，做到了文史兼通。徐老关注的面非常广，我们入门以后，他积累了很多问题。徐老读书就在每一本书的上边做记录，然后夹了许多条子，这些条子呢就作为材料，记录他发现的心得和问题。他还告诉我，对现代人来说，像萧旭的做法，一般人是读不下去的，你堆砌材料太多。他当时就跟我们讲，一定要写非常精到的例子，他说我要说明这个问题，要在几十种例子里面，选择最恰当最能说明问题的例子，就是他们已经达到了化境的阶段。

钱老是非常专的，钱老的专是表现在他的礼学上，但是他的基本功非常好，对于古文字、古汉语都是非常精通的，包括石刻学，这些东西都是很精通的，很全面的。除了他们学术的崇高之外，还有对学术的执着。我经常到他们家去，你去了之后，就发现他就在那里看书，他都是在那里用功。当时钱老在学术界，已经有很高的成就了，他还是想着我们这些东西能够有人传承，就包括去世之前，他还让我把稿子留下来，他还想看看，虽然他也没有看成，但是他那种精神会感召着你。我作为他的学生，完全是这种感觉，就是我做得太差不行，我留在南师，假如我跑到其他地方，我就不管他了，也可能无所谓。我就觉得受到他们这么多的感染，我如果做得太差了，实在是于心不忍，再加上我本身也是对读书非常感兴趣的。我以前读过许多书，在皖南农学院那边考上研究生之后，我觉得一下子就轻松了，我把《鲁迅全集》和《莎士比亚全集》通读了一遍，平常没有时间看那种书。

王：其实不管从钱老这个角度讲，还是从徐老这个角度讲，您到南师工作三十多年，应该说做的东西已经传承了老师的学问，您也对得起两位老师了！

方：我至少有这种感觉，我感觉到我已经很尽力了，当然我做得不一定好，不怎么样。后来我就发现，可做的东西很多，我一定要选做有意义的，这就是我后来为什么选择做《十三经注疏》，就是要做一些能够流传的东西，我觉得这样可能更好一些。有些非常专业的东西，别人基本不会用，这种书将来被边缘化的可能性更大。这也是从徐老那边来的。徐老去世之前，就鼓励我们要办国学讲习班，做讲习班要有条件，他的意思就是要请全国各方面的专家来做讲座。做讲座可以有两方面的好处，第一个它可以扩大你的影响力，第二个让学生得到好处。他的意思是把全国各方面有名的专家拉过来做讲座，当然这个事情当时也没有条件做，也不好做。第二个徐老就强调，要从基本书读起，基本书就是从章太炎到黄侃，再到徐老谈的二十多部经典著作，这是最重要的书，基本书重要，就像我们要吃饭一样，你仅吃三天的山珍海味恐怕不行。

徐老塑像前合影

左起：方向东、钱兴奇、王继如、吴金华、马树杉、周先林、梁晓虹、浦卫忠、施谢捷王：那么从做学生的角度，您所做的东西首先就是传承，其次就是按照他们的期望，做自己该做的事情。从徐老、钱老这个角度来说，您坚守传承，包括老师不在以后的坚持。古文献专业给徐老塑了像，这也是对老师的一种纪念吧。从钱老那边来说，您不管怎么样，坚持了礼学，本来您不做礼学，您现在把它坚持下来了。

方：对，除了塑像，还包括纪念会。徐老的塑像是八七级的一个古文献学生鼓动的，这个学生经济条件比较好，做了赚钱的老总，坚持读《史记》，他在青岛经营空调，现在又要在那边做影视公司。还有杨伟东，他们鼓动的，要在徐老诞辰一百周年的时候做一个塑像，他们就打电话把这个事情给我说了。我问过学校，学校里首先要批准能在校园里塑像。要跟宣传部沟通，后来就批了。批了以后他们就请美术学院搞雕塑的陈亮主任，请他们做，然后在徐老女儿那里选照片，选了一个徐老年轻时候的，最能代表徐老形象的照片。这尊塑像请到南师后，头一天晚上十点左右开始，一直到第二天上午十一二点，才落成。为此，我还专门请他们喝了一顿酒，以示谢意。

王：我跟您认识以来，就觉得您对老师的这种坚持确实是值得敬佩的，您看我俩本来也不认识嘛，我俩最早认识应该是1999年，您跟赵生群老师一块去内蒙开会，我们认识的。而我们一认识，您知道我搞《三礼》，就谈到钱老，那时候您就在坚持了。您不仅在徐老那边，在钱老这边也在坚持，很不容易啊！

方：在我们徐老、钱老这几个学生里边，应该是吴金华老师年龄最长的，他后来到复旦去了，王继如老师到苏州去了，朱声琦六十岁就去世了。第二届的梁晓虹到日本去了，钱兴奇不做了，马树杉在常州工学院当院长。我们这一届，浦卫忠在北京，周先林原先在日本，徐山在苏大。只有我一个在，孤身一人，怎么办呢？我只能说有一份心，我还是很努力很努力的，我相信现在的全国各地的教授里边，能够达到我这样努力程度的人还不太多。

王：方老师的勤奋真的是值得我们学习。至今晚上校书要校到两三点，如果没有其他事情的话，在家里就一直在校书。正因为这种坚持，才能做这么多的事情，很多是因为老师精神的感召吧，否则是很难坚持下来的。当你做出一点成绩的时候，会很开心，这是很少的，大多数情况下感受到的是寂寞和艰辛。

方：是的。我从事古文献研究，离不开徐老和钱老的教诲，没有他们，也可能就没有我今天的成绩。

八、南师大古文献专业

王：您是1984年到南京来读书，1987年毕业，留校到今年，如果算上上学已经三十二年了，如果说不算上学，也近三十年了。这三十年，您应该也是见证了我们南师大古文献专业的成长经历。您怎么看待我们的古文献专业以及这几十年来的成长、发展的过程？

方：老实说，我们等于是与古文献专业成长起来的。我算徐老的关门弟子，从学科方面，我还算开门，是古文献第一届嘛。1984年我进来的时候，1983年已经成立了古典文献学专业，古典文献学专业的成立是跟徐老和钱老有关系。徐老、钱老他们都在古籍所，徐老任所长、名誉所长，再到后来是李灵年老师。我进来的时候是李灵年老师任所长，徐老是名誉所长。当时南师的本科学科是比较少的，由于徐老、钱老他们的影响，也跟南京的这个地理环境分不开，就在南京设立了古典文献学的点。当时北大设了一个，老杭大设了一个，然后上海设了一个。这是因为黄侃先生，到徐老、钱老他们，再加上南京的这个人文环境，它毕竟是人文之地，他们觉得在南京设立一个比较合适，就设在了南师大。我是第二年就进来了，我们前几届的学生都很抢手，一开始设立古文献专业，全国都刚开始办嘛。

王：古文献专业一开始设立时是 1983 年，我记得国务院副总理陈云那个讲话以后，从 1983 年开始在全国设立了八十多家古籍整理研究所，也设立了四家古文献专业。

方：对，就是响应那个号召，设了四家。

王：古文献专业放到南师大，其实在某种程度上，反映了南师大在古文献方面的实力，包括章黄学派的传承。

方：对。那时候，南师大古籍所的实力要比南大稍好一些。再一个就是搞传统的学术方面，也比南大要强。南大前面的硕士都是到徐老这边来答辩，来拿学位。你看我们整个教学啊，都是那个时候讨论决定，延续下来的。《论语》导读等八门专书导读课程，基本上是不变的。以前开得比较全，文字学、目录学、版本学，还有词汇学，然后八门专书导读，基本上差不多。当时还开世界通史、中国通史，至少要开一门历史课。

王：那就是后来，我们的课程在这个基础上有所调整。

方：后来是因人而调整，你没有办法，其实我们专业最缺少的就是音韵学。

王：下学期有改观，我们新的教学方案有改变。下学期课程安排已经按照我们新的教学方案来排了。但麻烦的是，可能没有老师上，需要师资。从排课来看，新课程已经把文字、音韵、训诂排到基础课程里边了，把版本、目录、校勘排在选修课里边了，拿掉了一些通论性的课程。你们那个时候培养的学生基础还是很好的。

方：现在关键是需要协调，要有一个灵活的机制。比如说我们现在学科的划分，不一定要有专业教师，有专业教师当然更好了。大学里边的课程不是随随便便就可以上的，如果说上嘛，你博士、硕士毕业，大家都可以上，上得好上得不好那是另外一回事。其实如果设立这样一个机制，比如说以前我们的课也是请外面的人上的，比如说版本学就是南图的人来上，通史是请历史系的人来上的，现在也需要有这样一个机制，对吧？

王：对，先把它开起来。

方：有这样一个弥补机制就好办了，你想把一些人全都集齐也不容易。所以八三级、八四级，特别是吴新江、谢秉洪老师他们这一级最好，那是第一届，那等于说是徐老、钱老他们亲自培养的，他们的功底是很好的，他们这一届培养出来的人博士比较多，评上教授的也比较多。后来的情况也改变了，因为后来是每年招生，都是在省内招。一直到 2003 年，蒋乃勇当总支副书记的时候，才被我呼吁的，一定要在全国招生，不能一直在江苏省内招。省内招你分不出去，我讲你全国每个省都招一两个，他回去就很有用。

王：他们在座的几位学生，像侯婕、曹晋婷等都是受惠者，要不是您呼吁，他们都进不来。

方：这些改变很重要啊，你至少要把感兴趣的招来，把好的招来。再一个，他的出路会广一些，如果只在江苏招，生源就会受到很大限制。你看零三届、零四届这两届的学生情况都非常好，他们这两届考上名牌大学的多。以前学校的政策总是不能改，总是受南师大政策的限制。

王：以前这四个古文献专业，北大、浙大、上海师大和我们，不大一样。据您这些年的观察，您觉得我们这个古文献专业和其它古文献专业相比，有什么优缺点？

方：我觉得我们坚持的是一个正统的路子，我们这个路子基本上还是按照章黄学派的那个传统来传承的，这是非常可贵的，也是难以坚持的。像北大不一样，北大的学生，他们基础好，但是他们一年以后分专业，或者两年以后分专业。老实说，他们古文献专业的教师的队伍也不比我们强到哪里去。杭州呢，原来也很好，但是后来合成浙大以后，也是一年以后还是两年以后分专业。那么在北大、浙大这样的环境里边，它就受到很大限制了，很多学生就不来选修这个专业了。古文献专业是投入最多，而产出最有限的专业，你要产出精品来，古人一生才出一两本书啊，能出一本书能流传就不错了，有价值的书、青史留名的书，一辈子产出一本就不错了，我们这个专业它受这样的限制。你像上海师大，他们很多人都去学外语去了，学其它专业去了，也就是说他们将来毕业肯定就不会考虑这个路子。我们如果能坚持下去，将来总有一部人会坚持这一项事业，这个对于我们中国古典文化的传承是有极大意义的，我是这样认为的。我们的一些同学将来不一定能够从事这个行业，没有条件去从事这项工作，但是他总有一部分人可以做。只要他一旦能做这项工作，他就可以传承下去。要讲些花里胡哨的东西可能比不上，如果凭真功夫，我们南师大培养出来的本科生的质量，肯定不比他们差的，就连北大、清华，也绝对不比他们差的。

王：这几年我们出去考研的本科生，还是很受欢迎的。一个学校的特色和它的学风是分不开的。

方：对。你看我们的考研率已经很高了。有很多东西贵在坚持，这个坚持很重要，你如果碰到困难，坚持不下去，那完全不是一回事。如果当初钱兴奇坚持下来，他绝对是当今礼学大家，谁也超不过他。他做了《三礼辞典》，搞了几十年。别人想去搞个《三礼辞典》，你搞搞看。很多东西你绝对不能看眼前的利益。我们搞古文献的人，你一定要耐得住。你们可能会感觉到，我如果做一件事情，可能会最大限度的坚持下去。就凭我花的这些精力，像我从去年夏天到现在在微信上发《日习经句》，就是连喝酒耽误了，第二天我还补上呢，我从来没有中断过，这是什么？这至少是一种精神在支撑我，这就是古文献培养出来的精神。

九、讲授《老》《庄》

王：以前我不了解，就我来这十多年，我知道您一直在给本科生上《老子》导读、《庄子》导读，您觉得这两门课程会给我们的学生带来什么样的帮助？

方：我觉得这两本书都很重要。《老子》是智慧之书啊，《庄子》也是智慧之书，但是它所用不同。《老子》智慧的作用是在实用，而《庄子》的作用是在空灵，实用和空灵都有好处。老子被誉为阴谋家不是没有道理，他那个东西随便一转化就是阴谋。古人所讲的阴谋不是我们今天讲的那种见不得人的东西，也就是说我跟你比智慧更高明，这是阴谋，所以老子的东西吃香，它很实用，对国家，对个人都有好处。《庄子》的作用不一样，是超脱自己心灵。人的心灵就像一个仓库一样，一定不要把东西塞满，你一定要有一个可以闪转腾挪的空间，这样人才能把喜怒哀乐调整得非常好，不是吗？《庄子》是空灵之学，如果说《老子》讲的是让一个人把事情完美地做成功，《庄子》讲的则是让一个人在困境之中如何不被困死，能够调节一个人的心灵。在座同学都知道，我一直跟你们讲不要在一棵树上“吊死”，要学会在不同的树上有不同的“死法”，这才是你的本事，这点是非常重要的。在一棵树上“吊死”，有在一棵树上“吊死”的好处，就是当我们要做一件事情的时候，你一定要认真地去做，这是我的观点。那么当你走不通的时候，一定要变通，如果不变通，你就只能死，你就真的被吊死了，而且死得很难看。《庄子》是调节人的心灵，而且《庄子》解决了中国和世界上哲学中还有生命观中很多的重要问题。

王：我们下一年已经调整了课程，假如说新课程让您二者选其一，您是选《庄子》还是《老子》？

方：这个我觉得都无所谓，从教学的角度讲，《庄子》讲起来，学生会感到更有趣味，它的故事性更强，《老子》更古板。如果你真的要组合讲一门课的话，我觉得随便讲哪门都可以，我讲《老子》可以用《庄子》来讲，我讲《庄子》也可以用《老子》里面的故事，很简单。只要你会讲，都可以。我不是讲《庄子》的时候还让他们背《老子》嘛，以前是都讲。

王：现在大学里边的教学模式有些程序化和僵化。我印象当中，我们当时上大学的时候，几乎所有的课程都是没有教材的。老师拿一个他的讲稿在讲，问用什么教材，老师说你随便，你选什么教材都可以，最好读原典。现在我们所有课程都陆陆续续有了教材，而您的这个《老子》《庄子》也编了教材？

方：我讲《老子》就没用教材。

王：我觉得国学经典那一套书，您注的《老子》似乎比

《庄子》要简练，要好一些，《庄子》嘛，主要是印得差了。那么您有没有考虑过，或者您怎么看待大学课程与教材之间的关系，您觉得要教材好，还是不要教材好？

方：我觉得用讲义比较好，因为讲义是变通的，不要教材。如果要做教材，应该是给学生一个文本，给一个文本就可以了。为什么我出了《庄子》给他们呢，主要是有一个统一的东西，我讲到哪一段，你在这一页就可以找到，否则没有一个文本的话也很麻烦。我觉得教材只起这个作用，其实讲义最好。这个讲义是可以随时变化的，而且现在在计算机上变化更容易啊，为什么非要教材呢？一旦在教材中定下来，我的观点就不好改了，然后学生等于说就接受了这个观点，他看来看去就是这个观点。比如说昨天晚上我又读了一本书，我对这个问题有了新的看法，我今天

方老师讲授《庄子》导读课程

上课就可以讲给学生啊。所以，过去人都不用教材，因为编教材那都是不懂教育的人的办法。教材可以给学生一个文本，我觉得这是它最好的作用。

王：我记得我上大学的时候，很多老先生的讲义，中间夹得密密麻麻都是批注，其实每年都是新的，不断地在更新，但是教材就死了。

方：对，教材就死了。当然，教材死了也没关系，就是你当老师的对这个问题一定要关注。你如果不关注，照本宣科，那必定是失败的。我们早年教学也是照本宣科，也是把别人的说法往黑板上抄，那是不行的，没有自己的体会。现在，比如说我不去读《庄子》，我读了其它的书，我可能对《庄子》有新的想法，把这种说法说给学生，可能就非常有启发性。现在的教学太机械化了，因为它不是出产品，即使出产品也不是同一个原材料，然后你要出产品，你就出不出一个标准的合格的产品。教材是非常愚蠢之人的做法，是不懂教育之人的做法。像大学里边的课程应该是这样的，你教这门课，除了教的年限长之外，还要你做过专门研究，你至少对这本书要有关注，要研究。只有不断地关注，不断地研究，你才能讲出新的东西，否则你是讲不出来的。你如果照本宣科，我找一个高中生他都可以教，对不对？虽然他是高中生，他把网上的材料罗列一下，不就可以教了嘛。教学的关键难就难在这里，难在教师的水平如何上，而不在于学生。现在教师都是在搞自己的东西，我搞一个不相关的东西，比如说我做一个古代的小说，比如说《金瓶梅》，我来教《庄子》，怎么教呢？那就没办法教，必须要有个人的研究。我《庄子》是怎么开的？

《周易》是怎么开的?《老子》是怎么开的?相关的书都看过了，做老师的就知道它怎么回事，然后就很熟了，碰到一个材料，一个观点，就可以理解，就可以批评它，就可以评论它。难就难在这里。

王：讲义可以在变动中不断地更新，教材就变成死的东西，有这样一个区别，对吧?

方：是啊。教材嘛你除非是三五年编一回，但三五年编一回就把教师累死了，那没有必要嘛。所以，我觉得给一个基本文本就可以，甚至是不加标点的白文版就可以。

王：那也不容易啊，教师的水平必须相当高。

方：所以，不要小看教师，教师是个相当难的职业。我小学教师也当过，初中教师也当过，高中教师也当过，我大学教师也当过，这是非常难的。当小学难就难在，不是讲这个字我认不认识，要让学生们认识。当初我为什么一定要考大学呢，我想我这样不行，我这是以己昏昏，不能使人昭昭，我一定要提高自己。应该说你们上我的课，不是感觉那么枯燥吧?那也是多年的经验积累过来的。现在重视人才培养，不应该是我抓了几个高学历的人当教师就可以了，而是你这个教师对你自己上的课下了多少工夫，有多少见解。

王：教学当然是教师的水平要高，其次就是你把你所认识到的，研究到的东西教给学生，这个更难。

方：你一个不搞研究的人，你就没有办法当教师，你讲来讲去只能照本宣科，你照本宣科我不要你来讲，有材料我自己不能读吗？没有教学经验，就不能原原本本地理解。教学与读书就像牛吃草一样需要反刍的，你要在它消化以后才能把它的味道品出来。

王：教师学问好不一定会教课，这是两回事。

方：学问好有个好处，就是他能保证这个学生的基本功比较好，但是不一定会让学生感到有趣、有用。比如说，同样的课程有不同的教法，你让我教这门课，如果要我把你培养成一个研究型的人才，那先把它背下来，对你有好处，对吧？但是背的话，那学生就感觉苦死了，对不对？那不就苦死了。但是我讲“老庄”，要教你人生哲理，我结合生活的经历，最后能让你在某一个方面开窍，让你将来碰到问题的时候能够想起《老子》《庄子》中的话，这就是很大作用啊。专门之学和变通之学它是不一样的，有专门的讲法，有变通的讲法。你也知道，有些人讲课，学生大都不满意。他很严格，你写不出来就难看了，背不出来就难看了，学生把他恨死了，但是对学生的基本功培养大有好处。

十、指导学生

王：您到南师这么多年，除了本科的教学，也在主管古文献专业硕士研究生教学，您作为一名博导，带博士、硕士，您觉得作为古文献专业的研究生导师，应该怎么样来指导学生的研究和学习？

方：说到研究生，我的感觉是，对于我们专业的研究生来说，普遍存在着一个先天不太足的问题，当然这个不是讲所有的学生。比如说苏芃老师，苏芃老师是在我们这边读了本科、硕士、博士的，他的科研水平和教学水平都已经非常好了。为什么呢？因为研究生要在本科阶段有个非常好的基础，对我们这个专业来说尤其重要。现在我们这个先天不足，首先是因为我们专业全国基本上没有多少本科生，外面考过来的，能够把王力的《古代汉语》文选熟悉几篇就已经不错了，你看我们每次考试拿几个古汉语教材里面的问题来问，他们都答不好。为什么？就是因为他没有扎扎实实地去读书，中文系的学生要上的课程更多，他们没有这个专业的基础。要具备古文献研究的基础，必须是本科阶段打的基础非常好。现在来读研究生，你本科毕业了就立马来读，严格意义上讲，他在科研意识方面也是缺乏的。这是个矛盾，打基础是要花时间去读书的，读了书以后才能去发现问题。现在呢等于说就是没有读书就硬要找问题，硬要你找问题，即使是一个多年研究的老师，让你去找一个特定的问题，那都是很困难的。先天不足是一方面，也不是不能弥补。还有一个矛盾是什么呢？他现在时间不够，两年半时间只有两年时间做论文，一年半就要拟定一个题目下来。前面调查都还没调查清楚呢，就要你拿出一个题目来，然后你来做，这是非常困难的。古文献确实难了些，我们更多的是从自己的角度，对古文献的学生抱着一种同情的态度。只要你态度好，我们都同情，你水平差一点没问题，他有难处。我们当时来读研究生的时候，可以说基础就已经不错了，我根本不是按照他们教学的那一套来学习，我是按照《大学生》杂志里边开列的清单，一本一本读过来的。我上课偶尔也打瞌睡，尤其是在第四节课的时候更多。你认识的那个安庆的周须勇，他陪我们吃过饭的，他爸爸就是当时安庆师范教我们的老师，安庆师范学院的时候他也教过我们。周老师的基础非常好，他上课从来不重复，要重复的是叫你记录下来，他重复一句然后在黑板上再板书一遍，他可以踩着铃声，最后一个字讲完，下课铃响，那是经过苏联模式培养出来的。我经常被他点出来，他就讲："同学啊，不要睡觉嘛！"他也不好骂我，我跟他的儿子是同学，中专就是同学，大学又是同学，跟他关系很熟了。为什么要睡觉呢？大学里边早饭吃得又不好，营养又不够，到第四节课早就饿了，饿了血糖就低了，低了就要睡觉啊，而且呢，我们本身在那里上课也不是把心思放在那里，我们把精力都放在自己读书上。现在研究生主要是读书不够。

王：其实，无论本科生阶段还是研究生阶段，读书都是最重要的。

方：对，读书当然是最重要的。你看着我们招进来的学生，虽然有些基础可能并不好，但是他会读书，这个跟他的思考力也有关系，这就是我们所讲的有科研发展潜力。

王：其实也就是孔子所说的学而不思和思而不学的关系，要处理好二者的关系。

方：对。我们的学生基础稍微差了一些，但不是讲每一个学生都差，总体上相对而言是比较差的。还有一个原因是，全国招生那么多，跟以前的招生数量相比是不一样的，以前招的少，以前副高来读硕士的都比较多啊，现在都是本科来读。当然本科来读也有个好处，就是在研究生阶段就知道怎么去读书，知道怎么去做研究，他假如将来还要走这个路的话，以后会轻松很多，这是他的好处。我们现在嘛，我们的研究生教育也有缺陷啊，一个是开课，也是因人设课了，严格意义上讲如果基础好的话，是不需要开课的，只要告诉你去读什么书就可以了。

王：我感觉研究生教学最大的弊病就在于研究生教学本科化。

方：对，本科化也有一种无奈，就是说他的基础没有达到那个程度。所以，当初徐老把我们招进来，他只要讲讲，然后就问我们读了什么书啊，然后要去读什么书，其他的就不要多讲。

王：就是面对面，有什么问题就请教什么问题。

方：对，你有什么问题你再去请教他，他给你讲讲就行了。现在教学如果像本科那样办也不是没有必要，特别是对那些基础比较差的学生，比如说对那些在本科阶段没有读过古文献常识的那部分人来说，也是必要的，否则他还是不懂，对吧？这是个矛盾。

王：这里边有个问题，就是说，有些学生是古文献出身，有些学生在本科阶段没接触过古文献课程。要去弥补自己的缺陷的话，首先就是读书，再一个就是大学里边好在有很多的老师，可以去请教，还有同学可以一起去讨论。

方：对。光靠考试是不一样的。其实有些东西是要补的，你不补的话是跟不上的。因为这个东西是一环扣一环的，本科的时候基础好，到了研究生阶段，他就算不入门，不懂这个行当，也还好。如果你到了研究生阶段才一部一部书来读的话，那你时间来不及了。

王：最后一个问题，在座的都是古文献专业的学生，作为老师，作为章黄学派的传承者之一，您对他们有什么期望或者忠告？

方：我倒是觉得，应该说随着我们国家国力的增强，我们这一块会越来越受重视，这是毫无疑问的，大家不要遇到一点困难就泄气。其实要泄气的，最有资格的应该是我们，而不是你们。当然了，现在对传统学术的冲击，从大的方面讲，是世界高科技水平的运转对我们的文化是一种冲击，但是这个冲击也丝毫不影响我们传统学术的生存与发展。为什么这么讲呢？因为高科技给我们带来的是物质利益，让我们交通方便了，有饭吃了，你不会饿死。我们当时忍受过饥饿的，我们是多少饿死的人中间的幸存者。我在南师大，跟许多人交流，跟我们同龄人交流，几乎没有一个人是没吃过糠的。随着物质生活的提高，将来我们人类需要的是精神上的愉快。精神上的愉快靠什么呢？就靠传统文化，而不一定是靠高科技。

学术这条路不是人人都可以走的，也不是人人都可以做的，这要看你们个人的条件了。比如说你们读了博士以后也可能找到一个高校或者进入一个研究机构，如果不能进入高校，不能进入研究机构呢，也可以运用所学去做社会上的文化事业。文化事业是很需要人才的，而且这一块市场还非常大。我准备整理完《十三经注疏》之后，我也要去做市场了，我要向大众普及传统文化。这一块可做的东西还非常多，能够教好别人一种道德层面的东西，也是功德无量的事业。从整个世界历史发展来看，越是物质财富发达的时候，越需要精神上的满足。你们大家看历史，历史上的盛世，都是物质生活好了，然后文化发展得也很好。不是吗？汉朝不是这样的吗？唐朝不是这样的吗？都是这样的。越是盛世，物质财富发达的时候，精神需求是越来越高的。如果你能够给人们提供精神食粮，能够做一些文化事业，也是很好的。这个文化事业随时都可以做，就是我离开我的工作之外，我都可以做。当你给别人带来快乐的时候，你就会对自己无限的肯定。快乐并不是别人赐给你的，是你带给别人快乐时候的一种反馈，自己同样会快乐。所以，中国文化之所以会生生不息，她有丰富的内涵，中国古代文化的内容非常之多，我给他们开玩笑说，你随便把中国古代的东西搞一搞，都可以搞出一个非常有用的东西来。屠呦呦，不就发现了一个青蒿素嘛，我讲你把《本草纲目》研究透了，不知道会有多少诺贝尔奖产生，你随便把哪个问题研究透了，都会有市场。

当然你不能完全带着功利去做，有些东西是可以跟生活结合在一起的，你自己获得愉快，能够使你获得古代的知识、古人的情调。所以，你喝茶一定要像妙玉，你吃肉一定要像樊哙，喝酒一定要像李白，这样才有趣味嘛！你就想把古人的生活融汇到你的生活当中吧，不要那么功利。去想我一定要挣多少钱，钱多了是负担，钱我觉得只要够用就行了。上帝只要决定不把你饿死的时候，就会源源不断地供给你食物的。你要那么多钱，你去做一个大老板，那压力非常大。我的同学有做大老板的，但他的朋友比较少，那有什么趣味呢？有钱不一定有趣味，有趣味不一定有钱，鱼和熊掌不可兼得，人要过得快乐，我觉得这才是最重要的。你读书同样可以不要读得那么痛苦，我每天做那么多事情，我一点都不痛苦，也不疲劳。快乐地生活，快乐地工作，我照样玩，可以处理得非常好。

王：这个很重要，你们要学方老师这一点。1999年我见方老师是这样，来到南师见方老师也是这样，今天方老师还是这样，十几年了，方老师的样子没什么变化，这也源自于快乐生活的一种态度。

方：变化也是有的，你如果过得很痛苦，那划不来啊，我们要愉快地过好每一天，是吧。一天到晚愁眉不展，你痛苦地活着也是这么活着，完全没必要嘛！

《周易》其实是一个很重要的书，读了《周易》以后，你看问题的角度就不一样。这么多年来，你们可以看得出，我考虑问题肯定不是很僵化的，还是比较灵通的，它可以锻炼人的思维。

王：今天采访方老师四个多小时，我们记录下方老师生活的点滴、治学的经验和成绩，供学生们学习。方老师已经很辛苦了！再次谢谢方老师！

2016年5月30日，王锷老师于学礼堂采访方向东先生，访谈稿由毕研哲整理，已经方先生、王老师审定。

校经补史，表隐发微

——杜泽逊先生访谈录

一、求学经历

王锷：老杜（习惯了，就这样称呼您），您好！非常感谢您接受学礼堂的采访。请先介绍您求学的经历。

杜泽逊先生：我小学在老家上的，当时叫山东滕县望冢公社陈楼村。这个陈楼就一家姓陈的，这个姓陈的也是后来迁来的。当初姓陈的那一家据说是官员，可能出了什么问题，那一家就没有了。这个村就以姓杨的和姓杜的为主了，这两家还有亲戚。我就是在陈楼村上的小学。据说陈楼村还是有点名气的，叫文化村，识字的人多。我小的时候，我们一个生产队在外乡当公办老师的，至少有六七个。这个村子一共八个生产队，一千八百口人。

在陈楼小学上到了五年级，接着上初中，初中一共两年。初一就没离开这个小学。我们村还有一个中学，陈楼农中。这个陈楼农中管着三个村，三个村一个管区。这个管区名字是徐楼管区，徐楼就是我们西面的村子，比我们的村子还要大。徐楼西面还有一个叫新村，这三个村一个管区，但是中学在我们村，叫陈楼农中。在陈楼农中又上初二。

那时候没初三，《语文》一、二册学完了就是五、六册，三、四册没学。我们熟悉的《狼》啊什么的，都没学过，接触的第一篇文言文就是《三元里抗英》，到第五册第一篇就是《曹刿论战》，中间还有一些过渡的，都没学。语文我记得是山东省编的。但是初中也没有最终毕业就上了滕县一中。我父亲原来是陈楼小学的老师，后来又成了陈楼农中的老师，1979 年民办老师通过考试转公办，我父亲考上了，是全县第二。他当时接到考试通知比较晚，信息落后。陈楼农中有两位老师，另一位是校长，他们赶去考试，找了两个学生，冒着雨，骑着自行车，送到城里，五十里路。到了城里，考场在滕县一中，一共考两门课，第一门课是政治，已经考完了，第二门课语文也开始了十五分钟。监考的人就说："你们这两位老师还进来考吗？"这两位说："我们这么大老远来了，总得要进考场。"就这样马马虎虎做完了。那个时候，滕县还属于济宁地区。滕县教育局就给济宁地区教育局报告，说有两位老师，因为通信迟后，他们第一门没赶上考，怎么办？济宁地区说那让他们补考。那时候很正规。于是又通知这两个人补考。这两个人就彻夜复习，又去补考。补考完以后，就出了结果，这两个人都考上了。考上以后，这两个老师就相当于师范毕业，相当于中专毕业的待遇，工资是 29 块 5。我父亲就被分配到滕县师范当老师，教的是退休老师子女接班的培训班。好像是暑假开学去的，大概培训时间是半年，到春节就结束了。结束以后就给他调到滕县一中。滕县一中是重点中学，到滕县一中以后，可以带子女。那是 1979 年。我进入滕县一中，那就快到暑假了，快临近考高中了。

滕县一中主要是高中班，初中就一个班，不为主。插到班里以后，就在滕州一中参加了初中的毕业和中考，考上了滕县一中，考了一百八十多分。这个一百八十多分，是按照城关镇的标准。按照全县的标准，还考不上。那就是说沾了我父亲的光了。要不然的话，就只能考上我们望冢公社的二十一中。

考上高中以后，曾经打算参加初中中专的考试。那时候，不管城里还是农村，都处在困难时期，并不想多上学，想早工作，就去考小中专。考小中专，作为高一的学生，不符合规定，后来没让去考，就继续上高中。

当时学制，高中两年，初中两年，小学五年。我的小学上了五年半，是因为入学是春节，毕业改成了暑假，延了半年。

高中第一年是文理不分的。我在一班，一共六个班。在这六个班之外，又搞了个文科班。文科班到高二才能分出来。另外还有七班、八班是补习班。这样那一届就是九个班。我到了高二就改了文科班了。理科的成绩不好，数理化不好，化学还好一些，但是文科的成绩好，那就改了文了。可是那个时候，历史、地理都没学过，改文的时候，高二已经开始了。我算了算，到高考还有八个月时间。我父亲就在滕县一中资料室里面给我搞了一套教材，历史、地理加起来也有一小摞，这些都没学过，崭新的书。那就从头来吧，就这八个月了。毕业了就考上了山东大学中文系，当时在文科班里大概排名第二，不是第一。

那个时候我父亲对我的期望并不高，因为我高一的时候最好成绩也是排在我们班十七八名。我到高二的时候曾经跟父亲说："中专不上。"但是我父亲说："你不上你干什么？"那还是要上。但是预考的时候我就是第二，就好像感觉到有点可能、有点希望。高考的前一天，我生病了，犯了肠炎，吃痢特灵，头疼恶心，躺在床上。父亲还在为我提示语文的要点。第二天还不错，没太大影响。最后考了 414 分。那时候四百多分是很高的，再有七八分大概就能上北大，但是再少十分的话，连曲师大也未必能进去，那时候等次很密。但是那时候全国统一命题，外省考上山东大学的，有的低到三百八十多分，就是给人家这个省分了名额了。山东大学招生是百分之四十的外省，百分之六十的山东省。中文系总共就是一百个名额。

我觉得中小学阶段还学了些东西。中小学父亲对我影响很大。高中时父亲给我借了一本《古文选读》，中国青年出版社的，我那一本书好像都看了。高考的时候，有两段文言文，这两段文言文我都看过。另外看《红楼梦》，我父亲给我借了一本《红楼梦注释》，还就是山东这边注的，徐振贵、李伯齐、戴磊。徐振贵是曲师大的老师，李伯齐是山东师大的老师，戴磊是山大中文系的老师。我父亲说，看《红楼梦》要是不看注释的话，有的地方就似懂非懂。我就参考这个注释。这个能长知识。还看了点课外书，《三国演义》也都看了。我父亲的理念是语文要想好的话，得多看。小说像什么《北京文学》我都看。

我 1981 年上的山大中文系，那年 9 月 1 日来报到的。上了大学以后，有了很大的一个感受，就是大学老师上了两节课以后就不见了，也不认识学生。当然一百个学生也认不过来。中学老师和学生贴得很紧，张三李四王五很快就记住了。另外感觉大学老师课少，大学老师也太好过了。我父亲是中学老师，整天辛苦得不得了，改作文。当时就萌生了一种愿望，日后要是能当上个大学老师，就相当理想了。当时要做大学老师，研究生毕业就可以了。

我大伯也是村里的文化人，上过中学，滕县鲁寨中学。我们那里有个鲁南军区，新中国成立前那个中学还是个洋学堂。大伯还流亡过江南，跟着国民政府往南走。南京解放，共产党给他们路费，愿意回家的，就回来了。大伯在农村，不完全从事生产劳动，而是经常替人家写东西，比如说结婚的婚约，办丧事要写幛心、挽词，这些过程比较复杂，大伯都很清楚。父亲和大伯，在村里属于文化人，毛笔字也好。我觉得受了很多影响。

王：您是如何走上文献学研究这条路的？

杜：到了大学，书多呀，我就爱泡图书馆。那个时候，教师阅览室不大接待学生，我也好去，他们也都认识我。有些书很偏，像什么《联绵字典》，我也看，符定一那个。书中有照片，他站着，他的稿子比他还高，我印象很深。就看这个《联绵字典》是干什么的，什么叫联绵字。“十通”也都看，所以上大学的时候什么都学，我还当过课代表，外国文学课代表。外国文学老师姓荣，荣闿方老师，她据说是上海荣毅仁家族的，外文修养很高，文艺理论也很好。荣老师的丈夫狄其骢教授很有名，教文学评论。我的成绩都很高。巴尔扎克小说也看了很多。我搞古籍整理，狄老师感到很意外。上大学就是不大偏科，什么都学，总的感觉是上大学期间看书非常多，杂志学术文章都看，包括什么乐黛云的《比较文学》，李泽厚的也都看。

当时讲魏晋南北朝文学的，有位萧华荣老师，他没上过大学。他讲魏晋南北朝文学，像《诗品》《文心雕龙》，他大段背诵。可能由于他是青岛人，有方音，开课代表会的时候，有的同学就说他的课讲得不是太好，我就说非常好。虽然我是外国文学课代表，我就替萧老师说话。说好在哪里呢？就是大段的背诵，非常的熟，非常有深度，非常有条理。他们七八级的研究生，毕了业就教我们，像徐超老师、路广正老师、姜宝昌老师、王洲明老师、王培元老师。还有位王德禄老师，搞现代文学。他们都是七八级研究生，毕了业正好教我们。七七级的大学生毕了业教我们，就是吉发涵老师、谭好哲老师，这是当时的重要力量。除了这些还有些老教授，像滕咸惠先生、于维璋先生，教文艺学的，他们来讲课。还有葛本仪老师，讲语言学。就是名教授，像殷孟伦、殷焕先先生，经常看他们每天固定的时间，从山大南苑到系里面去拿信。当然，现在看来，这是老先生的一种休息，每天看着他们走这一趟，高山仰止，中文系的教授还不少。

我实际上喜欢古代文学。我发现古代文学以韵文为主。中国文学讲究韵，不光是诗词曲讲韵，骈文里头辞赋也押韵，骈文也讲四声八病这些东西。那得首先学好音韵学，我就学音韵学。我喜欢看的一本书是罗常培的《汉语音韵学导论》。为什么喜欢呢？浅近的文言文这是第一条，第二条呢，有一定的文采，第三呢，他又引用了近代学者的一些意见，王国维的意见、白涤洲的意见、曾运乾的意见，都有引用。通过这本小书，我知道了不少人，我对这本书印象深刻。也看王力先生的《汉语音韵》，我感觉就比较平了，罗常培这本书我是非常喜欢的。我也看过《汉语音韵学》那个厚的，也是王力的，我喜欢那本书。为什么喜欢那本书呢？王力先生的正文部分有限，下面是他的材料来源，他对材料有注释。我觉得写书，这种体例是最为理想的。现在想想，这种取向跟那种直抒胸臆的相比，有的人可能喜欢那一种。这一种材料、注释应该属于繁琐一路，这一路大约属于文献的东西。那时候不知道有文献学，没有这个印象。

再就是喜欢古代文学就必须通小学，通小学就学习音韵学，选课就选古文字学。姜可瑜老师跟容庚、商承祚进修过，他教甲骨文、金文。姜宝昌老师是殷焕先先生的学生，殷焕先先生以前跟唐兰先生学过，有这么一个文字学的脉。姜老师的课就是《汉字和汉字改革》，从古讲到今，其中讲到简化汉字是有来历的，以前就是有这个写法，不过是把它法定化了，俗字成了正字，还有一些来自古文字，他举了很多例子，这个我觉得很有用，现在非常有用。那时候临摹过很多东西，小篆、石鼓文，现在对认印章帮助很大，文字学的原理我是掌握了。

另外训诂学主要是看黄侃的书。那时候黄侃先生有一个《文字声韵训诂笔记》，黄焯记录的，那本书我印象比较深。另外看到郭在贻先生的文章《训诂方法论》，感到很新鲜，有“唧唧复唧唧”，“唧唧”是木兰的叹息声，而不是织布机的声音。那个证据很多，我感觉到很受启发，印象很深刻。也看过殷孟伦先生发表的文章。就训诂学方面的，那段时间看了不少，陆宗达的都看。文字学连郭沫若的《两周金文辞大系》《卜辞通纂》也看。文字学、音韵学、训诂学都偏好。

在大学毕业的时候，当时想考殷焕先先生的研究生。殷先生当时招两名，其中我们有个师兄，叫孟子敏，他跟殷先生在大学期间就过往甚密。殷先生用包袱皮包书，他也用包袱皮包书。殷先生经常坐地上，小树林没有现在这么整齐，没座位，倚着树就坐地上，孟子敏也坐地上。我想着考不过孟子敏啊，还剩一个名额，太悬了，不行。那时候古籍所第一次招生，1985 年，招研究生班，全国性的。我一看，研究生班招十个，那比较保险，考研究生班吧。另外，古汉语、古籍整理我觉得分不开，古籍整理我那时候理解，就是古汉语的应用，就是注释。这就考古籍所，考上了。

大学毕业时路广正老师是我们的班主任，早期的班主任是姜宝昌老师。那时有辅导员有班主任，班主任负责业务。路广正老师说，古籍所有他的师兄弟刘晓东，古韵烂熟，到了那里多向这个人学。我的大学毕业论文指导者是朱广祁老师，他是殷孟伦、殷焕先一块带的，可能毕业论文是殷焕先指导的，是《诗经双音词研究》。我大学毕业论文是朱老师指导的，是《说苑斠补札记》。《说苑斠补》是刘文典的，他让我对《说苑斠补》再做札记，我也做了札记，他给我打个优。他当时说："古籍所没什么人，刘晓东算一个。"虽然措辞不同，但是总归是知道刘晓东先生的。

刘老师也是七八级研究生，他毕业分配到《汉语大词典》组，和中文系是两回事。我一直就没见过这个老师。考研究生之前，朱广祁老师还推荐了王绍曾先生。他在口气上，也是"王绍曾，旧点"，那反正他推荐的人，总有保留。那个时候，古籍所招生是董治安老师挑头，他是主持工作的副所长，所长是校长吴富恒。董老师给我们考前辅导过大概一次，辅导的时候，他提到王绍曾先生。中文系的书记是张可礼教授，因为入党，他要和我谈话，就认识了。那时认识了不少中文系的教授。

那时候的研究生班是上两年，研究生班的教学和本科生是不一样的。研究生班基本的培养方案是蒋维崧先生制定的。董老师办的古籍所，那时候缺人啊，正好《汉语大词典》项目扫尾了，大词典组的大部分老师都转到了古籍所。大词典组，业务上是蒋维崧先生带的头，因为他是《汉语大词典》副主编，这些人都算他的兵，他就把人带过来了。古籍所该怎么办，开什么课，董老师说是靠着蒋维崧先生的。当时的八本书都要有导读，什么《说文解字》《诗经》《尚书》《史记》等等。每本书有专门的老师上课。当时还从济南市里请一个老先生叫张雪庵，他编过《古书同名异称举要》，请他给我们讲《孟子》。所里的老师也都分配了任务，讲导读课。刘晓东老师是开过音韵学、训诂学这些课。王绍曾先生开过目录学、校勘学。版本学是图书馆的老师张长华先生开的。

当时研究生班十个人，郑杰文是班长，我是副班长。程远芬也考了，没考上。她外语很高，六十多，五十分就够了，政治没过线，她就分配到山东省教育学院中文系当老师。上本科时，她是一班，我是二班。上课老在一块，也不分开。我到现在也分不清谁是一班二班。

王绍曾先生给我们上目录学，用余嘉锡的《目录学发微》。另外还有程千帆先生在山大讲过课，学生笔记叫《校雠学略说》，山东大学油印本，我们就看这。王先生提问题，我不知道他的方言说的什么，站起来以后，回答不上来。他以为我不会，说坐下坐下。后来讲校勘的时候，就到了二年级，提到很多清朝人。李慈铭，他读"李子敏"，李越缦他读"李耀满"，杨绍和他读"杨少胡"，所以笔记有的同学可能记不下来。

王先生有一天忽然收笔记，后来张涛给我说，他的和我的是四个圈。我才发现王先生在笔记封皮上从上到下画连环圈，有的是三个圈、俩圈，我们是四个圈。我为什么能记下来呢，我看王先谦的《汉书补注》，其中《司马相如列传》，我看得相当仔细，司马相如列传里面还有《子虚赋》《上林赋》啊，王先谦引用了非常多的旧注，还有《汉书补注》引用各家的名单。我看这。还看过《近三百年学术史》，梁启超的。清儒我知道得比较多，罗常培的《音韵学导论》上也提到了不少，像顾炎武、江永、戴震、王念孙、段玉裁、孔广森他们分多少部，这都以前就知道。所以笔记记得比较多。但不知道王先生收这个笔记干嘛。我当时还问王先生，需要买什么书，其实那时候真没钱。他说那你要是有钱的话，可以买部《藏园群书经眼录》，我就买了部，深绿皮的，四册的，报纸本，纸质很差，后来看着看着书背就断了。向王先生算是比较早地请教过这么一个问题，平时就跟着大家上课。

二、《清史稿艺文志拾遗》

王：为什么要编写《清史稿艺文志拾遗》？

杜：分配了就跟王先生接触多了，写《四库提要》的研究要怎么写，王先生还起了名，叫《四库提要发微》，拟定了十个方面的题目。写《四库提要》是我自己的决定，就我们出外实习的那一次，我和张涛打前站，先到了郑州。在郑州的古籍书店，我买了一部《四库提要》，十八块钱，中华的本子。后来王先生讲目录学，推荐这个书，说余嘉锡怎么样对它评价高。但是读完《四库提要》，做完十摞卡片，分门别类，弄了十个月之久，要答辩了，还没写出论文。就赶紧选了古籍辨伪，光写了这一部分，叫《四库全书总目辨伪学发微》，写了六万字。那时候没钱印刷，霍老师就让我压缩到三万多字。就这么毕业，拿到学位了。所以，研究生毕业之后的十个月之内，其实就是读《四库提要》。非常认真，做卡片。我的那一部《四库提要》，标注多了。这期间王先生派我到安徽去了一趟。《清史稿艺文志拾遗》用了《安徽文献书目》，安徽图书馆编的。这个书目是不分类的，是按作者编的。书是都有其书，在安徽图书馆、安徽博物馆、安庆这些地方。王先生给了我一百多张卡片，就是一百多部书，不知道是哪一类，并且不知道它的年份。这样，我到了安徽，住在安徽教育学院。我下一届的同学鲁茂松的弟弟，名叫田野，在安徽教育学院上学，他给我找的地方，不花钱。住了十四天，就把安徽图书馆、安徽博物馆里王先生让我看的书都看了，做了记录。这是一次访书活动，其中不少抄本。怎么样确定它的分类，怎么样确定作者的年份，比方说这个要放在杂史类，这个书是什么时候成书的。也有自然科学的，子部天文算法的，安徽有这方面的人物。那算是一次训练，圆满完成任务，算是交了差。

《清史稿艺文志拾遗》是王先生承担的大项目，列入了高校古委会规划，有资助，后来还列入了国务院古籍整理“八五”规划。这个项目在我毕业之前就开始了，王先生请了中文系资料室的两位老师，图书馆的几位老师，刘泽民、苗同圃、张长华等几位。王先生原来在山东大学图书馆古籍部工作，他是高亨先生的函授研究生。“文革”前高亨先生把他从山东工学院调到山东大学图书馆来的。1983 年成立古籍所，就调到古籍所来了，由研究员转为教授，但他还在图书馆里做项目，和古籍部主任张长华先生对桌，两位都是全白头发，王先生谈起古籍，摇头晃脑，眯着眼，长长的眉毛雪白。那时《清史稿艺文志拾遗》已经开始了，摊子摆在图书馆古籍部。我和刘心明都参加这个项目，每天都去坐班。王承略考上了研究生，那个时候还没参加。等他毕了业又下去实习，说是挂职锻炼，参加社会实践。回来才正式参加项目，比我和刘心明晚一点儿，大概晚两年。这个项目前期老师很多，后期主要是我们三个人跟着王先生，总共大概也有十多人，前前后后搞了至少八年，到了 2000 年，才算事情结束。

当时没有想过说这是帮老师做事。这是古籍所安排你做，你是工作人员，让你干嘛就干嘛，不会讲任何价钱。那个时候，就是让你搞外国文学，你也没有怨，没有悔，叫干什么就干什么。这是外观上说。就内心里说，好像也没有形成什么成见，我什么都能干，第一感受是工作。日后这个书出来以后，是一项科研成果，当时还不太知道。要署谁的名字，会不会有自己的名字，想都没想过。王先生也没有说过，干就行。正因为这样，跟着王先生在文献学上有了突飞猛进的进步。

首先说入门，研究生阶段，应该还没入门呢。虽然读《四库提要》《简明目录》，郭伯恭的《四库全书纂修考》，梁启超的《近三百年学术史》，都看了。那个时候还是从古籍整理的角度。所里让我跟王先生干，我还去跟刘晓东先生请教过。原来想跟刘老师学，如果让我自己选择的话就跟刘老师学。但是让我跟王先生学，就跟王先生学。刘老师说文献学那是很有意义的、很重要的，你去做就行。有这样一个过程，事先并没有固定的方向，如果有朦胧的方向的话，恐怕还是小学。

王先生对我的指导不是简单的指导。他当时在主编一本书，这本书没出来，叫《版本手册》。《版本手册》里头大约有一百种左右，他认为比较重要的版本目录，陆陆续续给我开书单子，让我为这些书写提要。写了以后他就修改，这些稿子现在都存着呢，重要的目录都写了提要。有的很偏，偏到什么程度呢，像《得月楼书目》《赵定宇》《脉望馆》《红雨楼》这些。清代的为主，像《牧斋题跋》《季振宜书目》《也是园》《述古堂》《读书敏求记》《渔洋书跋》，后来像张金吾、孙星衍、黄丕烈，包括晚清四大家，一直到近人艺风堂、适园、群碧楼、寒瘦山房、傅增湘、张

杜老师近照

元济的《涵芬楼烬余书录》《宝礼堂》，全都写了提要，连赵万里零星发表的《芸庵书跋》，也写了提要。那段时间，收获大了，都是看的原书，叶德辉的这些都写了。后来又是山东省社科院于首奎先生他们编了一个《世界百科名著大辞典》，其中有社会科学卷。社会科学卷里头有图书馆学情报学，还有综合图书，这两类都是请王先生为主要撰稿人，其实就是我们分头写，谁写的署谁的名。我把那些提要又改编成了人家的词条。联络工作我做的很多。在这段时间对中国版本学的历史、目录学的历史，尤其是藏书史，大批量藏书家，就熟悉了。我觉得这算真入门。

再就是搞《清史稿艺文志拾遗》，它引用的书很多，这些书咱得去翻。集中两类书，一类书目类，一类是传记资料。时代不明的话，首先要查看《人名大辞典》，再就是要看哈佛燕京的《三十三种清代传记综合引得》，再就查一些原书，《国朝先正事略》《国朝耆献类征》那种大书都看，包括地方志。对传记资料、人名字号，都在那个阶段迅速地熟悉起来了。中医的目录、方志的目录、海外"中央图书馆"的目录、日本静嘉堂的、东大东洋所、京大人文所，都在这个阶段翻得熟悉了。不翻就解决不了问题。新出的包括昌彼得先生的论文集，都是那时候看的。时间虽然不很长，1985 年考研究生，1987 年就毕业了，毕业以后就写论文，到了 1988 年后半年才结束。1988 年秋天就开始参加项目，1988 至 1992 这些年，大概五六年的时间，天天都弄这，都在搞这个东西。这段时间来说，就是集中地搞目录学。王先生还让我和他一块儿编《渔洋读书记》。编《渔洋读书记》，我就把《王渔洋遗书》全部看完了，十大函，包括不同的版本，像《四库》本，都对过了，编这个东西也是个目录学吧。《渔洋读书记》是整理带标点，里边也有标点错误。上班时间干《清史稿艺文志拾遗》，业余时间就是翻翻书抄这些材料。同时王先生还在主编《山东文献书目》，这个没让我参加。编《山东文献书目》的那段时间，大概不参加《山东文献书目》的《清史稿艺文志拾遗》的成员，只有我。

我主要的精力就做《拾遗》，他们搞《山东文献书目》主要是赶活，因为是省上的任务，但我也多少帮了他们一些工作，没正式参加。我在这个过程当中也了解了山东文献，包括《渔洋读书记》《山东通志艺文志》都那时候知道的。真正做文献学，入门、打基础，都是这个阶段。毕业以后搞目录学，纯粹是跟王先生学的，并没有其它来源，而且来自于实践，在文献学、版本目录学、藏书史这一块打下了坚实的基础。书目都很熟了，包括新中国成立以后、“文革”以前的油印书目，大批量都是那时候看的。

三、整理《二十四史校勘记》

王：您曾协助王绍曾先生整理《二十四史校勘记》，为何要整理此书，谈谈相关情况。

杜：《百衲本二十四史校勘记》基本上是受委托整理的。90年代初，我们为了《清史稿艺文志拾遗》上北京。那个时候是怎么回事呢？张元济先生主持的《百衲本二十四史》当年形成了《校勘记》，这个《校勘记》有一百七十多册，你想想那是多么大的成果啊？乾嘉以来校《二十四史》哪里有这么大的成果啊？可是这个《校勘记》在中华书局点校《二十四史》的时候给借去了，借据是赵守俨先生写的，打那之后就不了了之了。“文化大革命”以后王绍曾先生就发表文章，呼吁这个事情。赵守俨先生坐不住了。他是中华书局副总编辑，原来是历史编辑室主任，《二十四史》点校他是负责的。既然《二十四史校勘记》是他经的手写的借据，他是赵尔丰的孙子，赵尔巽家的，那多体面啊。赵守俨先生说话讲究啊。所以一看王先生这个文章，他就坐不住了，在中华书局各个编辑室、图书室翻箱倒柜，发动大家寻找《二十四史校勘记》。大部分都找到了，最后只有七种没找到，

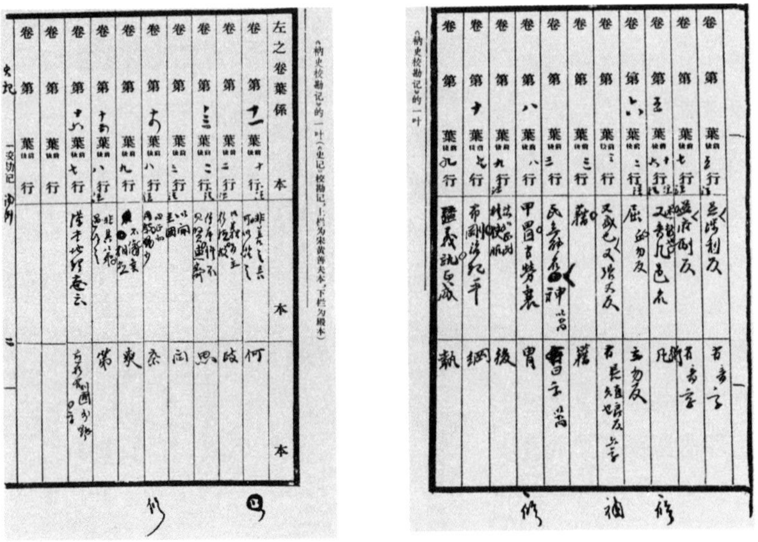

《百衲本二十四史校勘记》

《元史》这些大部头都没找到。找到的就归还给商务了。商务印书馆就趁着王先生上北京，所有的领导，林尔蔚、李思敬、胡企林等几位，在王府井萃华楼请王先生吃饭。张元济先生的儿子张树年先生八十五了，从上海飞抵北京，在萃华楼吃饭。在这之前我跟王先生说过，我说王先生，您老人家揽活儿这么多，谁给你干啊？你这一铺一铺又一铺的。他说你不干我就不答应了。想当年萃华楼是第一届政协会议的时候茅盾请张元济吃饭的地方，当时张树年先生跟着他父亲去的。张先生说当年新中国刚一成立，周总理就召集第一届政协会议，他跟着他的父亲，茅盾是文化部的部长，他是老商务啊，就在萃华楼请的客。这回商务印书馆又一次在萃华楼请吃饭，王先生说不出来这个“不”字，就答应了。王先生这一答应，这一百几十册的校勘记，怎么整理啊？我、刘心明、王承略、程远芬，都搭进去了。李士彪和李士彪的同学邵玉江、王培元老师、刘祥柏、徐超老师、傅根清，一大串都进来了，八年之久，把百衲本的校勘记全部整理出来，交给商务印书馆出来了，一大摞。王先生要求我们把殿本、百衲本都复核一遍，干得可真是很艰苦，但是真学到东西了，知道张元济先生校史是怎么回事了。校勘学怎么干有数了，校书的程序掌握了。前后一共八年，我到北大搞《存目丛书》的时候还在不断地往商务跑。

这里面《史记》是我做的，还有什么《梁书》。程老师干得多，《三国志》等等，她干了五种。我们校勘记里头发现问题也不动，备注栏里说话。

我们主要是干什么呢?《校勘记》一校二校三校乱作一团，得给它按底本的页码理顺，另外它有很多行草书不好认，你得辨认出来，不认识就对原书，主要是这个工作。然后把人家乱七八糟的毛笔字小纸条理顺，用钢笔抄在我们新印的校勘记稿纸上，然后商务印书馆直接拿那个新的誊清本影印了。30 年代和王先生一块参加《百衲本》的有一个王先生的朋友，赵荣长。他那个儿子叫赵统，在江阴教物理，没见过他父亲的面。赵统为了他那个没见过面的父亲，一遍遍誊录，一趟一趟地背回江阴去，为了他父亲而参加整理工作。后来赵统就走上研究之路了，出了好几本书。

张元济先生的《校勘记》对中华书局点校《二十四史》的帮助很大。首先是选底本，大批量的都是百衲本，参考的《校勘记》就是张元济的《百衲本二十四史校勘记》，开始是这样。后来因为《二十四史》点校是国家行为，可以把善本借来看，借到中华书局去校。新标点的《二十四史》很多底本都是百衲本。《校勘记》也是吸收张元济的《校勘记》，但是没有注明是张元济的，除非引用张元济按语。《百衲本校勘记》是分给先生们参考的，他们自己校的也不少，现在已经很难分清楚谁是谁了。但是张元济《校勘记》一出来，大家就可以对照了。张元济那个时候宋本和武英殿本是死校两三遍。南北监、汲古阁、王延喆都校，他那个《校勘记》所校的版本其实是不少的。现在南北监本上哪儿找去啊？连汲古阁本也不是太容易啊。所以张元济这个校记还是有价值的。

我觉得张元济先生是古籍影印的过渡人物。为什么呢？清朝的黄丕烈、顾千里影刻书都改字，改字是正常。柳诒征以陶风楼名义影印的书，那些稿本、抄本，他在后记里就说明显的错字已经改过。但是改过哪些字呢？不吱声。这是惯例，并不是他们隐瞒情况。张元济也不例外，面对明显的错误，改。影印黄善夫《史记》改了二千余处，这还是黄善夫本吗？为什么要改呢？为读者负责啊。根据什么改的呢？武英殿本。他把武英殿本的长处都吸收了，宋本的长处保留了，出现了一个文字上高于宋本和殿本的百衲本。这个校勘记要不要全部公布出来呢？这可犯了难了。按照张元济先生的意见，改过字的不出校，有参考意义的异文才出校，所以他们整理的那个所谓的“校勘记定本”是不能用的。我在接手这个事情以后，跟王先生有过多次商讨：我们是按照张元济先生指导思想做，还是把所有的信息都公布出来。因为“定本”把张元济改过宋版文字的都用毛笔涂去了，不出校，不公布。“定本”是校史处副主任蒋仲茀根据张元济的指示来整理的，凡是《百衲本》改了字的，《校勘记》原稿上就用墨笔涂去了，不进入“校勘记定本”。这怎么能行呢？这不成了个无头案了嘛。我就主张客观公正地都出校。有的拿毛笔涂上了，看不见了，对着太阳看。凡是张元济批“修”，我们就在备注栏里加个“修”。也就是说我们把张元济先生改字的档案找回来了，根据什么也知道了。我认为张元济改的百分之九十九都是正确的，偶尔有不正确的。所以《百衲本》是以影印的方式，形成的一个新整理本，它不再是影印底本的复制了。影印《四部丛刊》他改动得小，《百衲本二十四史》改动得大。当时也是个矛盾啊。王先生他不让我说这些，而是要遵守张元济的意见，删去那些改过字的校记条目。后来接受了我的建议，就是都不删掉了，但是也不让我去宣扬。我说王先生你现在去影印古书你还动吗？他说不动。我说那就证明张菊老做得不对了？王先生说：“菊老这么做了，你怎么办啊？”就不能再争论了。你可以体会什么叫“为尊者讳”，毕竟张元济先生是王先生的老师，而且是终生极为尊敬的老师。不过，《百衲本》改字这件事在我的论文和《文献学概要》中都如实地写了。程毅中先生十分赞成。王先生说：“再版的时候你得改改，就不能这么说啊。”我也没改，还是尊重事实。所以《百衲本二十四史校勘记》客观地整理出版，就澄清了《百衲本二十四史》改字这个问题，同时把当年校勘的异文都公布出来，这对研究《二十四史》的版本沿革是很有参考价值的。张元济先生改过那些字都是经过考证的。汪家熔也是研究张元济的专家，他说王绍曾先生这是在撒谎。撒什么谎？他认为张元济先生要公布《校勘记》是在撒谎，他认为张元济是不会公布《校勘记》的。但是1958年的时候，他们还在整理这个校勘记啊，写定本。事实俱在，东西也没烧了。他没看。我就替王先生写了篇文章驳斥，发表在《江苏图书馆学报》，因为他的文章是在那里发的。张元济先生是要公布《校勘记》的，只是改了字的部分他不想公布。经过我们整理，是全盘公布了。要是隐瞒情况，这种做法不科学。再者说，我认为改字是巨大贡献，因为改字把握得很严，改的基本都是应该改的，有根有据。根据在哪里呢？看《百衲本校勘记》。所以还是一个贡献。咱就抛开影印不说了，中华书局标点《二十四史》难道不改吗？改。那张元济为什么不能改啊？因为是影印。这也不能构成理由啊。清朝人影刻的书都能改，为什么张元济的书不能改啊？

影印书具有两个功能。第一个功能希望展示原貌。第二个功能，商务印书馆希望它同时能承担读本功能。既然要承担读本功能，内容要全、清晰，错字要少。这些功能要是不动版面，都实现不了。它的功能过多，使得它不能像别的善本那样单一。

干完这个活之后，我感觉在校勘学上有很多提高，一个是校勘程序，二是校勘学当中版本校的重要。不是版本校，理校是不能改字的，再就是校勘学的操作规程，人少了不能行啊，还得人多。另外认识并理解了顾千里、张元济改字，原来是不理解的。

古书改字很早就有，真正开始出校勘记是不是从武英殿本的“考证”开始的不知道，但是它的考证不全是校勘，大概有一半的内容是诠释性的商榷，不是异文，这是它不纯的地方。同时它还引用了宋人的说法。到了乾隆修《四库全书》形成了新的“考证”，那就是清一色的校勘记，不再掺入解释性辨正，并且不引用宋朝人的说法。你别看就几十年，巨大的转变。很少有人注意这个问题。《四库全书》的“考证”，才是纯粹的校勘记，对我们今天用处很大。这个风气是从宋人来的，但是这个模式是从殿本、《四库》到阮元，越来越正规，越来越有规模。民国以来整理古籍没有校勘记的话，说明整理者根本就是不懂。张元济继承了清朝校勘记的传统，尤其是阮元，是他最大的榜样。阮元《十三经注疏校勘记》对后世影响是巨大的。说他做得不完善，是肯定的，但是他这个模式价值无穷，都照着他这个模式来。阮元算是一个典范了。

学者们从二三十年代到改革开放以后，90 年代，还在吃这口饭。现在《四部丛刊》的功能有点削弱，削弱的原因当然是有其它的影印本可以用。但是这半个世纪以来，人们还是喜欢用《四部丛刊》。改字还不足以撼动《四部丛刊》的生命力。首先，它选的是核心典籍，核心典籍的重要版本，而不仅仅是版本。你像什么《古逸丛书》《续古逸丛书》《中华再造善本》，都是就版本而言。而《四部丛刊》是先确定书目，确定典籍，然后再确定版本。重要典籍的重要版本，这两个重要。这是《四部丛刊》的最大特色，这使得它的使用率极高，搞研究离不开它。《四部备要》也是重要典籍，可不是重要版本，因为不是影印清人的原刻本，而是中华书局排印的。在这方面它比不过《四部丛刊》。《四部备要》的书，《续修四库全书》影印本、中华书局等新的点校本可以代替了。

整理张元济的《校勘记》增加了对它的理解。学习他的方法，学习他的精神，然后克服他的局限。我学习前人，古籍整理没有很多的创造。搞《清史艺文志》《清人著述总目》是根据王老先生《清史稿艺文志拾遗》来的。搞《十三经注疏汇校》是顺着《百衲本校勘记》来的。它都是有根的。《四库存目标注》当然是按照邵懿辰、莫友芝的路子来的，当然也跟我一开始写论文写《四库》有关。所以说这几个伏线，左右了我这些年来的走向。你说《山东文献集成》，我没有参加王先生的《山东文献书目》，但是我很了解这个东西，直接受到影响。

王：您曾主持整理《中国历代书目题跋丛书》，为何要整理这些古籍？进展情况如何？

杜：这个目录量不少，一共有二十种。《中国历代书目题跋丛书》出了好几集，其中前一二集是上海古籍出版社自己编的，主要是50年代《红雨楼》《宝文堂》这些书目标点。这个事一开始与我无关，等他们要接着编的时候，他们社长王兴康就约我，说前面编的都寄给你，后面的你来接着编。我就接着编了第三集。吴格先生又接着编了第四集。我编了一集，一集是十册。这一集是我选目，我找底本，一切我办。都是我的学生标点，我审稿。做了这十册之外，我又做了日本的《经籍访古志》《古文旧书考》《静嘉堂秘籍志》三种，前两种已经出来了。《静嘉堂秘籍志》比较大，我就找了一批学生，目前还没出来。这还不在第三集里边，因为这是日本的，就给排除了。我觉得很可惜，我就跟上海古籍说。他们愿意出，就叫《日藏中国古籍书志》。不过这个出齐了以后，也不能替代中华书局影印的那套《宋元明清书目题跋丛刊》。那套虽然有不足，但影印书终归是保持原貌，再者点校的有些书部头很大，没收进去。我出的这些都是零碎的，还要考虑册数、字数。在我做完这三种日本书目以后，这个书目点校工作就停了。上海古籍那边停了，我这边也顾不上了。中华书局那边呢，也在做，也让我参与了，但我没有承担多少任务。上海的这套主要让学生做，就是标点，编索引，写前言。这里面也有错。孙齐看了一遍，关于道教的，发现了几处错误。都是硕士生，通过这个工作他们确实是有所提高。点这些日本书目题跋是在《清史》项目基本结束，《十三经注疏汇校》项目正在酝酿的过程中，在这个空档干的。

王：为何要整理《渔洋读书记》？对您有何影响？

杜：《渔洋读书记》实际上是做《清史稿艺文志拾遗》的业余时间王绍曾先生给我派的活儿。这是王先生承担的山东省的项目，他指导着我做。一共有二十万字。就是要一篇一篇把王士禛题跋抄出来。还得标点、校勘，因为他的题跋在笔记、文集中有出入。按四部分类法，六百三十多篇。以前清代搞过一个《渔洋书跋》，一百余篇。陈乃乾又有《重辑渔洋书跋》，二百三十篇。我们搞了六百多篇。虽然也不是很全，但是也比较理想了。那是目录学，是业余活动。我这些年不是也给上海古籍标点了很多目录嘛。

四、《文献学概要》

王：大作《文献学概要》多次重印，享誉学界，谈谈此书的写作及相关情况。

杜：这很偶然，我参加完《存目丛书》，1997 年 10 月底完成了，完成之后就回到家里来，《存目标注》得慢慢清稿啊。到

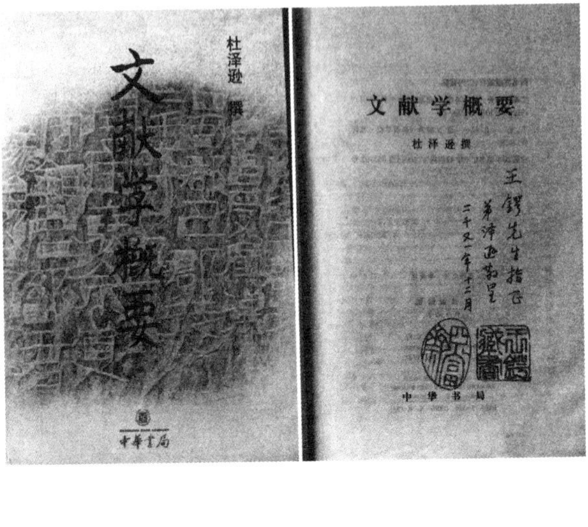

《文献学概要》第一版

了1999年，文学院院长谭好哲老师，他教过我，他教马列文论，他让我开文献学。他说暑假里头开了个会，教授们认为应该开文献学，作为文学院中文专业的研究生必修课。我说我没开过文献学啊。他说都定下来了。8月20号他跟我说的，9月1号就开学，课都排上了。我又跟我师兄王君南商量。王君南力劝我还得接这个课。他说上好一门课，是个饭碗，霍老师就说过，上好一门课就是一碗饭，一定要重视这个东西。那我就接下来吧。接下来以后就写了纲要，给王绍曾先生看，王先生认为可以。又给黄永年先生看，冀淑英先生看。我还拿到古委会，裘锡圭先生也看过，大家认为可以。我就照着这个章节写讲义，一个星期只备这四节课，四小时的课，一个整下午。就用山东大学古籍所的稿纸，四百字一页的那种，一个星期写一本一百页的讲义，一个学期下来我就写了十八本，一大摞。写了这个东西是为了上课，没想出书啊。写得非常快。李士彪的爱人帮着录入，她是个高手。我写得很乱，李士彪也帮着我看看。当时就是为了谋个饭碗。古籍所学生少，是吧，也开不了文献学。文学院研究生多啊，好几十个，大课，对吧，你要把学生讲跑了怎么办？害怕这个。但是实际讲课呢，陆陆续续换了三次教室，人越来越多。我这就比较放心了。那以后历史学院也让我开，哲学院哲学史的人也让我开，陆续就好几个头绪。我这个文献学呢算是蹚出路来了。2001年，山东大学、山东工业大学、山东医科大学合校。合校以前各学校各处有些经费，他们就想清理。原山东大学研究生院的钱就用来做研究生课程建设，都是建设什么，我也不清楚，反正其中有一项是教材。研究生院有两个在职的老师跟着我听过课，他们知道我这个讲义，我通过古籍所把它报上去，报上以后评上了，给了四万元经费。一万块钱用来买书出差，还有三万给了出版社。当时就说找哪家出版社出，觉得好像应该找山东大学出版社。研究生院说你想找哪就找哪，没这个要求。我就找了商务印书馆。因为中华书局《清史稿艺文志拾遗》老出不来，你再给它一本书，又不知道什么时候出来。还怕这个书有钱先出来了，《拾遗》还出不来，王先生着急。商务印书馆那个时候著作室的主任叫常绍民，他就把这个题目报到商务印书馆，选题会议通过，三万块钱补贴准备给他。在这个时候呢，中华书局的李肇翔先生，山东大学历史系七八级的，跟王先生特别熟。他说："你怎么不交给中华呢？"我说："《拾遗》老出不来，怕再添一个更出不来。"他说："你这个有补贴的项目不交给我们，没有补贴的项目交给我们。"我说："那要这样的话你看怎么办呢？"他说常绍民他熟悉，关系很要好，只要咱这里表个态，愿意给中华，他就找常绍民要。商务印书馆日子比较好过，不在乎这个，再说这个书也没钱赚。这样顺利地拿到中华，我就跟中华签了合同，把补贴给了中华书局了，书就出来了。印了三千册，据说三个月就销光了，又印了五千，半年又销光了。他们发现这个书有销路，来了信心了，后来就印六千、八千，现在每次印八千，印了大概也有十多次。我是没有想到，因为我写《文献学概要》，它就是个讲义，文白夹杂，繁简不一，不符合通用教材的体例，有一些个性色彩，学校曾经让我报过这些教材类的，我都拒绝了，我说不适合，咱只能作为辅助教材。但是中华书局要报，你不好不同意。中华书局发来个书单子，报国家级教材，王力《古代汉语》，魏建功《音韵学》，郭在贻《训诂学》，这都在内，一共十八种，我的《文献学概要》在其中，已经很抬举咱了，咱还说是很高兴很光荣，咱不能不同意。当然能不能评上不知道。后来报了以后就评上了，评上那就是国家级教材，还是很光荣的。中华书局就改了封皮了，原来是个正三十二开，现在改成再大一点的了，价钱也从二十九提到了四十五，最近这一次又提到八十多，过高了，学生没钱啊。写这部教材，完全没有这么一个意愿，很偶然，文学院要不让我开课呢，就没这回事。所以霍老师他们说的是对的，作为教师，上好一门课就是一碗饭。现在有些老师不重视上课。不过不重视上课有原因，高校评职称，光看成果，光做项目。

王：我同意您说的，作为教师，还是应该有一个基本饭碗。“文献学”应该讲什么？

杜：“文献学”该包括什么，大家看法都不一致。我这个框架看来比较旧一些，还是以目录、版本、校勘、藏书史为主。它

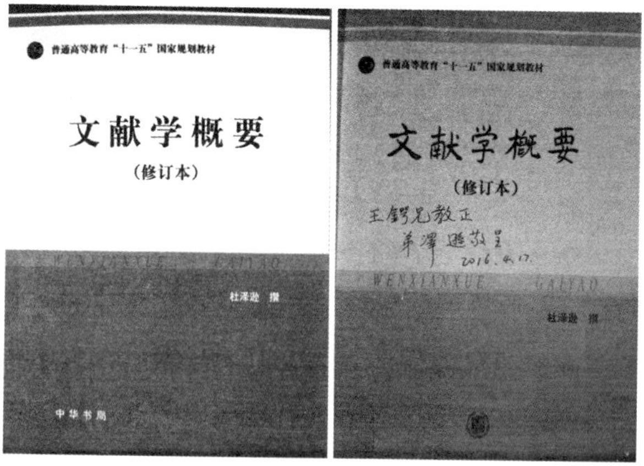

《文献学概要》修订本

是传统的套路。虽然大家不一定能接受，但是想来想去，还是觉得这个套路适合。前半部分，目录、版本、校勘、辨伪、辑佚；后半部分，丛书、类书、方志、家谱、总集、别集、出土文献、敦煌文献。后半部分是专题，前半部分是通论，这样一种结构的教材不多。出来以后，陈尚君先生很欣赏。程毅中先生、白化文先生也很认可。出版之前黄永年先生、王绍曾先生、冀淑英先生都看了，总体认为是可以的。陈尚君先生也给了很多鼓励，认为这个教材好，除了结构以外，陈尚君先生说，多是谈个人的体会，摸索过的书，他认为这是值得称道的。这一点是受黄永年先生影响的，黄先生的影响在哪里呢？黄先生主张在课堂上要讲体会，不能人云亦云，包括抱着别人的书。我上文献学课，完全可以用张舜徽先生、王欣夫先生的书来上，但是黄先生说要讲体会。讲这个话是在 1986 年，我们在西安实习，请黄先生给我们讲课，黄先生提了这个主张。同时读了他的《古籍整理概论》，我觉得那是本好书。对黄先生这个主张我非常赞成。你拿别人的教材来讲的话，我们有时候也觉得读别人教材很好，但是讲讲总觉得不带劲。你讲体会，你自己有什么感想讲出来，讲得也觉得有劲，学生听得收获也大。但是这个体会，你得经过一段时间的工作才有。比方说目录学的体会，靠参加《清史稿艺文志拾遗》。版本学的体会，通过搞《存目标注》，标版本嘛。校勘学的体会，通过整理《百衲本二十四史校勘记》。在王绍曾先生主持下，我们花了七八年，把张元济先生这个《百衲本校勘记》给它全部整理了。王先生让我们把殿本和百衲本全部重新校了一遍，所以对这个《二十四史》版本源流很清楚。这样版本学搞《存目》，校勘学搞《百衲本校勘记》，目录学搞《拾遗》。搞《拾遗》阶段对藏书史，搞《存目标注》的时候对藏书家，了解得非常多。再加上我毕业论文写的是辨伪学的，辨伪也熟悉。这样写《文献学概要》的时候，不大用看别人的书，满脑子都是事例。要说是体会呢，在那个时候，1999 年那个时间，算是高峰。如果现在又过了这么些年，在白纸上写一本《文献学概要》，还不如那时候，倒退了，有些想法慢慢就淡化了。当然现在有些新的想法，比那时候好，但是就其完整性，记忆得好，新鲜，还就是那个时候。可以说赶上了时机。

王：我同意您的看法，没有编过目录，你教不好目录学，没有校过书，甚至我现在感觉，你没有校过一定量的，比如说十几万二十万字以上的书，你对校勘学也没有感觉。版本学同样是，你没有通过校书整理，认真地摸过几部书的重要版本，你对版本学也没有感觉。这必须得来自实践。只有你认认真真地编过目录，玩过版本，认认真真校过一定量的书，整理过一些书，这样的话才能把你脑子里边的相关知识串起来，才能学以致用。否则永远是空的。所以说如果你连目录都没有编过，目录学可不可以讲？可以讲，但是恐怕有局限。目录、版本、校勘必须得实践，这是没有任何含糊的。难处在哪里啊？有些书目好在哪里啊？哎，说不出来。同样说校勘学，你遇到问题的时候你仔细去想，我觉得读阮元《校勘记》，他还是写得好的。闽、监、毛，为什么闽本摆前面啊？它是有说头的。我为什么把它简称闽本？也是有说头的。如果说你对校书没有感觉，你只是拿着这个东西给学生去讲，哦，闽本，福建刻的书叫闽本。也不错，但是恐怕就差了一点。它有源流啊！

五、《四库存目标注》

王：《四库存目标注》是您的代表作品，皇皇巨著，旷日持久，为何要撰写此书？

杜：也是偶然。写《文献学概要》是人家让咱去上课啊，咱为了抓个饭碗，那是偶然的，不是说你蓄谋已久，没这回事。至于出版，也没想过。又碰见合校，来了经费了，这样出来的。一开始没想到要出个教材。《存目标注》呢，也是偶然的。当初搞《清史稿艺文志拾遗》，需要跑北京，上王府井大街中华书局去送稿子。那个时候，《百衲本》的稿子在商务印书馆，也在王府井。王先生有的时候派去送个稿啊，就要抓个机会到琉璃厂看看。那个时候没钱啊，工资只有六七十块。每次也买，但是好书买不了，只能看。有一次就买了个，那是 1992 年 1 月份，买了一个《四库存目》。我对四库学比较熟悉，但是单行本《四库存目》还没听说过呢，线装四册，《四库全书附存目录》，简称《四库存目》，刻本，是个巾箱本，相当于现在三十二开的书。我看着上面有红笔批的版本，批得不多，但是咱一看就知道他要干什么，有邵懿辰在先。邵懿辰没标《存目》，这是《存目》啊，你一看就明白了，咱是专业人员啊。还有夹签。我花了好像八十块钱，把这四本书买来了。买来干什么呢？就是他想干的事情没干成，咱干，做《存目标注》，这很明确。买回来之后跟霍旭东老师说想这样干，给王绍曾先生说想这样干，他们都说这好，非常赞成。因为一听就明白，前面有榜样啊。我和内人程老师，在他们学校小卖部，买了硬皮本，这个硬皮本还不是那个带塑胶的，而是普通的硬皮，而且还买了四种颜色，因为《四库全书》分颜色嘛。我们俩就把这个《四库存目》一条一条抄在本子上，每条之间留四行，往上写版本，一共抄了十多个本子，就把《四库存目》的这个 6793 种书全部抄上了。因为这本《四库存目》没有提要，就是书名、卷数、作者，抄起来不太麻烦。

王：记得您曾借调北京，参与《四库全书存目丛书》的编纂，谈谈编纂过程。

杜：《四库存目》编者是胡虔，好像是安徽人。我要搞标注，但是那个时候王先生的项目还很紧，没有放开去做，这是 1992 年 1 月。到了 1992 年 6 月，时间很近，国务院第三次古籍规划会，在北京香山召开。那个会议的基本精神，登在《古籍整理出版情况简报》上了。其中周绍良先生提出了《四库存目》，这些书很重要，最好能编一套书，《四库全书存目丛书》，跟《四库全书》配起套来。后来胡道静先生发言，可能是第二天，他又说《四库存目》有很多重要的书，像李卓吾的书，还举出例子。他说需要搞个调查与研究，为全国古籍总目做准备。这两个先生都是大人物啊，他们在发言里说了这个话，咱这个工作如果北京的人干了，我们就干不成了，这种活儿它雷同啊。我就跟董治安先生汇报。董先生参加了那个小组会。我说你看看人家专家在会上提出来了，《四库存目》要调查研究，跟我这个不重复了吗，董先生给我出了个主意，他说你写一个凡例，寄给一些先生。他当时叫我寄给赵守俨、傅璇琮、安平秋、周勋初、章培恒、黄永年等先生。我就起草了一篇《四库存目标注叙例》，用文言文起草的。起草以后就按董先生的意思寄给这几位先生了，受到他们高度重视。赵守俨先生、傅璇琮先生都回了信，支持这件事情。傅璇琮先生当时是国务院古籍整理规划小组秘书长，他说他要向匡老汇报，还把我这篇《叙例》发在《古籍简报》上，这种鼓励很大啊。

接下来呢，这次规划会议就产生了后面的效应了，北京大学方面提出来要印《四库全书存目丛书》，刘俊文教授提出来的，他是以东方文化研究会历史分会会长的身份提出来的。东方文化研究会的会长是季羡林先生，他跟季先生汇报，提出这个申请来。后来就请季先生当主编，刘俊文先生作为工作委员会主任。张忱石先生、张希清先生也是发起人。当时古籍小组办公室主任是许逸民先生，秘书长是傅璇琮先生，组长是匡亚明先生。北大方面提出《存目丛书》申请方案后，古籍小组就把我叫到中华书局了，傅先生、许逸民先生、张忱石先生，还有办公室副主任张力伟，四个人接待我。大概是问问我这个《存目标注》，进展如何，是不是可以参加他们的工作。我就同意了。我把我的《标注》拿给他们看，易类我查到一百三十九种，古籍小组也找人查了，查了八十多种。傅先生当时就决定，查目的工作就让我负责，当《存目丛书》编委，就这么约定了。傅先生跟咱是老关系，把我推荐给刘俊文先生了。后来又专门见了刘俊文先生。刘俊文先生说你的《标注》是你的《标注》，你有你的知识产权，我们只印书，咱们成果要分清楚。他毕竟是王永兴的学生，主要是怕咱有担心。后来他还给了经费让我去上海图书馆去查书。这个《存目标注》在参加《存目丛书》之前，进展得并不多，没有这么些时间。另外，国务院规划和我买《四库存目》这个书之间只隔了六个月，你想我能干出多少事来？我为了《存目丛书》的需要，就加快了进展。因为搞《清史稿艺文志拾遗》，我对书目太熟了，有索引没索引我都可以迅速把它翻出来。《四库存目标注》的初稿做得比较快，基本上满足了《四库存目丛书》的要求。

后来罗琳、张建辉、冯宝志这些人组成了编委会，罗琳在图书馆界又做了访书目录，让大家查。查一遍给报酬，查出一条来另给报酬。但是我查到的是比较多。根据目录请各图书馆拍摄或复印，书来了以后，对着《存目》的内容你还得验证一下，是不是你需要的《存目》书啊？版本上也要求用早期的足本。《四库提要》的凡例上不也是强调吗：抄刻之本不一，择其善本录之；增删之本不一，择其足本录之。咱就照着这个标准来，内容要全，年代要早，追求这种本子。《存目丛书》就是照着这个标准来的。不一定执行得很好，但指导思想是很清楚的。罗琳是搞古籍的专家，整理《续四库提要》，他有经验。参加《存目丛书》四年，1994、1995、1996、1997，四年。我是在 1992 年得的这个书，1993、1994 年这个准备期的时候其实是王先生这边的项目还没完成。我在业余时间就查了很多书目，为了给《存目丛书》做准备。有的时候罗琳还从北京半夜三更来电话。他们北大那边为了让我参加项目给我家装了电话，那时候可新鲜了，初装费三千啊，装上了还交不起电话费。有时候半夜三更来电话，让我查我的记录本告诉他哪些信息。后来到了 1994 年 4 月份就参加上了。基本上《存目标注》要早两年，后来就和《存目丛书》是齐头并进的。实际上很多工作是借助于《存目丛书》，而《存目丛书》呢，也要运用我的成果。刘先生他也明白这一点，就是你搞你的《标注》，我们只印书。因为《存目丛书》的事情当时在北京住过四年时间，任总编室主任。也没办法借调，他们给山东大学管文科的乔幼梅副校长来信，来信的人是张希清教授，邓广铭的学生。张希清那个时候是工委会副主任，跟刘俊文教授关系都不错。乔校长不认识我啊，找到中文系。中文系说在古籍所。她又跟所长董治安先生说。董先生对我说："乔校长要找你，不知什么事，你去见见乔校长。"我也不知道乔校长是谁啊，就写了一个情况报告塞到乔校长信箱，没去见。乔校长是个好人，她一看确有此事，就给北大回信了，说有这么一个人，确实在从事《存目标注》，是王绍曾先生的学生。北大方面就跟我联系上了，说乔校长对你评价很高。其实乔校长还是为了提携咱们年轻人啊，她对我了解并不那么多。所以我还是托乔校长的福，老辈的高风亮节，提携青年，我认为那是值得学习的。

在北大期间，我那十多个本子，一个月回济南一趟，离开的时候我就送到高校古委会，交给刘玉才、顾歆艺。我说这是我的命根子，给我放好。他们就放在铁皮柜里。等我回来再去取回来。到了 1997 年 10 月底，就把这个本子都拿到济南来了。做了大批量的笔记，并且都是繁体字楷书，没工夫再回去查对了。四面八方像蜜蜂一样采集怎么再回去呀。空间不够就贴小条，那个本子，这么一大摞，是我的初稿。《存目丛书》完了以后，回来就开始搞《标注》。一搞就又搞了好多年才出来。这《存目标注》呢，在《存目丛书》之前，只能算是一个预演。《存目丛书》期间，大批量积累资料。《存目丛书》之后，从1998年到2005年国庆才完成，又经历了八年。这期间写了《文献学概要》，还评职称考外语，麻烦着呢。这八年加上前面的时间，十多年呀。写定的稿子，你见过的，在家里摊开了是一大摞。我那是专门定做的稿纸，写定本，三千多页，现在还存着。当时还想用线装的，线装大概需要八十册，我算了算，八函，没工夫吧，我就把它包一包放起来了。那是个写定稿，繁体字的。每天写个几千字，中间不断受到干扰。评职称要考外语，我的外语差。2001年到2003年又念博士学位。这期间事情很多，还有半年多时间专门写《文献学概要》。2004年《清史》项目下来了，眼看着冲击我的《标注》了。我不顾一切，一方面找了很多人写卡片，为《清人著述总目》，一方面抓紧完成了我的《标注》。

人的潜力是无限的，现在回想啊，那么紧张还做不少事呢。在北大期间也就睡五小时，当时得了个基本结论，累不死。那个阶段和刘蔷啊，罗琳啊，整天在一块，经常吃饭喝酒，晚上熬

杜老师工作照

夜干活。刘蔷、罗琳、张建辉，还有北京的很多朋友，像宋平生、辛德勇、刘大军、刘玉才，还有老先生周一良、周绍良、冀淑英、刘乃和、黄永年、程千帆、杨明照，还有朱天俊先生、白化文先生、顾廷龙先生。因为工作关系，多次见面。频繁地去顾廷龙先生家征求意见。都是派我去。要不然，哪有这么些机会跟老先生见面啊？图书馆界，广泛认识了。版本目录学的这些先生们，广泛认识了。包括台湾都去了两趟，昌彼得先生、吴哲夫先生，也认识了。我是《存目丛书》总编辑室主任，我和罗琳、张建辉、刘蔷，主要是确定版本，到处复印。复印回来以后审，审了以后定出正式的著录，书名、卷数、著者、版本，然后再投入制作。制作室的主任是冯宝志，他是中华书局的编辑，有经验。副主编里审稿子的是张忱石先生，我也审了大批量的稿子，帮着张先生终审，因为一个人审不过来。他们这些人都得上班，只有我可以整天待在那里，还有辽宁大学李春光教授。

我的任务比较多，一个月回家一趟，我这边得上课啊，山东大学的课，我一个月集中上一次，星期六星期天，上课，请学生吃饭，就这个状态。那个时候还要买煤球，六楼上用苹果筐一筐一筐抬上去啊，找学生们一块。我上北京去孩子才三岁，程老师在家，不仅看着孩子，还编了《清史稿艺文志拾遗索引》，这个《索引》上百万字，有十万条。这是个非常仔细，又非常复杂的活儿。四角号码，她是高度熟练，还受了张忱石先生的指导，怎么写卡片，怎么编，他跟我说，我记下来，回来以后告诉程老师。程老师也没经验，就是那个过程中她成了索引专家，慢慢摸索出来了。《存目标注》太专业了，标注要设定一套语言和格式。以前的人，像傅增湘，他们都没有这么规范。我参考了几家，傅增湘《藏园群书经眼录》，王重民《善本书提要》，赵万里的那些发表在《北京图书馆馆刊》的明别集的一些提要，还有台湾的《“中央图书馆”善本书志》。《善本书志》开始只拿到了一小部分，而且拿到的比较晚。我根据这一些，包括清代那些书志，总结出一个套路。《存目标注》是按照一项一项来写，还不能露出段落性的痕迹，得连缀成文，一小篇一小篇的，还不能枝蔓，你要枝蔓了，篇幅过大，所以就要避免讨论《存目》书的价值问题。《存目提要》，净说《存目》书不好，我们也不同意。但是我们先不考虑内容，先考虑的版本鉴定、版本特征、题跋、刻工、牌记、行款、纸张、印鉴，这类东西，要记得清清楚楚。这个量非常大，它是版本学的内容。老的标注，就是傅增湘那个《藏园订补郘亭知见传本书目》，体例比较好。就是标注版本、版本鉴定的依据、版本特征，以及和出版史、藏书史相关的内容，书本身的内容基本不涉及。《四库提要》有的时候有错误，顺带纠正，你发现就纠正，不发现也不刻意去求了。所以周录祥后来不是搞了一些《四库存目》的订正嘛，他订正的那些好多我都没发现，因为他搞得更细致，你推荐的周录祥的论文我印象很深。这工作量大得不得了，咱不能光做《标注》啊，得干《存目丛书》啊。

《存目丛书》结束的时候，在北京大学光华楼开总结大会。总结大会分两段，头一段在北大开，第二段在人民大会堂香港厅，那就是庆典。总结大会的主题发言是我做的，刘俊文先生让我做，给我个面子。我回济南请王先生到北京开会，用复印的废纸，在火车上起草了发言稿。陪着王先生到了北京，他休息了，我在半夜把稿子重新写定，又念了一遍，十五分钟能念完。刘先生让我讲半小时，我心想别讲这么长了。写了五六千字，把《存目丛书》的过程、意义都做了简明扼要的交代。后来这篇稿子发在《文史哲》杂志上。那时候就是一夜不睡的时候也有，现在也都不行了。当时发现了很多新玩意儿，我也做了很多札记，那些札记记的是根据什么东西纠正什么，见于《标注》哪一条，打算写考辨，没空写了。

按照李国庆的说法，有很多书首次见于著录就是在《存目标注》，就是像书志那样，把版本特征都记下来，好多书第一次在《存目标注》里出现。第二呢，发现了很多过去不为人知的东西，它是一个调查成果，跑了很多地方把它查出来了。包括孔尚任的《节序同风录》，找不着了，袁世硕先生这些研究孔尚任的都不知道在哪，我在大连图书馆发现了，《中国古籍善本书目》没著录。另外它是真正的以版本学为核心，并不牵扯别的。那么明确了这个版本学角度著录这个书，究竟要著录哪些项。你比方说这个校的人，卷端某某人撰，某某人校，这个校的人我认为是万分重要。王重民先生对校者很重视，重视他对审定版本的作用。另外我发掘了大批量的刻工，不见于任何著录的刻工，数量庞大。还有大批量的藏书印章，提供了很多新的信息。还有藏书史方面的直接资料。你知道这个印章盖在哪本书上吗？你不知道。我这上面都跟你说了。大批量的序、跋，程老师都做了索引，我的学生查朱彝尊的东西，就发现了不少不见著录的朱彝尊的文章。其他人要搞藏书史，搞一般的辑佚工作，借助我这个线索，能发现不少。另外就是，我觉得对版本鉴定有新的贡献，纠正了很多前人的错误，有的鉴定错了，有的弄反了，把初刻本的嘉靖本弄成万历本，而把万历本弄成了嘉靖本，这种情况都发现了一些，有的地方加了按语，有的地方也没加按语。另外，《存目标注》特别重视版本源流，不完全根据时间的先后。如果这两个版本之间有渊源关系，我就给它搁在一块。你像《说郛》和《广汉魏丛书》，和《唐宋丛书》，甚至于和《八公游戏丛谈》，好多都是一个版印了好几回，另外还有一些丛书，它是根据《说郛》，改编重刻的。还有影印本，要跟着底本。总之很重视版本之间的关系，所以这个标注的先后看着是没有解释，实际上都有渊源关系。这个我感觉是《存目标注》和其他的版本目录不一样的地方。

另外，引用人家的序跋，标点错误可能不多，我抠得很紧。我们搞版本学的，引人家一段题跋，标点错误常见，我是力避这一点，因为我原来搞过古汉语，我对句读抠得很紧。我觉得《存目标注》整体上是要求比较严，质量上把关比较严。存在的问题，当然就是有些东西没见，根据别的书目著录的，这种都比较简略。看见的著录就比较详细，还有的没找到。由于当时的电子资源手段很少，就靠翻书目，靠跑图书馆，但是就我目验的书来说，在《存目丛书》过程中，至少有五千种，明版书二千多种，一般省馆也达不到。所以在版本鉴定上有较大的提高。尤其是对明版书的认识，有很大提高。宋元版书大概也弄了二三十种，因为《存目丛书》收的明代的书不少。假如说让我去填表，举我的代表作，我举的是《存目标注》，其他都不能算代表作了。你像《清人著述总目》，集体项目，我虽然牵头，大家一块干的。《存目标注》那是我自己一个字一个字，用字措辞、遣词造句，处处用心，一笔不苟，这样做出来的。而且它有足够大的量。你搞版本目录，除了质以外，还得有足够的量，因为它具有工具性。你这个书小了，工具性就弱，信息量不够大。我感觉《存目标注》是填补了一个历史空白。老辈的都是标《简明目录》，《简明目录》只是《四库全书》收的三千四五百种书，《存目》书很少涉及，这不填补了一个历史空白嘛。这个书也可以说是当代《四库》学方面的代表作之一吧。版本目录，咱们当代倒是出了不少好东西，像《中国古籍善本书目》，量大质优，缺点就是没有描述。傅增湘的成果是高水平的，黄丕烈以后就属这个人了，但是他的成果的形成时间基本上掐着解放，算是解放前的成果。水平很高，出版都在"文革"后，这个呢是高不可攀，咱达不到。我觉得我的积累反映在这本书里了。当时你不是写过读后感吗，你觉得是有代表性的，是你高抬我。

《存目丛书》，那是周绍良先生、胡道静先生他们肯定的。在此之前人们对于《四库存目》的书，早就注意了。我对影印书一直很重视，因为对张元济先生了解多，《四部丛刊》《百衲本二十四史》《续古逸丛书》这些，一跟上王先生，早就对这些东西了如指掌了，描润之类都很清楚，所以搞《存目丛书》对于我来说，可以说有一定的基础。怎么样能搞好，我心中有数。当然是集体项目，但是在这个过程当中，我感觉到我的特长是发挥出来了，这是第一条。

第二条，《四库存目丛书》里头，稀见书很多啊，你如果不影印的话，好多书你用不上，看不到。影印以后呢，造福于学界。而且它居然有四千五百零八种书，后来还有《补编》，这个量也很大呀。《四库全书》才三千四百多种书吧，你一下子影印了这么多种书，学术界不就托福大了吗？我感觉到这是一个巨大贡献，对新时期的古籍整理，本身是一个巨大成果。因为它需要收集、鉴定、影印，这样一个过程，它是古籍整理成果。黄先生的《古籍整理概论》不是有影印吗，影印是古籍整理成果，这必须得确认，它是学术成果。如果不是学术成果，那什么人都能干了，以为照了相就可以啦，其实程序很复杂。另外呢，影印书有三六九等，有些书部头很大，它水平不行。《存目丛书》呢，是高水平的。当然里头也有没找到的书，或者搞错了。少量的错误也难免。就“文化大革命”以后古籍整理重大成果来说，《四库存目丛书》绝对是有限的几项之一，《续修四库全书》这是一项，《中华再造善本》这是一项，《四库禁毁》《四库未收》都不错，我感觉到这是文化上的一个大贡献。王先生说是一座丰碑，我觉得也不一定，但是呢这是国家项目，我们只是有幸参加了，在里面发挥了较大的作用，就是这么一个角度。

王：您是当今著名的《四库》学研究专家，如何看待《四库》学？如何看待其过去与未来？

杜：《四库》学说是个学问，实际上只能算个领域。因为用《四库全书》、用《四库提要》的并非一个学科的人。我读《四库全书总目》，我发现比如说中医类的水平很高，那肯定也不是纪昀写的。所以它的成果带有百科性，使用者也有百科性，搞中医文献的人看中医类，他跟咱们就不一溜了。所以它能不能构成一个学科，就像敦煌学一样，总是个领域。我觉得《四库》学不是个学科，而是个领域。涉及这个领域的人各取所需。其中一部分人是目录学家，是学习《四库提要》目录学的经验。但是还有一部分人，是学术史。过去讲国学概论，30 年代，就照着《四库提要》讲。大小序就是纲，重要书的提要就是目，这就是国学概论啊。所以涉足《四库》学的这些先生们，他们真的是各取所需，不是一个学科的人。中文、历史、哲学、文学、自然科学、宗教，像陈垣先生的《佛教史籍概论》，就是对着《四库提要》来的，各取所需。比如说我标注了版本，这事是《四库》学的一个小分支。说《四库》学方面很全面，这种人是没有的。敦煌学也是这样，它跟古代文学不是一码事，也跟版本学目录学不是一码事。版本学我基本上都能搞清楚，目录学基本上都能搞清楚，《四库》学不行。有的人是倾向于《四库全书》纂修的过程，有的倾向于《四库全书》禁书的过程，不是一个方面，难以面面都通，这是它的最大特点。

我们这几十年呢，鲁迅先生为代表的，对《四库全书》持否定态度，认为它改书。但鲁迅先生开参考书的时候不也开了《四库简明目录》吗？一共不到二十种书，里边就有《简明目录》。顾颉刚先生他们不都重视《四库提要》吗？这几十年《四库提要》受重视比较大。《四库全书》，第一你看不见，第二它确实是有改书这个毛病，所以对《四库全书》的评价一直不高。相关文献不下百种，《采进目》《禁毁目》《四库全书荟要》《聚珍版丛书》这些，也都可以形成小的分支，还有《续修》等后续的工作，所以《四库》学的范围很丰富。这些年来由于涉足的人多，配起套来呢，也似乎是颇成体系。但是，还是个领域，不是个学科，我就是这样认识。

《四库》学这个领域，下面要做的事情，我认为第一个重要的活儿，得把这《四库全书》都给它抽换了，换成乾隆以前的本，不就没有篡改问题了吗？《四库全书》本照样用，不废。《四部丛刊》等于是完成了一小部分精华，罗琳的《四库著录书》也能完成一方面的任务，但还不是从这个角度。把《四库全书》里头的书，凡是能找到乾隆以前旧本的，通通抽换。这又是一项要影印的大工程。影印，找不着的部分呢还用《四库》本，像《直斋书录解题》，要么你用武英殿聚珍本，要么就用《四库》本，它们是一个系统的。《永乐大典》辑佚书，李焘的《续通鉴长编》，《元和姓纂》这些，都还可以继续用《四库》本。其它的那一些呢，整体上应该来一个脱胎换骨。为什么要抽换呢？因为我国重要的典籍都在《四库全书》里，你像朱彝尊的《经义考》，康熙刻本就没有影印，为什么？《四库全书》收了。《四库全书》收的是康熙本吗？不是。所以还得抽换。抽换以后，《四库全书》作为中国文化、中国典籍的主体部分，才能真正发挥作用。现在人们不放心啊。这可以叫《新编四库全书》。这是我一直考虑的问题，但我也没能力做，这必须得国家做，这是最紧迫的任务。

剩下来的任务呢，对这个《四库提要》的研究，江庆柏先生搞汇校，这个我觉得很有意义。但是《四库提要》本身的问题，余嘉锡先生做了考证，涉及这些书的评价问题，还有较大的余地。对《四库全书》这些书的评价，《四库提要》的学术色彩浓厚，辩驳性的话多，这是非常闪光的。但是它有的时候说得不对。所以新时期对《四库提要》观点上的问题、知识上的错误还可以继续努力。前人在这方面做的很多，像我们对《四库提要》纠谬的认识，限于史实方面的居多，评价方面的不多。这个学术评价是大事儿啊，涉及汉学宋学之类的。《四库提要》对宋学有意无意地在损害，所以很有必要分学科。你像宋明理学，还是要找搞宋明理学的去审量这个《四库提要》，对《四库提要》原来的评价再审视，这项系统工作有重大意义，能够反映我们新时期的水平，应该邀请国内有代表性的有学术专长的人对现在这个《四库提要》分工，做新的重新审视，写出补充性或辩证性的意见，这个工作我觉得意义比较大。《四库全书》要抽换，《四库提要》要重新审视。这牵扯学术的核心。《四库全书》的两项成果，一个是一套大书，一个是《总目》。它的边缘成果都可以研究，都不一定再集体搞了。但是这两项工程都必须要集体搞，要由权威学者主持，由国家立项，集合全国的力量，分工来弄。

咱就说《周礼注疏》《仪礼注疏》《礼记注疏》的提要重新审视，我感觉到时机比较成熟了，有的老先生故去了，但是新的一代还是不断涌现。历史成果，像《四库全书》《四库提要》改正了很多原本的错误，它的这个历史成就是绝对不能抹杀的。它作为乾隆年间的成果，作为一个文献，还要继续存在，但是我们还是要回到乾隆以前去，把历史原貌呈现给大家。我们既需要《四库全书》《四库总目》的成果，也需要《四库全书》以前它的文本面貌。但是大量的书因为《四库全书》的存在而没有影印更早的版本。为什么要搞《存目》搞《续修》呢？因为它没有印，还是作为《四库全书》的辅助和补编、续编来对待。而《四库全书》的主体急需要脱胎换骨。这也要学术发展到一定程度以后才能做。有些书在海外也能够找到了。《四库全书总目》要重新审查，审查的意见和《四库全书》原来的提要井水不犯河水，也可以相辅相成。包括《四库存目》书的提要都要做，《四库存目》的提要有些很简单，几句话。它总是想说一本书编入《存目》了，不要了，它没价值。怎么可能呢？四库馆臣也不相信这一点，只想做一个交代。《续修四库全书》请很多人做了提要，水平怎么样有待于学术界检验，这种行为是可以的。《续修四库提要》有三万多篇，齐鲁书社已经出版，有这个参考好办多了。总之，《四库》学还有两个大事没有办。

六、《清人著述总目》

王：戴逸先生重修《清史》，邀请您主持《清人著述总目》的编写，谈谈进展情况。

杜：我在北京大学参加完了《四库全书存目丛书》，1997年10月30日项目结束。我就回到山东大学。我当时有个基本愿望，就是不再参加集体项目了，我弄腻了。集体项目重大的缺陷就是扯皮，你的理想实现不了，什么人都能够否定你的意见。因为我参加了一系列的项目，也不是没有自我，但我都说了不算。像《存目丛书》季先生也不是什么都问，他实际都交给我们，也算进行得比较理想。但是毕竟是集体项目，它毕竟好几十人呢，不能说发号施令，想干嘛干嘛。还有很多客观原因造成的一些困难。所以我就想不再干集体项目，不干了，任何人的集体项目都不接了。回来以后主要待在家里，我的主要任务是《存目标注》的清稿工作，天天待在家里写《存目标注》，这才是我最重要的任务。但是人是社会关系总和，你想脱离社会不可能。1997年底回来的，1999年就开文献学课，2000年开始评职称，我是2000年评教授的。不考外语就评不上，放下一切看外语，最后我当然考得很高，八十五分。我正儿八经地学了四十篇英文优秀文章，留下了深刻印象，太美了，我们不搞这一套啊，所以就放下了。讲文献学，其它什么都不干，一星期只备一次课。这不是耽误时间吗?《存目标注》就这样放下了。念博士，我从北大回来，身边的同事都成了博士，而在当年都是硕士。我也不想念博士。不上博士有什么损失呢？不能当博导。不能当就不当。问题就在于山东大学给你"网开一面"，说四十岁以下的正教授，五年之内核心期刊十五篇，有著作出版，这样的情况下，如果你报名念博士的话，不用考试了。不就是给你开一扇门吗？如果你还不报名的话就"不识抬举"了。这时候我就报了。当然，我们单位上并没有把这个精神传达给我，是其它途径传达给我的，这就是说还是有人想看笑话的。当然学校有通知，也瞒不过去啊。我就成了博士研究生了。我这个博士研究生是有学历的，有入学手续，它不是申请学位。但是我也受不了这个，天天念外语，外国老师教，我的老师叫劳易斯，六十多岁的美国老太太，其心地之纯净你难以想象，根本不懂得这个学生需要照顾，不懂这一套。我是一堂课也没落下，我的学生，她也在那里读博士，我跟她说跟我坐一块儿，老师需要干什么了跟我说一声。因为我什么也听不懂，老师很快就发现了。我的学生说"他是教授"。外国人对教授评价很高，所以很客气。我的作文都是我自己写的，至少有两篇在课堂上被老师念过。我能写但是听不懂。我本来想不念了，我想申请一个博士学位，因为按照我的条件我是可以申请一个的。培养办公室说你的条件可以提前毕业，我两年就毕业了，就这么混了个学位。

《清史》项目实际上是 2002 年开始的。这之前 1998 年，黄爱平老师、我、罗琳、张建辉、刘蔷一起去台湾开会，会后一起到了东吴大学，丁原基老师招待了我们一个星期，大家都比较熟了。另外搞《存目丛书》的时候黄老师也是编委。到了2002年，王绍曾先生主编《清史稿艺文志拾遗》出来，请许多专家评议，有黄老师、辛德勇、乔好勤先生、吴格先生、李国庆这些先生就都来了。他们的意见都发表在《读书报》，弄了一整版。等到《清史》项目一启动，黄老师打电话说，你们应该承担《艺文志》。《艺文志》有基础啊，我赶紧跟王绍曾先生汇报。王先生态度非常积极。2002年的时候王先生就九十二岁了。2003年"非典"，第一次《清史》文献工作会议在北京召开，冒着"非典"的这个风险，山东大学去了两个人，刘晓东先生（文史哲研究院副院长）和我。其它单位都去一个人。北京大学古委会安先生、杨忠先生、漆永祥先生都去了。安先生还借着这个会议，把古籍所的老师们晚上叫在一起聊了聊，表示对国家《清史》项目的支持。刘老师是山大古籍所的所长，又是儒学院的副院长，回来给我说安先生是这么个意见。我说那太好了，咱们来的目的是什么？《艺文志》。开会的时候吴格先生就在大会上表示对山东大学承担《艺文志》的支持。黄老师他们提的那个规划是《清代文献总目》，我修正为《清人著述总目》。《文献总目》包括什么？档案、少数民族文字，甚至书信、对联，不都是文献吗？还有书画，文献总目怎么编呢？所以我给它限制到著作，所谓著作就是书。同时排除了少数民族文献，我说我们只能编一个《清人著述总目》，非汉文的文献还不能收进去。后来审批就下来了，山东大学承担《清人著述总目》，这就不是《清代文献总目》了。这个项目跟王学典教授有关，他是文史哲研究院院长，2002年成立的院，正好就切着《清史》项目的时间。当时分管我们的副校长叫王琪珑，他搞化学的，可是人文方面很有修养。王琪珑副校长，还有展涛校长，王学典院长，加上王绍曾老先生，他们立场完全一致，就是山东大学必须拿下《艺文志》。我在这之前已经有了一个打算，就是不再参加集体项目了，我《存目标注》还没有弄完呢，不积极。刘老师其实挺积极的。后来《清史》项目就开始申请了，承担项目有年龄限制，像王老先生这种高龄的，他们觉得不知道多少年完成，希望年轻人做。王老先生给《清史》委写了信，托黄老师转给戴先生，意思是《艺文志》由杜泽逊同志来主持，“他是我的衣钵弟子”，信上就是这么说的。黄老师把信转给戴先生了。展涛校长还给戴先生写了信，表示山东大学愿意多承担《清史》项目，所以山东大学承担了好几项，有《邦交志》《农民起义志》《宗教志》《义和团》，不光咱们这个，校长写信也不只是对着《艺文志》的，听说戴先生还在他们的工作会上把展涛校长的信亮出来了，说山东大学对《清史》项目很支持，很高兴，这对《艺文志》承担也是一个促进。

后来《清人著述总目》批了一百万元。我给王学典院长说，因为我造的规划是一百八十万元，我说这活儿不能干，大项目我干多了，这点钱怎么够啊？他说“一个国家重点项目才五六十万，一百万你不干，你想干什么？”不可思议啊！我说这个钱不够用啊。他说那学校还能看着你下不来台吗，我这就干了，就签了合同，2004 年的 8 月 30 日或 8 月 31 日签的合同，9 月 1 日项目上马，请了刘晓东老师去训话，参加者都是学生。王老先生倒是想着让我搞个编委会，我没搞。我不是不想搞，我参加集体项目太多了，所有的评职称，都强调第一作者、第一项目主持人、第一获奖人，无数的大项目包括山东大学《杜甫全集》都毁在人事问题上。你要是好朋友参加的项目，肯定是受害啊。一干十年，加上出版，十五到二十年，什么都完了，你什么都评不上。所以我不想让同事参加，关系好的你把人家害了，关系一般的都得成仇人，没法治。我没有听王先生的话，第一点没有搞编委会，第二点光用学生，一个同事都不用。我在北大《存目丛书》当总编室主任，我是积累了经验了。北大那个项目，北京大学是不管的，除了给了你几十间房子，任何事情不管。我作为总编室主任是一清二楚啊。究竟怎么团结大家呢？为什么他要干？你要搞清楚他要干的理由啊，是图面子？金钱？名声？究竟图什么呀？你得慢慢琢磨。所以到了《清史》项目的时候我就光用学生。用了多少学生呢？三百六十余人。不在大学这项目没法干。除了我山东大学学生以外，还有清华大学刘蔷老师找了几位，李国庆先生找了他的助手，浙江图书馆童正伦先生几位助手，河南省馆、中山大学图书馆陈莉女士找了几个助手，不光是咱们山东大学的，山东省图书馆、山东大学图书馆，还有山东大学历史学院、经济学院、马克思主义学院、管理学院，老乡同学互相联络。没有任何一个地方可以开一个会，所有人都是单线联系，谁也不知道队伍是如此之大，又没钱，又没地方，就这样开始了。说是有一百万块钱，他分期给你来啊，一年十万哪够用啊，一年二十万也不够用。所以《清史》项目的承担跟黄老师的邀请、山东大学的积极支持分不开，可以说是硬推上去的，王老先生不甘心。这个项目从最开始做，到结束，一共八年，三百六十余人参加。我因为参加《百衲本二十四史校勘记》，尤其是《四库存目丛书》，对项目的管理、资金的预算我有充足的经验，所以我在运作《清史》项目方面可以说是游刃有余。这个经验也是很难得，一般的人他想象不到。这个从做完到现在没有出版，如果出版，可以替代《清史稿艺文志拾遗》。假如说《清人著述总目》一出版，那么关于以前的一些清代著作的著录就都可以替代了。

怎么干的呢？我在《清史稿艺文志拾遗》结束以后，曾经买过单本的《中国丛书综录》第二册三部，那是单定价的，后来都配不上套了。当时想着剪贴，《丛书综录》是必须得用的呀。所以我可能对朦朦胧胧的未来在做准备，不遗余力地收集各种书目，没有想到竟然还会有《清史》项目，但是我在不断地积累资料。2003 年 3 月申请《清人著述总目》项目，那时候《艺文志》还没有定下来。我参加 2003 年《清史》文献工作会议，戴先生吃早饭的时候，我发现戴先生身边也没有人，他在一个桌上，我就过去了。我说："戴先生，《艺文志》怎么修啊？"他问清人著作有多少种呢？我说十来万种，《拾遗》五万五，《清史稿艺文志》九千，《补编》一万多，加起来七万五。我当时说十万多，是基于这么一个基础。戴先生说清人著述就十万多，搞个总目都得几百万字，《艺文志》该怎么办呢？我说历代的《艺文志》都是选编，不是全的。问题在于哪些是精华，我说了算还是你说了算？不行啊，咱没看到原书。戴先生当时真是沉默不语。他知道我当时说这个话有根据。我当时的意思是《艺文志》不要做了，就做《清人著述总目》。所谓的精华我们选不了。后来戴先生在各种会议中总是提《艺文志》。我不知道。后来《清史》委出了两册《清史体例体式讨论集》。那两册我全看了，可以说戴先生每次开会几乎都会把《艺文志》的问题提出来，大家探讨。到头来也没讨论出主意来。所以我们率先做了《清人著述总目》，不管你要不要《艺文志》，《总目》总要做。怎么做呢？全国各大图书馆来查书吗？一百年也做不完。还得根据书目。根据书目做《艺文志》是中国史志目录的传统。班固的《汉书艺文志》就是根据刘歆《七略》，一直到《明史艺文志》，也是前人书目作基础。《清史稿艺文志》一半以上都出自于《八千卷楼书目》，这个以前没人知道，是我后来慢慢悟出来，于是让我的研究生路子强，硕士论文就写这个。结果就是百分之五十以上都出自《八千卷楼书目》。至于《清史稿艺文志补编》，主要来自《续四库提要》。当时在中国科学院图书馆，武作成先生专管古籍采购，他是崔建英先生的老师。这些来历都是很单一的，不带有综括性。我们参加《清史》项目的时候，开的目录数百种。黄爱平老师去考察，北大图书馆、南师大、南大图书馆、南开、国家图书馆、山东大学六家，都想争取这个《清人著述总目》。最后黄老师考察的结果还是给我们了。我们那是干过的。暑假来考察，山东大学校领导亲自关怀，馆长亲自出面把图书馆打开，让《清史》委的黄老师一行进去看看。书目非常多，黄老师就明白了。王绍曾先生亲自出面，2003 年的时候他都九十三了，老人亲自出面。所以最后这个《清人著述总目》就给我们了。我是处于半推半就，不很积极。但是这个事儿呢他不能推，尤其是王先生他不甘心。他说："我们前面干的工作，如果让外人干的话，不就白干了吗？"那好吧，干吧。所以这个项目就承担下来了。

具体步骤是什么呢？先把我开的几百部书目当中著录的清朝人的著作，包括地方志的，全部做成卡片。我当时造的计划是八十万张，实际做出来是一百二十万张。一百二十万，超了百分之五十。多了这么些，钱从哪里来呢？一张白纸片五六分啊，抄制条目，一条三四毛钱。一上了百万，这账就麻烦了。从家里垫？那时候五宿舍的房子刚买了，哪有钱啊。垫到十几万的时候，家里就空了。我给戴先生写信，我说已经要散了。我也表明了决心，砸锅卖铁我也要编下去，不会停工，但是现在的困境是明摆着。我把信也给展涛校长看了。学校马上派人来考察，给了十万。十万还不算少。《清史》委派了会计师，还有副主任马大正先生，考察我们的开支。我一分一厘都记得清清楚楚。他们一看，其他《清史》项目主持人都有提成，我一个子儿不提，光往里面贴啊，就追加了四十一万。加上山大的十万呢，达到一百五十一万了，基本上缓解了。

一百二十万张卡片，后来进一步加到一百三十万张。可是真正有效的卡片，经过合并，二十二万八千条。也就是说一百多万张都被淘汰了，重复呀。各家都著录了《红楼梦》，著录了《聊斋志异》。有些信息需要吸收进来，合并。合并以后呢，用不着的卡片就超过了一百万张。但是这个重复，不是简单重复。清人不是搞长编吗？宋朝人也搞长编，这就是长编。重复率，一比八到一比九，也就意味着一部书有八到九个来源。这八到九个来源，大多是背对背的表达。国图著录这个书，和上图并没有商量，南图也不商量，山东大学也不商量。不商量的情况下，这一件东西有八种表达。谁对谁不对，谁全面谁不全面，你把卡片摆在桌子上，大都一目了然。我们的学生队伍有多高的水平？看一张卡片就知道对不对？但是一对比就不一样了。用这样的方法来发现错误，选择优秀的。我们属于选优法，这是长编的大好处。通过合并，取长补短，信息就集中在大约二十五万张卡片上。其余的卡片就捆起来放在一边了。哎呀，四壁架上、满桌子底下都是呐！这一上了百万就不计其数了，我估计几吨重。当时有好多人就说："你为什么不用电脑呢？"还有的专家把我们作为反面典型呢。其实我的项目组有计算机处理古籍的高手徐泳，在山东省可以说是一流高手。我这些学生，都是青年人，可以说无一不熟悉计算机。为什么不用计算机呢？开始有分歧，说这个《中国丛书综录》，超星公司有电子版。我说："行，我给你出个题目，我用笔做，你用软件，咱最后对比结果。"举的例子就是《字林》，不是失传了吗？清朝人有多家辑佚本。做的结果，我的信息全，他的少了几条信息。我就问："徐泳啊，你为什么少了几条？"他说："这不能怪我，软件里面没有这几条。我是不会漏的。"我说："这就对了，软件有问题。"为什么软件有问题呢？他说："软件也是人一条条做的，他做漏了，我怎么办？"我说："好了，软件不能用，这一部书就少了两三条信息，一百多万种书的话，这还了得吗？咱这项目将来可没救了。"他同意了，还得用卡片。另外呢，如果你用了电脑，一比八的重复，能同时在电脑上呈现吗？不能吧，你只能跳跳跳。

另外，我们当时买不起二十台电脑，只能搞"原始社会"。最后大家决定，写卡片。而且有的书目还有第三批简化汉字呢，西藏的藏是草字头加个"上"。学生抄卡片时，我规定，一律照抄，不许改字。等到合并重复的时候，按作者拼音排好，凡是文字不规范的，一律淘汰，保留繁体字的规范字，你的卡片质量上来了，信息也就来了。你要用电脑，没法处理。另外同学们眼睛也受不了呢，一比八重复，一摆一桌子，上下左右一看，最好的卡片就这个。还有第三点，它有可回溯性。比如说你搞错了，我可以回查。如果在电脑，你七拼六凑，一删，完了，不可挽回。卡片呢，同学们都用红圆珠笔在上面修改，涂掉的东西，还能看见，你想回改，容易。后来，我问同学们："我们这个方法好，还是用电脑好？"同学们说："如果开始用电脑，我们就完了，没救了。"卡片合并的过程很复杂，因为需要确定哪个版本好，错的对的。正确的书名，正确的卷数，正确的作者，正确的籍贯。版本一，版本二，版本三。以及作者的小传、字号、年代。都是别集，你不确定年代，将来如何排顺序呢？还有这个分类。都要在这一张卡片确定完。确定完了之后再换着检查。检查完了之后再按类打乱。打乱之后，一个人的著述就彻底分开了，不能聚拢了。所以，你要趁着一个人的东西在一起的时候，尽可能地把信息弄详。比如说《中国古籍善本书目》《中国丛书综录》有籍贯吗？没有。同姓名怎么办？区别不了。可地方志上有，有籍贯，有字号，有科第。可是地方志的那个书目，没版本、没馆藏，还得靠《中国古籍善本书目》《中国丛书综录》《中医联合目录》《地方志联合目录》这些书目，互补。清朝有的一个名字其实是不同的六七个人，没有籍贯怎么区别呢？还有竟然籍贯也相同。靠字号，这样就区分开了。所以编纂的过程没走弯路，极为严密，都是开始就设计好的。经过八年努力，《清人著述总目》编成了。

七、《清史艺文志》

王：为何要编写《清史艺文志》？

杜：《清人著述总目》快要编成的时候，戴先生并没有忘了《艺文志》。戴先生在《人民日报》一整版登了《清史》主体工程项目目录。《清人著述总目》是主体工程的附录。附录还包括《清史考异》《清史人名词典》。但是新修《清史》里没有《艺文志》，终归是个遗憾。戴先生放不下，他又打电话。先让黄爱平老师给我打通了，说了说这个意思。我理解戴先生。我说："黄老师，不商量了，不讨论了，《艺文志》咱干，您跟戴先生说。"戴先生接过电话，又表达了一遍。我说："戴先生，不讨论这个问题。您说怎么干，咱就怎么干。"戴先生说："我就给你正式立个项，主体工程。"所以很快就签了约，五十万元。这之前《清人著述总目》经费需求太大，十分艰苦。一张纸片都要省。有了《艺文志》这个五十万，解了《总目》的围了。这些钱就混着用啦。《清人著述总目》最后是二十二万七千条，有一千五百万字。大精装本要十五本。每部书著录的内容，包括书名、卷数、著者（含籍贯）、著作方式、版本一、版本二、版本三。每个版本跟着馆藏，每个馆藏后面跟着书目的来源，无一字无来历。然后是严格的分类。作者都有小传，包括生卒年、字号、科第、交游等。《清人著述总目》，就体例来说是理想的书目。它的错误应该比较多，为什么呢？用二手资料，没看原书。也有看的，但不多。这是致命的一个问题。就是来源那里就可能有问题。也有我们抄错的。好在都有出处，你去查，可以澄清这个错误。同时，条目卡片一比八的重复，我们就做了大批量的信息的综合改造。我们虽然保留了三个出处，可你查了这三个出处，你会发现一个都不一样。取长补短了。比如说三个书目都没有说这个书哪里刻的，地点没有，我们添上了。刻书人没有，我们添上了。年份不清，我们清楚了。为什么呢？我们重复率高呐。再比如说《贩书偶记》吧，它经常说“稿本”。我们现在这么大一个长编，就发现天底下就《贩书偶记》记载的这一部，然后就是国家图书馆有一个抄本。我就知道《贩书偶记》这本书应该是卖给国图了。那么《贩记》叫稿本，北图叫抄本，实际是一件东西。究竟是稿本、抄本呢？《贩书偶记》想抬高啊，国图把得严，但国图不一定正确，为什么呢？天底下就这一件啊。可能是稿本。在这种情况下，可能会说“清抄本”。收藏馆为国图。出处为《善目》《贩记》。《贩记》后面可能会括注“作稿本”。并不说谁对。国图嘛，国家馆，还得尊重它。所以这个长编用处非常大，纠正了前人不少的错误。我们还留下了不少的错误。《清人著述总目》就这么完成的。分类非常详细，碰见了许多过去书目上没有的类。

《清人著述总目》和《艺文志》是两个项目。《清人著述总目》作为《清史》项目主体工程的附录，原来上海古籍出版社要出，人民文学出版社也要出，《清史》委不让我们联系。交上了，没有结果。我前不久拜访戴先生了，希望早日出版。我们把电子版打印出来，装订了十八本，这么一大摞。我们三百余人，八年心血，一百三十万张卡片，古往今来，哪有这么个编书目法的?《清史艺文志》是在这个基础上来精选。所有人都要问："你是怎么选的？你看过书吗？"申请项目的时候没有真实办法，什么《清史稿艺文志》《清史稿艺文志补编》《清史稿艺文志拾遗》，从中选取精华。然后我还说了，每一类都要请专家来选。谁给你选？你找人家，人家都不会理你。再说了，清人别集谁来选？几万家，没法选。项目下来以后，我就在我们那个编辑部，经常踱来踱去，一筹莫展。有一天我豁然开朗，哈佛燕京学社搞了个《三十三种清代传记综合引得》，有传的人是二万余人，我看了这个以后想起两件事：第一件事，"非典"之前，2002 年，黄爱平教授找了我、漆永祥、北师大史革新教授三个人，要我们为《清史》项目《清人别集丛刊》选目三千余种。清中期漆永祥领了，他搞乾嘉学派；近代史革新教授领了；清前期给我了。回来以后，我和我爱人程老师说："标准是什么呢？这些书目摆在这里，你凭什么选呢？"我们商量的结果，凡是《清史稿》《清史列传》有传的人一定优先考虑，不能说你是什么文学家、历史学家、政治家，什么家都加。选的结果，大概有千余家。但是像蒲松龄、吴敬梓不在列传内，还得增加。增加以后是一千三百种。清初部分正好够了。"非典"的时候开《清史》文献工作会，文献处的专家，陈桦、黄爱平教授，把我们三个人叫到一边，讨论《清人别集丛刊》拟目工作。大家就各抒己见了。我就说了我的办法，他们认为我的看法比较靠谱。我说我们的智慧和见识肯定是不够的，必须要找靠山。这是第一件事情。

第二个事情就是钱仲联先生主编的《中国文学家大辞典·清代卷》，钱先生真是大人物，他的前言坦白，清代有多少文学家谁知道啊？唐代好说，《全唐诗》《全唐文》有数，历代论定。清代没有过。所以他就开了二十多种书，《晚晴簃诗汇》《清史稿艺文志》《中国丛书综录》都在内，这些书目上清朝有别集的人，把他们列为《中国文学家大辞典·清代卷》的备选名单，再抛去近代，鸦片战争以后的。确定这个名单以后，发现好多人没有事迹，最后入选了大概三千余人，形成了《中国文学家大辞典·清代卷》，中华书局出的。钱仲联先生在前言里说：按照我的见识，不足以完成这个任务，要找客观标准。我觉得钱先生是比较实事求是的。《清人别集丛刊》交给北大、人大合作，北大何芳川、人大纪宝成牵头，他们合作。北大找图书馆沈乃文，人大找图书馆宋平生这些专家负责，最后就干成了，印了四千多种，叫《清代诗文集汇编》。我们的成果黄老师说也交给他们新的班子了，我也屡次被邀请参加，但我们已经不是主体了。选目人家用没用也不知道。这两件事对我的启发很大，就是你得找客观依据，你靠你的见识，没有这么一个人能干得了。我就把我的这个靠山变成哈佛燕京学社《三十三种清代传记综合引得》有传的人，《碑传集》《广碑传集》都在内了，有传的两万余人，这些人各行各业，在清代应该是有作为的人。然后加上《书目答问》后面附的《国朝著述家名略》，卫生部《中医大辞典》著名中医清代的部分，我还找《清史》委员会，把准备立传的名单给我。增加了三个名单，三十三种成了三十六种了。三十六名单二万余人。我把这二万余人的著述，不论好坏，从我这二十二万八千种著述中弄出来。弄出来以后，大概是五万八千种。我只需要两万多，因为戴先生给我的篇幅是四十万字。四十万字，不要版本，不要馆藏，只能容纳二万余条，正好十选一。

我怎样十选一呢？我就用我这个三十六名单，三十六个名单二万余人中没有你，对不住了，《艺文志》不能要你。五万八千种，然后再把没有版本、馆藏的去了，选本去了，残卷不要。有全集的，选本不要，《玉函山房辑佚书》就要这么一条，你辑的哪些书不要了。这么一压缩，还剩一万八千条。留下的空间，弹词、宝卷、子弟书都没有作者，你还得往里选。所以我又按照类，分配名额，按十选一，每类分配十分之一的名额。不够的往上加，多了的往下减。家谱太多，只选百分之五。家谱选什么？名门望族、名人修谱。地方志，主修的人都是进士，入选的比较多，压缩，按地区分配。清代考据学有代表性，金石学、小学旺盛，适当提高入选名额。这样再平衡一轮，选出来的就有二万多。再把入选的二万多回复到《清人著述总目》中去，加个标志，按类再捋捋。捋的结果，有一些重大遗漏。蔡上翔《王荆公年谱考略》没选进去，方玉润《诗经原始》没选进去，原因是三十六名单二万余人里面没有他们，所以有名的人物还得补。补完以后就达到二万八千，从数量上正好达到我们规划的十选一。我们把一部分类请专家看了。整个经部入选二千余种请刘晓东先生看了。刘老师看了以后，比较满意，他说我给你添了二十多种，删了二十多种，改了二十多条，基本上来说改动不大。我就很有数了。

现在《清人著述总目》《清史艺文志》这两项工作还不算彻底结束，目前复查的是《艺文志》。《艺文志》只是十分之一啊，《清人著述总目》要不要查一遍呢？不查，错误很多。查，时间不够。还得查，我准备暑假加班。我准备组织三个梯队，二十天一个梯队，全部把《清人著述总目》查一遍。经费我掏，我从家拿，这个倒不害怕。关键问题是人力，得六十人的队伍，二十人一帮。一天一人发津贴一百块，二十天得两千块。六十人十二万。这个在所不惜。为什么呢？一旦出来了那还了得吗？你净错。就要实实在在地去查。所以最宝贵的不是钱，而是人。我现在有研究生，有尼山学堂。尼山学堂你可不能小看，这是一支强劲的队伍，里面的精华的水平早已超过研究生。所以呢，这个《总目》，还得查一遍，查完之后再出版。

八、《山东文献集成》

王：山东是孔孟之乡，名家辈出，您曾主持《山东文献集成》的编纂工作，请您谈谈编写情况。

杜：《山东文献集成》和《清人著述总目》是同步进行的。这件事情其实是偶然。但凡搞文献的人，无不关心乡邦文献，我也一样。王绍曾先生作为外乡人都编《山东文献书目》，更何况咱是本地人呢？所以我很早就留心这件事。后来全国大规模合校，山东大学、山东工业大学、山东医科大学合并，省部共建，山东省投了不少钱，教育部也投钱。展涛校长给王学典院长说，一定要为山东省做一些工作，因为省里给了这么些钱。王院长回来就跟我说，有什么活可做呢？咱们是文科，不像工科，可以马上出力。我说咱们也有事儿做，修《山东丛书》。修丛书这个事情山东省落后了，像《云南丛书》《安徽丛书》都好，早就编印出来了，山东省作为文化大省，连个《山东丛书》都没有。他说这个好，你给我搞个计划。《山东文献集成》就这么诞生的。规划送到山东省委宣传部，省委宣传部说很好，我们这里没这些钱，你这预算太大了，上千万。后来我就跟王学典院长说，封建社会的话，这工作是巡抚挂帅，咱们现在也不能例外，得找山东省省长做主编。他接受了我的建议，找校长汇报这个问题。校长形成红头文件递到山东省政府。省长批准了，知道这个东西很严肃，第一笔来了五百万，第二笔来了三百万，一共八百万。当然，实际需求一千万。然后成立“山东文献集成编纂处”。主编省长韩寓群，副主编山东省教育厅厅长齐涛、山东大学党委书记朱正昌、山东大学校长展涛、山东大学副校长陈炎、山东大学文史哲研究院院长王学典。像刘晓东老师和我，我们都是常务编委。下设编纂处，编纂处主任王学典，副主任就是我。然后敲锣打鼓就干起来了。后来就按计划，印了四集，二百册，一千三百多种书。大部分是稀见的，一半以上是稿抄本。在山东历史上，《山东文献集成》可以说是巨大的文化工程。

《山东文献集成》的选拔标准，是要分个轻重缓急，先拣稀见书、稿抄本抢救。不能按照有代表性的山东著作来选，这种思

杜老师工作照

路是错误的。现在看来，我们思路是正确的。什么事都有个轻重缓急，所以选稀见书，刘晓东老师也都赞成。我曾经拿王绍曾先生《山东文献书目》请刘老师把重要的圈出来。徐泳提供了许多稀见书目。加上各方专家的建议，我们就确定了选目。这样山东省图书馆、山东博物馆、山东大学、济南市馆、青岛馆、山师大，就先把稀见书印出来。山东省的著作现存的不下万种，你总得有个先后啊，你有这么些钱吗？所以先印稀见书，这是我们的策略。王学典老师都很支持。山东博物馆也支持，山东博物馆的书轻易不给人看。经过了四五年的努力，陆陆续续就印出了四集二百册，一千三百多种书，山东省就有了地方文献丛书了，各省的丛书也没这么大，也没这么精。

上海的蒋鹏翔搞了个传古楼影印古籍，他就说影印书最好的就是《山东文献集成》。这个纯粹是《清人著述总目》的业余活动。我的上面有省长、校长、王学典院长、冯建国副院长，我的帮手徐泳这些人，还有我的学术靠山刘晓东先生，他是济南人。加上各图书馆的资源，省里给钱。我参与搞《四库存目丛书》，有足够的经验。选好本子，用零边距扫描仪扫描，完了以后在电脑上给它处理干净。既要保存原貌，又要去灰去垢。这个活就是徐泳帮我做的。徐泳有个助手杨红玉，蒋鹏翔的书开始也是杨红玉加工的。杨红玉她是专门学电脑排版的。山东图书馆搞共享工程，徐泳培养的助手带到咱们这儿来，杨红玉又把自己的朋友叫来。我呢，在管理大项目上，确确实实积累了一整套经验。我也边探索边干。

我认为，第一，《山东文献集成》是按劳取酬，你做多少就给你多少，不做就没有，任何人不干就一分钱不给。《清史》项目不同，合并卡片，你要按张数来，它可以快快地给你合并完，删繁就简，把有效信息给你丢光你也不知道，必须要看质量。所以《清史》项目，那点可怜的劳务费是平均发的，不高。另外用的自己的学生多。《山东文献集成》呢？它是个影印的工作，需要操作者认真负责，人品各方面信得过。同时你必须得多劳多得，一定要尊重人家的劳动。小杨干的最多啊，连她弟弟妹妹都来了。一个月都挣好几千。我不光要如数给她，还要给她加奖励。蛋糕就这么大，你都拿我也满意，为什么？因为你又快又好。

《山东文献集成》以后还做了个《山东文献总目提要》，只做了一部分。因为我精力实在有限。做了几千种。跟《集成》不配套，比那个大多了。人力不够，我精力也不行。徐泳做了一个庞大的书，《山东通志艺文志订补》。开始徐泳来的时候他要跟我念学位，学位后来也不念了，他又谋求跟我合作，搞山东文献的目录。我不愿意跟他合作，因为他这个人一辈子恨不得就只做一个成果。我这挂个名，咱不落忍。我就说我给你出主意，东西是你的。我给他出的主意就是《山东通志艺文志订补》。我说如果你做《汉书艺文志订补》，终究是沾《汉书·艺文志》的光。你要搞个《汉代著述考》就不行。你要跟古人靠上。靠什么？《山东通志·艺文志》。人家好歹有个框架，它不收的，你就补；它没有版本，你就补；它有错误你就订。《山东通志·艺文志》都有提要啊。好家伙，十余年。徐泳整口的牙都换了，胡子都白了。做完了。我得想办法给他出啊，要不然我对不住他啊，他跟我这么些年，《山东文献集成》《清人著述总目》出了大力。《十三经注疏》那个北监本，那么精美的版面都是他整理的。可是上哪儿去弄这么多钱啊，得需要好几十万。王学典院长本来想给他出，后来钱不够，算了。后来燕山出版社夏艳女士愿意出，同时让我们搞《大清畿辅书征》。我说这个书我答应了，徐泳这个书你得帮忙一块儿出。后来小夏调走了，这个时候山东人民出版社愿意出，他们看上这个项目够分量。徐泳自己会排版，16 开的精装，十册。我写的序。我觉得真不容易啊。徐泳这辈子，跟着我念学位也没念出个什么来，放弃了。他的工作是山东省图书馆研究员。白天上班，晚上、周末来干。夜里不回家啊。所以说跟了我，注定要艰苦奋斗了。我的博士生唐桂艳，《清代山东刻书史》，一百二十万字，过目的书无数。马上就要出来了。也是我想办法给她出啊。她的博士论文就是这个，三厚册，那也是艰苦卓绝。还有个焦桂美，也是艰苦奋斗的榜样。所以啊，我的学生都不好过。

王：《山东文献总目提要》进展如何？

杜：这个项目我打算继续动员徐泳、唐桂艳一块来主编，我这两个学生都搞山东文献。我的许多学生都搞山东艺文志，《齐河艺文志》《日照艺文志》《高密艺文志》《临朐艺文志》《掖县艺文志》《文登艺文志》都出来了，硕士论文。一方面出艺文志丛书，另一方面可以改编成《山东文献总目提要》，所以我没有放弃努力。但是要抓这个事情，还得用我这两个学生。《山东文献总目提要》的经费还在，这件事还得办。这是山东省古籍规划项目，跟《山东文献集成》的项目是连着的。《山东文献集成》这个项目现在没有钱，也没有这个力气接续了，暂时告一段落。已经影印的多数可以出单行本，甚至标点本，下一步有了经费再说。

九、主持《〈十三经注疏〉汇校》

王：2012 年，您主持《〈十三经注疏〉汇校》项目，为什么？

杜：我在这之前规划了一个《中国经学大系》，但是现在看来可以不做了。《大系》就是把《十三经注疏》好本子，再加上《十三经注疏》以前的那些亡佚的书——《古经解钩沉》系列的，《十三经注疏》后来接续的《四书五经》、《通志堂经解》、钱仪吉的《经苑》，这样一些成套的宋元时期的经解，下面还有《皇清经解》《皇清经解续编》，还有刘晓东先生的《三编》《四编》。这些配套，搞一套《中国经学大系》。当然选的范围还要更宽一点，像《四库全书》的经部，这也是需要考虑的。前面不是说《四库全书》的经部需要抽换嘛。《四库全书》的经部可以在《中国经学大系》中抽换底本。《四库全书》里入选的这些经学著作，当然和《十三经注疏》有重复，和《通志堂经解》也有重复，但是《四库全书》范围大。我们就需要搞配套的能反映中国经学史骨干成果的这么一套丛书——《中国经学大系》。当时是 2010 年，我在文史哲研究院，山东大学另外成立了一个儒学高等研究院，请许嘉璐先生当院长，陈炎副校长、颜炳罡教授担任副院长，约我当学术委员。我在之前规划了《中国经学大系》，这样就报到新成立的儒学院。儒学院和孔子基金会合作，给了五十万块钱。五十万块钱当中的五万，让我启动这个项目。我考虑到经费太少，没启动，那五万块钱也没花。到了 2012 年 1 月，文史哲研究院、儒学高等研究院、儒学研究中心、《文史哲》杂志社四个单位合组成新的儒学高等研究院，同时保留文史哲研究院的名称和公章。这样就大概有六十位在职人员，将近三百位硕士、博士研究生，规模比较大。我们资料室有十万册书，线装书也有两三万册，其中还有些善本书，那已经相当有规模了。

儒学高等研究院当初是山东省和山东大学共建。山东大学注入了一千万资金。王学典教授回来当执行副院长。本来他就是文史哲研究院第一任院长，中间又到了《文史哲》杂志社当主编，这又回来当院长，兼《文史哲》杂志社主编。他主张这一千万在山东大学全校征集儒学项目，任何人都能报。报了一百多项，最后选择了四十九项，办法就是学术委员会投票。征集项目的通知是王学典院长命我起草的，学校宣传部发布，效果非常好。这里边有重大项目、重点项目、一般项目。我考虑《经学大系》特别耗钱，成果形式简单，因为是影印，重要程度不够，先放放。《〈十三经注疏〉汇校》是以前整理张元济先生《百衲本二十四史校勘记》，感觉到阮元的《十三经注疏校勘记》有些版本他没见，需要搞升级版。前人研究的成果也需要归拢归拢。所以就规划了《〈十三经注疏〉汇校》，我感觉这样意义会大一些。报上去以后，经过几轮投票，我这个项目都是第一名，成为重大项目，给了八十万元，就开起来了，这是 2012 年的 3 月。

《〈十三经注疏〉汇校》的项目，中华书局的领导都很重视。

我找俞国林先生，他报告徐俊先生，还有冯宝志先生，都来了。院里也很重视。因为儒学的核心不是经学嘛，这一点李学勤先生也强调。那我想一方面我们要搞义理、哲学思想，另一方面也需要搞经学。经学也有经义、训诂、名物，还有经学文献的整理。因为我们的专业特长是在文献整理、版本目录校勘。我们要发挥我们的长项。同时也考虑到我们队伍薄弱，不能过多地考虑文字是非，只能先把异同问题解决了。所以按我的规划，我们是不加按语的。但是用什么版本，怎么个校法，前人成果有哪些重要的，这个都有把握。所以这个项目就顺利地上了。我们也征求了很多先生的意见，也有的先生坚决不同意，至少有两位先生当面明确地给我说这个项目没有什么意义。但是以我们的能力，要是搞更高级的劳动，这还达不到。另外我们国家的科研管理体制，没有办法组织更多的教师参加。教师水平高，但是这是集体项目，你要是搞十年出不来，即使出来了，参与者也不是第一主持人，那得分寥寥，令参与者受害。

所以我的组织，就像是《清人著述总目》队伍一样，组织的是学生队伍，主要是年轻人。研究生、博士生、博士后，是我的骨干力量。这样的好处是运转灵活。年轻人校书，眼睛好，脑子好，校得干净。我想这个项目呢也是分阶段，把异文都校干净，全干净也做不到，基本校干净。校得准确，有条理。版本呢，选择恰当。这个作为学术工作的一步，是有效劳动，不会说将来这个劳动需要重来，我觉得一时半会不需要重来。然后拿这个材料去考察经学典籍文本的变化，靠得住。至于说这些变化的规律，文字的是非，还需要对典籍特别有研究的人去下结论。即使特别有研究，有些结论也下不了。有些是非问题，大概是没有尽头。

所以先走这么一步，校异同。在这个过程当中，力图搞清楚版本的源流，演变的轨迹，同时也把前人的意见客观地梳理出来，谁先说的，谁后说的，有没有互相因袭。其中修正前人的，补充前人的，沿用前人的，种种情况，都弄得清清楚楚。所以我感觉到这份成果有意义，非常有意义。现在这个数字化，国际化，很多版本有渠道可以取得，比阮元那时候条件好了，当然我们的水平不如他。

王：《〈十三经注疏〉汇校》进展情况如何？

杜：进展情况还是比较理想的。《尚书注疏汇校》用了两年，十五个人，一天工作四小时，我和程老师都是一天一天的在这里，就不是四小时了。就算平均四小时的话，我们现在工作人员一天能工作四小时吗？干不了！就算你干了四小时的话，十五个人，两年，每天四小时，一个人干就是三十年。《尚书注疏》在《十三经注疏》中占百分之六，这个百分之六需要一个人干三十年才能干完。而且还得不论是非，论是非的话得翻书考证。所以小小的《尚书注疏汇校》三十年你也做不完。《尚书注疏》尚且是这样，其它的经书，像《左传》《毛诗》这样的大书，还有《礼记》，那就不是三十年的事了。所以《〈十三经注疏〉汇校》的劳动量巨大，必须集体合作。后来我就扩大了队伍，现在二十多人，二十多人的话可以缩短工期。但是你这个队伍不能过大，过大的话你管理不行，运转不灵。这就像机器一样，小机器可能运转灵活，大机器运转就不灵活，所以得有度。眼下这二十多人呢，我觉得首先不能再扩大了。那就按照我们摸索的路子，每个本子大家都校，一人分一部分，全部都三校。你一校。换人，再校。再换人，三校。二校重复一校的劳动，检查一校的成果。校勘记你得写好它。三校重复二校的劳动，检查一校二校的成果。这样就有一个互相监督，互相补充。哎，你做一校，别人在你后面。别人做一校，你在别人后面。这样在你检查别人的时候，发现怎么这么多漏的，你也要考虑自己是不是很完善。别人在你后边检查，你害怕不害怕？我要求大家不要太公开，但是可以互相看看，反馈一下，就是这样。这个运转现在看起来比较灵活，进展也顺利。学术活动不能求快，也不能形成很大的负担。大家整天精神上有负担，整天催进度，一天天检查，心情不好，这样不行。另外经常受批评也不行，校圣贤书嘛，整天搞得心情不好，我们再校这个书，就没意思啦。所以大家要相对愉快地来校这个书。《周易注疏》的篇幅占《十三经注疏》的百分之三，用了一年，速度和《尚书》差不多。《毛诗注疏》我估计得三年，甚至三年也完不成。

《〈十三经注疏〉汇校》是一个非常有章法的工作，看起来人多，实际上是非常有章法，所有的人，都没有办法独立行动。发活儿的时候，大家要商量一个进程，就是这一页多长时间能够完成，一天校几页。那么要求校五页，校的结果发现太多，那不要紧，四页、三页。适中的一个进度，这样发给你的时候就要跟你约定，你这些活儿三天，三天得交上来，不然下边的人没法做。这样每个人都是集体当中的一员，一块儿来前进。既然校的是同样的一个版本，并且一校二校三校重复，那就有了共同的感受了，这个十行本怎么样啊，大家就有发言权，有的时候我会问他们，刘叔刚的本子你们觉得怎么样啊？朱杰人先生点校《毛诗注疏》用的就是这个本子。大家对这个版本有了比较深的认识，不再停留在外表形式。看行款，看字体，看牌记，看避讳，这些都是表面的。深入地去校，结果那当然是有很多新的认识，包括对我们所谓的文字学，书法，正体字、俗体字、讹体字、异体字、异形字可以说都有了很实际的认识。这些认识不再停留在理论上，而是脑袋里装满了各式各样的写法。当然对于唐宋元明清时期汉字应用的规范化工作和异体异形字的不断滋生这样一个双向的，看似矛盾的现象，有相当清楚的认识。对出版活动、刻书活动也都有深刻的认识。同时也受到了一些训练，协作精神，互相包容，互相爱护，互相理解，不要松松垮垮。

学生来了以后要先临摹北监本，北监本是明代万历国子监版，规规矩矩，临摹了以后要挂在墙上，搞展览。你的不良书写习惯都要克服，我把他叫做“书同文”。我们写字都不一致，怎么去校别人呢？所以大家一定要步调一致。这种训练，如果将来从事学术活动，从事教育活动，从事编辑活动，从事图书馆管理活动，都有巨大的好处。协作精神，人与人之间合作，严谨精神，都是很好的训练。我对这些学生是很爱护的。这种爱护是不一般的，不是说仅仅是维护他们的面子，而是对他们的成长、生活，对他们的发展都是高度关心。有的同学不是我的研究生，是别的老师的，但是每天见面，也就分不清彼此，跟自己的研究生一样了。这种合作建立的友谊，也是非常宝贵的。女同学多，程远芬一块来校书，对同学们的联络团结关心也有很多的便利。她们有些话不能给我说，可以给她说。我要经常出去，没有人在这里，那有事就没人商量，没人拍板。她在这里当然我就放心了。大家在这个问题上要统一认识，就是这个活儿有价值没价值。要保证质量，这些要有认识。如果以为没有价值，那最好别在这儿花费劳动了。在干的过程中，有同学明确地告诉我，我现在认识到这个事的用处了。现在《尚书》校完了，《周易》校完了，《周易》稿子还在我手里，我还要捋一遍。《毛诗》已经校完毛氏汲古阁本、李元阳本、元刊明修十行本。十行本校了两个本子，一个李盛铎的，修版少一点；一个刘盼遂的，修版多一点。修版多集中在嘉靖时期，也有正德年号的修版。版心有什么"闽何校""乡林重校"，这是嘉靖时候的，比较晚，最晚的可能是这一批，但量大。估计在这之后版子实在没法用了，就出现了李元阳本。李元阳本和阮元本都是根据嘉靖的修版本。但李盛铎的那个呢，稍微早一点，也大量修版。不校，有些信息取得不了。再往上，就是刘叔刚的一经堂本了，眼下在校一经堂本。《毛诗》的八行本失传了，台北"故宫"有个残卷，是抄本，只有五册，是杨守敬从日本访归的。通过刘蔷教授联络，可以帮助校一校，最近正在联络。

还发现了个永乐本。根据我的研究，永乐本来自元十行。《毛诗》的元十行没有初印本。最早的李盛铎本也是正德的修版，远了去了。永乐本是根据元十行来的，根据基本没有修版的印本重刻的，还能保存元十行的某些面貌，而这个元十行，真正的元朝印本是没有了。那永乐本可以说是有很重要的价值。这个永乐本，以前黄丕烈认为是元刻本，陈鳣认为是元刊本，沈燮元先生通过苏芃给我发的信，我去南京的时候也跟我说了，要寻找这个元刊本。元刊本《中国古籍善本书目》没著录啊。我回了信，明确表示这不是元刊本，虽然我看不到这个东西，但是根据行款和内容结构，它包括释文，是半页八行，这绝不是两浙东路的那个系列的。以前我对《尚书》的永乐本和十行本校过，百分之百来自元十行，《君奭》篇的《经典释文》脱了二十四条，有些地方脱半条，完全都一样。现存永乐本当中有《尚书注疏》，有《毛诗注疏》，有《周易注疏》，其它的没信息。永乐本《毛诗注疏》在重庆图书馆，《中国古籍善本书目》不承认它是元刊本就没著录，古籍普查也不承认。这个本子刊刻应该在永乐二年前后。《毛诗》的永乐本，因为我在项目组吆喝了吆喝，说《毛诗》永乐本到底上哪去了呢，看不见啊。有一天沈畅说得到了一页图像，重庆图书馆的。我叫同学们都来看。图是彩色的。大家校过《周易》《尚书》的永乐本，一看就说，这是永乐本，没跑儿！但是重庆图书馆这个《毛诗注疏》有四十册，复制不起。我通过古籍保护中心王红蕾女士联络，重庆方面王馆长说给看，没说给不给复制。如果给复制的话，按照元本的标准，我们复制不起。陆心源有永乐本《尚书注疏》。《皕宋楼藏书志》中说，明覆宋八行本。陆心源对两浙东路茶盐司的本子生疏，他一看是八行，以为是翻的茶盐司刻本。但是不管怎么样，他认为是明刊。他定的这个“明”没有错。但是人们不注意这一点。因为明代的《十三经注疏》版本多种，李元阳本、十行本、汲古阁本、北监本，还有应槚本。傅增湘见过永乐本的《周易》和《尚书》。其中他见的《尚书》上面有永乐的标志。张钧衡也见过一部《尚书注疏》，天一阁旧藏定为宋版，张钧衡也认为是宋版，缪荃孙都认为这是宋版，张钧衡就把它给影刻了，还是陶子麟刻的，收到《择是居丛书》，缪荃孙还做了一卷《校勘记》，是所谓影宋刻。但实际是永乐本，原件后来归了中央图书馆。张钧衡的书都归了中央图书馆。中央图书馆改定成明初刻本了，这就基本正确，但他不知道是永乐本。永乐本只有一个地方，有永乐一行字，这行字很容易就被去掉。所以就没标志了。永乐年间的书和元代刻本，你要硬看也看不出来，还得有标志，风格太接近了。我在《中华文史论丛》发了一篇文章，就是永乐本《尚书注疏》跋，问题已经说清楚了。永乐本来自元十行，这一条是前人不知道的，我说清楚了。《毛诗注疏》虽然发现了，只看了一页。我没看见这一页图像的时候，给沈燮元先生的回信，明确了陈鳣看到的应该是永乐本。另外我在这之前，还给韦力兄有封信，明确它是永乐本，托韦力兄注意。韦力说他有一套李元阳本《十三经注疏》，里面夹杂着另外一个本子，不知道是什么本。我还怀疑是永乐本。我想什么时候去北京到他那儿去一趟。李元阳本几乎都有后来的修版。没有修版的有零本，山东图书馆有个《尔雅》，山西师大有个《公羊》，没修版，为什么？“巡按李元阳，提学佥事江以达校刊”这一行字都在。我也没上山东图书馆去看那个书，我只是告诉山东图书馆的人，别小看这个本子，这是海源阁旧藏。所以现在没修版的，只有零种，没有成套的。

王：李元阳本人的文章里讲他刻完也印完了。我写“李元阳本《十三经注疏》考略”那篇文章，给您了一部分。后来写完了还没改，摆了一年了。我查过他的诗文集。他有交代，他全刻完了，而且回家的时候带了一部去，所以弄不好有可能在云南那边会发现，当然也有可能丢了。

杜：国内的这个李元阳本呢，存的有六七种，六七个馆。如果有前期的印本，可以影印。影印之后大家就方便了。现在我们看到的本子都不理想。以前我还动过脑，能不能拿李元阳的作底本。后来一看不行。李元阳本受福建十行本的影响，缺笔少划的情况依然不少，北监的不多。

王：李元阳本和北监本《十三经注疏》，从《礼记注疏》来看，没有太大的区别。

杜：是啊，但是北监本规范呀。作底本还是北监本。《十三经注疏》这个汇校也会给我们带来一些新知识。以前的人对于北监本评价很低，顾炎武就说“秦火未亡，亡于监刻”。黄永年先生也认为监本不校勘。这个是一种惯性，沿用旧说。但是我们发现北监本是做了不少校勘工作的，我这个《尚书注疏汇校》，我做的札记有七八万字，条数很多。

王：《毛诗注疏》校完后，下一本校什么？

杜：《毛诗》下来我还没想好，是不是应该校《礼记》？《易》《书》《诗》《礼》《春秋》嘛，礼就是《礼记》，《春秋》是《左传》，先把《五经正义》弄完，因为都是孔颖达的。弄完之后，再考虑《周礼》《仪礼》。其它的那些我就想不到这么远了，《公羊》《穀梁》《论语》《孟子》《孝经》《尔雅》六种，我想将来我的学生们成长起来了，他们也有徒弟了，分给他们做。我也不挂名了，谁弄是谁主编，这些规模小，弄个两三年也就做完了。五经弄完，我觉得就退休了。退了休就没学生了，自己精力也不行了，分给大家做吧。我原来想着如果你能承担《礼记注疏》的话，那我就弄《左传》。《礼记注疏》需要二十个人干四年，如果只有五个人的话，得干十年，这个劳动量一点也减不下来。我看了看你那个环境，根本找不着这么多人手。钱还好办一点，就是人最难办。你比如说别的老师的学生要参加，江老师和方老师不招生了，那你哪有这么些研究生啊，你不能让你单位的研究生都来干你这个呀。那别的老师的项目怎么办？不好操作。另外也不好找地方。我现在这个地方，是搞《山东文献集成》的时候申请的。我曾经想着去我家里，把我家腾空，五宿舍楼上楼下。就是离宿舍、食堂远，学生吃饭不太方便，晚上学生们回去还有个安全问题。后来有了这个地方，那就这么托《山东文献集成》的福吧。

王：我的《礼记注疏》其实校了一些，将来提供给您可以用一用，但是让我这么做我没法做。像刚才说的元十行本，有个学生抽几卷。校了之后呢，发现某一卷里面有墨钉，大概缺一百多个字，基本上到李元阳本就补了九十几个字，到监本就又补几个字，到毛本就又补几个字，最后一直从监本到阮刻本，补全是到了阮刻本，它有一个过程。都在补，但是补得有多有少，都有差异。

杜：是。他是一个陆陆续续的过程，补的是不是有根据？我发现毛本个别地方啊是瞎补。但是没有发现其它的本子有瞎补的情况，补不上就补不上，不知道就不知道，也不为过。

我们现在经费朝不保夕。但是我从参加《四库全书存目丛书》项目开始，就发现万事俱备再干那太不现实。只能有了一个基本的条件之后，先上轨道。上了轨道以后呢，边干边克服困难，尤其是你要把活儿干好，你干的活儿好，你再去找钱的时候人家信得过你。不然我把钱给你，谁知道你能不能干出来。像现在一个学生干四小时，一个月给五百块钱，二十个人，一年十几万，压力大着呢。我最近给山东省设计了一个儒学数据库，原来是想承担这个项目，预算上亿元，准备要个小楼，学校社科处还是蛮积极的。后来才发现人家征集的是方案，并不是要给你项目，把你的方案版权买去。我们设计的方案评审是第一名，给了十万块钱，参与设计的有三方，分了三分之一的话我可以分三万。给同学们开劳务费吧。三万块，也只能开支两个多月。你别看每个月只有五百块钱，这绝非易事。眼下呢，既不能贪婪多要钱，也不能没有钱。因为要点钱，财务很严，规矩太多，没法用。年度经费花不完，收走了。不能多要，可也不能断炊。所以我这个思想上呢，维持不断就行。就算是从我家里拿钱，我也得维持下去。每月只是给五百块太少，我想如果有点经费的话，再适当增加点。我是不用钱，我用钱干什么？就是筹集资金，给同学们，能一天到晚一块干。《尚书注疏·尧典》校勘记是我亲自写的。《周易注疏》我也亲自领了活了，校一小部分。同学们都交稿了，我交不上，还得让别人再分担。后来我慢慢的就没有再校了，只是天天现场指导。《毛诗注疏》也是这样。

十、创办尼山学堂

王：为何要办尼山学堂？目前进展情况如何？

杜：80年代以来出现国学热，这个热度一直到今天还在上升。这不仅是在现在，1994年、1995年间，季羡林先生在北大历史系做小规模报告，我在现场。他就谈国学热是自然而然产生的，不是哪个人提倡的。这个话是对的。领导人也只是顺应潮流，他如果想让国学趴下，这是没有可能的。或者说你想让它趴下，它更厉害了，现在是这么个局势。中华民族的文化不是内化的，而是内生的。内化是原来在外，中华文化本来就在内，由内及外的这样一个血液里的东西。这个东西是中国人赖以生存，赖以判断是非，赖以生活的一个核心的价值观。就是你干什么对，干什么不对，干什么有意义，干什么没意义，甚至说为什么要活着，都是中国文化给你出的主意。这个东西你除非灭人种，否则就是灭了国也灭不了文化。所以要想着利用外来的文化，把我们自己的文化压趴下，任何主义都办不到。以前呢，辛亥革命用的是资本主义，后来搞新中国用的是社会主义、共产主义，这东西可以学，但是不能把中国文化给压趴下了，这是一个根。改革开放程度越高，洋文化来得越多，与洋文化打交道越多，国学就越盛，这是一种反弹。就像大海的水，逆流来了以后，就要反弹，反弹以后就形成浪，浪就是两股水流顶起来的。没有逆流的话也就无所谓浪了。所以国学热是自然而然的，季先生说得对。人家都办国学班，山东大学也得办。山东大学还有这么点地缘关系，因为山东是孔孟之乡。所以校领导徐显明校长就觉得人家外面有国学院，咱们成立儒学院；人家外边有国学班，咱们也得办国学班，他就让教务处，让分管教务处的副校长，抓这个事情，搞调研。我听说是五万块钱立的项目，由高教研究所到处去调研，把人家的资料请来，来搞规划。在这个过程当中，他就让本校的从事传统学问的人来座谈。我参加过几次座谈，只是作为参加者，没有要自己办这个的概念。后来文史哲研究院和儒学院合并，王学典院长非常积极，这样一拍即合，就交给我们了。

2013 年 2 月尼山学堂 2011 级（首届）新生见面会

我是儒学院的副院长，分管教学的，又几次参加座谈，其中一次座谈我还把30年代的《国学概论》一大包七种，当年的版本，在会议上展览了，让大家知道当年的国学学科包含什么，其实就是经、史、子、集、释、道。不是说你拿着《周易》就是国学，拿着《论语》就是国学，这都是国学，但都是一部分。你得知道国学的体系包含什么。那唐诗宋词是国学，《老子》《庄子》是国学，《史记》《汉书》是国学，《论语》《孟子》《周易》《尚书》是国学，佛学、道教不是国学吗？尤其道教是土生土长的，佛教是所谓中国佛教，那肯定是国学。所以后来就由我来分管。第一件事情是开什么课，这是最要命的。我搞的框架按照教务处收集来的各学校的开课框架，又拜访了台大中文系叶国良教授。台大中文系的框架按叶老师说来自解放前的北大，是魏建功带过去的。魏建功原来是北大中文系主任，后来任台大中文系主任。然后又从刘晓东老师那里获取了黄侃框架。这个记录在刘老师的小本子上面，也不知道发表没发表过。实际上台大、老北大和黄侃框架大面积的是一样的，但是真正起主要作用的，我感到是黄侃框架。当然这里头还参考了30年代的《国学概论》，再加上我的一些理解，搞了一个开课的框架。这个框架不能超过文史哲各院现有的课时量，你超越了以后，同学们压得喘不过气来，所以只能调整结构，有些课不开了，代之以国学课。但是马克思主义、英语你不能代替啊，还保留了一部分教育部规定的必修课，其它的都代替了，得到教务处的大力支持。弄好以后开教授会，教授会开了至少两轮，通过了这个框架，教务处也派人来。也有人提出来，《吕氏春秋》很重要，《文史通义》很重要。那你把现在框架当中的《论语》《孟子》替掉吗？替不掉，就先不加，国学的东西多了。本科生完了研究生，研究生完了博士生，然后走上岗位，一些重要的东西可以继续研究，这一生当中是循序渐进的，得有轻重缓急。尼山学堂本科要选择核心部分，并且是配套的。

确定了开课框架，然后就是请老师，山东大学有这么些老师吗？没有。中文、历史、哲学、《周易》中心、文史哲研究院老师们都找遍了，包括山师大、中国海洋大学、山东理工大学的老师。《周礼》请你讲，还有华东师大刘永翔教授讲辞章。这样前前后后，已经聘任的任课老师达到四十九人。最近还聘了一位是黄寿成老师，陕西师大的，他讲碑刻学。这都是系统授课的，不是说来演讲演讲。像这样的全国找老师，全国的国学班也没有这样干的。所以我们是先设置了框架、体系，再来找老师，而不是有什么老师就开什么课。这是其它班和我们的根本区别，所以课程体系极为完备。

再就是生源问题。我们是从高考环节招生，还是从在校生中重招？最后我们定的是从在校生中招生。我们了解过高考环节招生，招上来以后队伍不稳，学生来了以后，发现国学班所学的国学和他理解的国学不一样。有很多人理解的国学就是会写古文，会背《论语》，这是不行的。《四书》都背下来，《老》《庄》都背下来，也不足以成为优秀的国学班的学生。《五经》难啊，很多人都不涉猎《五经》啊，那《尚书》《毛诗》《左传》《周礼》《仪礼》《礼记》难着呐，一学这个就像吃饭似的，咬不动就没法干了。所以我们要在在校生中招，通过笔试、口试，各占五十分，考基本功。招生的时候要把课程体系公布出去，让他知道要学什么东西，再加上百分之五十的推免研究生比例，作为一种勉励。这样招生还比较顺利，报考还有一定的热情，来的人也没有后悔的，水平也比较高。我们甚至说有的人我们教不了他，一来起点就高。但话又说回来了，他要不来的话就更没办法了。教材都是订的好书，中华书局、上海古籍那些标准的繁体字整理本，免费给同学们。这个教材毕了业也不会卖，一辈子都能用。另外教室，最好的教室在知新楼，我们要了三间。有空调，照明好，还能放录像，可以说是窗明几净。一个年级一间。我们大一下学期招生考试，大二开学就把所有的学籍材料转入学堂，这样和原来的院系没有关系了。一开始教务处还做了表，得各院的领导签了字才能来考，这样有的学生来不了，院领导有的很支持，有的不太支持。后来我们又发了通告，愿意参加尼山学堂招生考试的学生，凭学生证，不报名也可以进入考场。如果考上了，先通知本人。如果考上了还不想来，或者没考上，那就算你没来考试，不公布，保护你的隐私权。事实证明考上的都来了。考上的学生我们上报到教务处公示，由教务处把他们的学籍调过来，这样就给学生自由选择权。学校对于这件事情是非常支持的，给了我们很多方便。尼山学堂是学校办的，依托于儒学高等研究院，儒学高等研究院只是办差事。现在第一届毕业了，在校的还有三个班。以后就总是三个班了，大二、大三、大四。第一届招了二十四名，是卡成绩卡到七十，我感觉在七十分以下的学生就别来了，卡了二十四人。等到三届满了以后，正好七十二人。他们说是不是有意的，孔子高足弟子不是七十二人吗？我说没有这个意思，完全无意。因为二、三、四届你招多少呢，也不要再动脑思考了，就依旧章吧，二十四，这么来的。当然在读生不是说正好，必然会有休学，甚至于有插班。插班生呢，现在看来是不能有，跟不上课。港、澳、台有愿意插班的，但是插班跟不上。你别看这个班水平看着不高，但是跟同辈人相比，他们水平可是高了。旁听的还有研究生，尼山学堂开放，欢迎任何人，包括老师旁听。我们不保守。学校的资源有限，尼山学堂二十四人，你能占满那个座位吗？总归是有点空余。我跟尼山学堂的学生说，如果你有了空位置也不欢迎别人来，你圣贤书怎么念的啊，连仁爱之心都没有，自私，这个是绝对不能允许的。但是如果说座位占满了没法上课了，也不行。所以我要求大家也占座位，固定座位，剩下空余的座位别人要想旁听一下，也表示欢迎。逐渐地规矩就建立起来了。咱们读书是为明理，个人修养都不行，这样不可以。我还组织他们修了尼山学堂礼仪，目前没有推广，还不很成熟。但是这个过程很有意义，完全按照现在的、当代的生活模式制定的尼山学堂礼仪。另外，我们搞制度建设，推免的标准是什么？百分之八十按学习成绩。论文报告会两次，大二一次、大三一次，人人都要参加，按国际会议标准，找六个教授评议打分，这个分数在推免中占百分之十。还有百分之十，其中的百分之五用于发表的各种成果，还有百分之五是德育。德育呢，我开了一门修身课，一个星期一小时，一年讲完。用蔡元培的《修身教科书》。现在已经讲了半年多了，效果不错。这个课不考试，只交作业，而作业当堂完成，也不用课下努力了，总而言之我就用你一小时，每次作业，我要按百分制打分，将来算平均分数。这个占百分之二。另外，我让他们做义工，打扫教室，一个学生大概一学期摊两次，一次一小时，由推举的学生来给你打分，这个分数在未来的推免中占百分之二，你不能小看这个东西。外国不都有义工嘛，咱们也搞义工，排值日的话效果不行。还有一分，归辅导员掌握，这是综合评价，占一分。因为这五分，弄来弄去都是满分，没有发挥它的作用，同学们再好他也不能一模一样啊，有较好的，一般好的，一点体现都没有怎么能行呢？

毕业的这一届学生，推免的百分之五十，应该是十二个，推了十三个。学校最后赏了一个名额。推免生的去向，两个北大、两个北师大、两个人大、一个华东师大、一个武汉大学、五个山东大学。剩下的考研或者工作。第一年考研究生的都没考上，分不高，原因是我们学的这个体系和人家不一样。中文学科要考语言学、比较文学、文艺理论、现当代文学，这些都没学过，考不过人家。这是我的一个困扰。也有工作的，有的去教书了，也有出国的，就分散了，去向也分散了。第二届也推荐完了，也有两个北大、三个复旦，还有南京大学、浙大、中山、山大，这么些去向，都是名牌。学生挑剔，好多学校他都不想去。选“985”高校还要求得比山大好点，像复旦大学。选专业，选导师，挑

2015 年 4 月 9 日山东大学儒学高等研究院院长许嘉璐先生
为尼山学堂授课并与尼山学堂第一届毕业生合影

剔。选的都是像复旦大学出土文献与古文字研究中心刘钊教授，古籍所陈广宏教授，历史地理周振鹤教授，南大张伯伟教授。所以这一批学生，将来肯定要出一批人才。《国学季刊》必须得办，将来他成才了，第一篇文章发在咱这里。咱们要把尼山学堂办成国学人才的摇篮。我们评教学改革是第一名。校领导多次来，管文科的副校长，管教务的，多次来，表示大力支持。

我们还是要探索，要摸着石头过河。山东大学尼山学堂，原来叫“国学实验班”。后来陈炎副校长，哲学院的刘杰院长，他们说与国际接轨的话，这大概算个古典学，于是就改为“中国古典学术人才培养实验班”，“实验班”这三个字很重要，我经常和同学们讲，我们就是实验班，不对的要改，同学们要提。这个推荐，怎么推荐？谁是优秀啊？方案大家必须得一再讨论，至少开了两次全体会议，征求意见，讨论。然后再上报学校。学校批准了，形成学校的备忘录，文件，有法律效益。那之后要再改的话得开会，首先大家要同意修改，然后再通过修改的方案。困难就大了。所以不能改，这是法律文献。其它的像关于义工，这是下文件。另外我发现有的同学学问、文章好，而成绩排名没有进入前百分之五十，所以我想着在搞大排名的同时，搞一个学术排名。百分之五十的法定推荐名额，用大排名解决。另外再去申请名额，申请来的名额呢，按照学术排名。这样可以弥补一下这些缺陷。

王：《周礼》为什么作为必修课呢？

杜：本来只有《礼记》四节。这还是循着唐朝人的意见，《礼记》的社会性、哲理性丰富，不是很专。《周礼》和《仪礼》

太专，另外课时量也不允许。后来我跟大家商量砍了一门课，就是《学术源流》。《学术源流》开一年，每学期四节，就相当于二个学期八节。后来发现这门课和其它的文学简史、哲学简史、中国经学史有重复，就把这课去了，就匀出来点必修课的课时，《周礼》就是这么提上去的。学生们的意见零零星星地会有些反映，但是总体上同学们对这个课没有什么大的不同意见。

尼山学堂的课必须百花齐放，例如《周易》《四书》都有义理、考据训诂两路，我都选了讲义理的。讲《周易》的是刘大钧老师的学生，哲学专业的黎心平老师。讲《四书》的是颜炳罡教授，教材就是朱子的《四书章句集注》，这就有很明确的导向了。而《五经》除了《周易》以外，还是以讲朴学的为主，得有所区别。比如讲《周礼》的老师如果是讲思想史的，也不是不能讲，但是不太吻合，《仪礼》《礼记》也是这样，所以还得实事求是。另外也开中国哲学简史。王学典教授说了“非文非史非哲”，但也是“亦文亦史亦哲”，不按照文史哲的框架来，而是按照更早的中国传统国学的那个框架来。

对于尼山学堂，我花心思很大，从定课程、请老师、买教材、跑教室、定制度、跑经费、出刊物、出通讯、聘请教务员辅导员，基本是事必躬亲。另外招生、命题、改卷、面试，学生来了以后，入学先照一张合影像，放大了，我要经常端详端详，记住他们的名字，然后一两个一两个的来面谈。你是哪里来的？原来在哪个学院？爸爸妈妈干什么？将来想要有什么样的发展？对尼山学堂有什么不满意吗？这样挨个谈。然后论文指导，题目报到我这里，我再根据题目聘请老师指导，有的在教师四十九人之内，有的早已出了四十九人之外了，所以还有和任课老师队伍四十九人不完全重复的一个教师指导队伍——尼山学堂论文指导队伍，全是专家。

学生们上课，首先说对老师也是有点儿挑剔，期望找到好老师。好学生、好老师决定了是个好学堂，没有好老师就完了。招不到好学生这也不行啊。所以这个关键是好学生加好老师，其它的服务只是辅助性的，包括我的所有工作都是辅助性的。不要认为像过去靠一个山长就能解决问题，这不行，一定要请到好老师，这是第一点。第二点就是，你请来的老师他怎么讲，一定要给予充分尊重。张富祥老师讲《史记》，可能半个学期还没讲完《太史公自序》，大家着急啊。那你得私下里问问，张老师您准备讲几篇？十篇。那您还有几周啊？哦呦，不够了。但是讲课的方式和指导思想一定尊重他个人的意愿。学堂的运行要形成机制。我非常重视机制和制度建设，包括我的项目，都是在某种机制下运转的。形成一定机制以后就上轨道了。一定要上轨道。走上轨道你想停也停不下，这个很重要。另外儒学高等研究院成了尼山学堂的靠山。如果没有儒学院这个靠山，这个学堂没法生存，学校想当年曾经想独立地办尼山学堂，也曾经想文史哲各学院联合办，也曾经想挂靠文、史、哲某院，但是最终的方案是依托于儒学高等研究院。这个方案现在看来是最佳方案。

原来我们有文史哲研究院，后来又有儒学院，最后现在整个几家合并成立儒学高等研究院。学校这些举动，第一点跟国家的大气候有关，第二点跟山东省的小气候有关。山东省是孔孟之乡，儒学、经学、国学的气氛浓厚。当然还有第三点，人的因素。具体的说，校领导的因素，像前面的徐显明校长，他的家乡是山东邹平，他对传统文化重视程度较高。但是，国学班不能办在沙漠上，你得办在国学的土壤上，并且这个土壤要肥沃，不然办不好，所以说是依靠这几方面的力量。当然这件事委托给儒学高等研究院，尤其是委托给我，也是一个有利因素。我愿意多投入，我有探索精神，并且我有一套比较成熟的想法。我在十几年前就买了整套的《国学概论》，买了干什么？不知道，就是想着某一天开课用。当然我们现在也没有开《国学概论》，实际上是把它分散肢解了。就说对这个东西呢，是早有思考，这样办起来就不至于乱来，不至于眼睛盯着别人。中山大学有博雅学院，人家是人家的方向，南昌大学也有人家的方向，武汉大学也有人家的方向，人民大学也有人家的方向，我们跟着哪家跑呢？我们得办自己的体系。而这个体系呢，得回归到我们的根儿。没老师怎么办啊？虽然外面的老师很多，但主体是我们的。所以得有这么几十个老师，讲的基本合格的课，上哪儿找这些资源去啊？还得在山东，这是个地利。我们天时、地利、人和都具备。我们这也是时代的产物，地域的产物。我们搞儒学院，比中央的提议要早，习主席讲话那时候，我们早就成立了。有人说我们山东省反应慢，实际上不是，就是吆喝得慢。儒学院成立，尼山学堂招生，都尽量不做宣传。我反对做宣传，赶紧把事踏踏实实做起来，把事情做好了，边做边宣传，就是最好的宣传。所以这个学风啊，还得是扎实的学风。我觉得培养青年是当今第一重要任务。我的科研项目以后的人还可以做，国学人才如果不培养就断档了。我们要多做一些国学普及工作，同时我们还要培养专门人才、高端人才，不然你以后写的书也没人看了。人是根本的财富。

十一、古籍整理与文献学

王：作为全国古籍整理出版规划领导小组成员，您如何评价改革开放以来的古籍整理工作？

杜：我觉得历史性的成就，很大！中国历史上的古籍整理工作没断，像孔子整理《六经》，刘向、刘歆校书，像清朝的《四库全书》，也是古籍整理。新中国成立后，搞《二十四史》《资治通鉴》《清史稿》的点校整理，郑振铎那个时候搞的规划。再后来的齐燕铭、李一氓、匡亚明，不断搞规划。这些规划不光是规划，还有扶持政策，所以就出了一大批高质量的成果。国家在各省还成立了古籍出版社，除了国家的中华书局、人民文学出版社，还有上海古籍出版社，还有各地的，像齐鲁书社、岳麓书社、黄山书社、巴蜀书社、三秦出版社、三晋出版社、上海书店、中国书店，都在出版古籍，这样确实出了很多的精品，出了很多的代表我们这个时代最高水平的整理本，点校、影印，都了不起，可以说是超越了历代古籍整理的成果。这个工作不光是由古籍单位推动，各高校也在推动。有这些部门和没这些部门可差远了，国务院古籍整理规划领导小组“文革”前就有，“文革”

后恢复，恢复以后是李一氓负责，做了很多重要工作，都很关键，出了《古籍整理出版情况简报》，开规划会议。接着“全国高校古委会”成立，属于教育部，这对高校的古籍整理工作是巨大的推动，特别是在那个艰难的岁月。古委会上的“七全一海”虽然没有全部成功，但是《全宋诗》《全宋文》，后来的《两汉全书》《全元文》，这些都弄成了。其它的像《全宋词》的修订，编《全明散曲》《全清散曲》这些，都是大规模的。后来，《清史》项目弄的《清代诗文集汇编》，以及《四库全书存目丛书》《续修四库全书》《中华大藏经》《敦煌吐鲁番文献集成》，包括《全清词》，都跟这些机构有直截了当的关系。有些项目是古籍小组立的项。现在《中国古籍总目》很艰难的出来了，那也比没有强，这都是古籍小组推动的。古籍小组一方面立了一些项目，更重要的是资助了大量的古籍的出版工作。古委会主要是资助项目的研究过程。到出版的环节上，古籍小组可以资助。现在国家出版基金可以资助，这就有了一个配套的环节。再加上“国家古籍保护中心”对古籍进行普查，一些书的善本得到保护，一些书的版本得到确认，还有一些书得到影印出版，像《中华再造善本》都出来了。这样国家古籍保护整理部门实际上有三个，“全国古籍整理出版规划领导小组”“教育部全国高校古委会”“国家古籍保护中心”，至少有这么三个单位分头管着，保护、整理、研究、弘扬就配起一套来了。我参与古籍小组的工作，主要是评审项目、搞规划。我感觉到这个工作卓有成效，对这个行业起到指导、鼓励、支持、扶持的作用，这是方向标，非常重要。古委会的工作也非常重要。希望这些工作得到进一步加强，资金多注入一些，这非常有意义。

王：您在古籍版本目录学、文献学方面造诣深厚，您如何评价当今的文献学研究？

杜：文献学也就是关于书本的学问。国外也有这门学问，只要有书，有文献，就有文献学。如果一般人念《论语》，他并不在乎在哪本书上，在什么样的纸上，或者在什么样的电脑上，但是我们要搞文献的话就要考虑《论语》是哪家注解的，是什么时候的版本，我们就得注重这个了。所以说，文献学研究的对象啊，跟相邻学科差不太多，研究的方法和目标不一样，解决的问题不一样。文献学解决的问题，其它学科大多解决不了，所以它的独立性还是明确的。目录、版本、校勘和藏书史应该算是文献学的核心，目录学、版本学、校勘学可以算是文献学的分支。先开文献学概论，再细细地开目录学、版本学、校勘学的课，这样学问就能够深入下去。目录、版本、校勘这三者不能分，但是你得承认有偏向：有的偏向于目录学，《四库全书总目》就是目录学；有的偏向于版本学，《天禄琳琅书目》这就算是版本学，还有《中国版刻图录》。至于校勘学就更专了，像阮元、卢文弨、顾千里，包括我们现在搞汇校，还有张元济《百衲本二十四史校勘记》，这都算校勘学。可是搞校勘学，不懂版本没法校，所以它们之间不能分，但是可以有偏向，所以又成了三个分支学科。我感觉在大学阶段开一个文献学概论就可以了，到了研究生阶段，再开目录学、版本学等等，这是对文献专业的学生。对非文献专业的学生，光开文献学概论就行，这是区别。古代文学、古代汉语、古代史、考古学、近现代史、古代哲学，甚至于民俗学、科技史，都需要文献知识。这样学了文献学概论能够知道一个大概，然后他们这些学科还可以开更专门的课，像文学文献、语言文献，甚至于不叫文献叫史料学。黄永年先生开的唐史史料学，其实也是文献。也就是说除了目录学、版本学、校勘学以外，还可以再开专科文献学。有了这些基础就可以学会用文献了，不会用文献怎么治学啊？不过文献学的意义不止在这里。我们现在一般只会写章节体的史书、专著，会写论文，其它的著作模式不会。搞个史表，像钱实甫先生《清代职官年表》,《历史纪年表》，搞个志，像王仲荦《北周地理志》《北周六典》，像咱们搞《艺文志》，还有搞什么年谱、编年，同学们不会。同时有的项目要求你得写志。比方修县志，写人物传记。这种传记文章写成评传，这样不行，得写成记叙文，这个都不会写。老师不在了给老师写个传，也不会写，不知道什么叫记叙文。看太史公写的列传，很精彩，像《李将军列传》《屈原贾生列传》，光会看不会写。文献学对典籍的结构、写作的宗旨、写作的体式、写作的要领，以及各方面体式的标准，什么是高标准的，什么叫低标准的，都有评论。文献学对同学们的著作的方式会有重大的引领作用。谢国桢先生搞晚明史，不是写一本《晚明史》，而是写了一个《晚明史籍考》。像胡文楷编的《历代妇女著作考》，这就增加了一种著作的方式。也可以搞图录，也可以搞年表。校勘记也不是论文，也不是章节体的书，校勘记就是校勘记，写提要就是提要，写序、写跋就是序跋。写跋和写序是不一样的，以前像王士禛的文集，序单占几卷，跋单占几卷，不混。那么跋和序有什么区别？好多人都不知道，给人家写个序也不伦不类，不知道序里该包含什么内容。我觉得学了文献学，可以增加著作的模式，比如说人家编了一个书叫《碑传集》，还有《续碑传集》《碑传集补》《碑传集三编》《广碑传集》，不就是抄吗，不用你说话呀，这个抄一抄就可以不朽。现在的人不会抄，不会做综括之功，为什么？第一，不会选题；第二，选了题也找不着材料。学好文献学你就会找材料了。

王：文献学在当今学科分类体系中处在十分尴尬的位置，您觉得应该如何调整较好？

杜：我认为现在文献学科的分散还得继续下去，不能合并。90年代的时候南京大学的一位名教授建议合并，合并的结果是保留历史文献，古典文献就不要了，那我们山东大学的古籍所就要撤销。山大历史系的历史文献并不发达。好多高校的古典文献学发达，历史文献学不发达，严重影响了我们人才的培养，这里牵扯到生源的问题。历史、哲学的生源不如中文好，所以文献学应该挂靠在中文学科，这样能取得好的生源，能找到好的老师，队伍能做的大一点。再说，古代文学和语言的典籍居多，搞文学的人都注重典籍，但搞哲学的就不好说，所以文史两系的文献学应该是可以合一的，而这个合一，文献学应该放在中文而不是历史。所以90年代要合并二者，保留历史文献，这是错误的决定。后来找到朱开轩，这才没动。当时引起重大恐慌。为什么不能分呢？为什么不需要合呢？哲学文献、历史文献、中文系的古典文献除了普通文献学之外兼有专科文献，比如黄永年先生就偏重历史文献，张舜徽先生在历史学科发展，他可以借助历史学的平台。哲学文献也是这样，冯友兰先生也讲哲学史史料学。这个东西不能只让文史两系来讲，所以要继续分散。学问有自身的规律，要避免在行政上去强迫。至于说这样带来的麻烦，像报项目，这个根源在组织者。比方说，古典文学有专家组，古典文献为什么不能设计一个专家组呢？中国古代史有专家组，世界史有专家组，为什么历史文献不能有专家组呢？小一点也没关系啊。为什么都要让它归到图书馆学文献学呢？这个问题在规划者，是容易解决的。应该让规划向学术实际靠拢，而不是让学科向它们靠拢。换句话说，还是马克思主义的内容决定形式，管理模式是形式，是为内容服务的。所以说我们现在报项目吃大亏了，我的《四库存目标注》和漆永祥的《汉学师承记笺释》都没评上教育部奖，因为给弄到图书馆学系去了。图书馆学系搞咱们这一行的人很少，他不了解我们的成果。我们又没见过面，无怨也无仇，但是投你的票终归是认为好才行啊，他不知道好不好，那怎么投啊，所以我们都没评上奖。不是我们归口归错了，是管理者归口归错了。因此要调整学科规划，平衡培养体系，平衡评项目的体系，问题自然就解决了，而调整这个体系可以说是不费吹灰之力。只要我们的领导肯走群众路线，所有的事情都迎刃而解。就怕这官僚主义高高在上。

十二、槐影楼藏书

王：记得您的槐影楼收藏了不少古籍善本，为何要收藏古籍？目前所藏古籍情况怎样？有多少种？善本多少？学术价值如何？有无编目？

杜：藏书啊，我没钱啊，但因为搞这行，免不了买书。以前还喜欢现代文学，我买过郭沫若的诗集，叫《前茅》，那是创造社丛书，大概在一九二几年那个版本，平装的，64 开，两三毛钱。也见过鲁迅的《彷徨》，乌合丛书，没买，五块钱，很后悔。也买过殷孟伦先生翻译的《赋史大要》，一九四几年在重庆出的，马粪纸的，那也就是二三十块钱，后来商务印书馆出，就比较流行了。但那个本比较早。殷孟伦先生到日本去留学，在东京帝国大学，翻译了铃木虎雄的《赋史大要》，上下册，当时好像我买的时候是一册。他给我们做过报告，说他上日本去，什么日语都不会，下船的时候，船上的船员说，为了不至于让你饿死，我教给你一个词，吃饭，下船就学会了个吃饭。但是他已经有事先铺垫的关系，那就不算什么了。留学回来以后日语就都忘了。他也没有在这方面牵扯太多的精力。殷先生是聪明人，能在短期之内

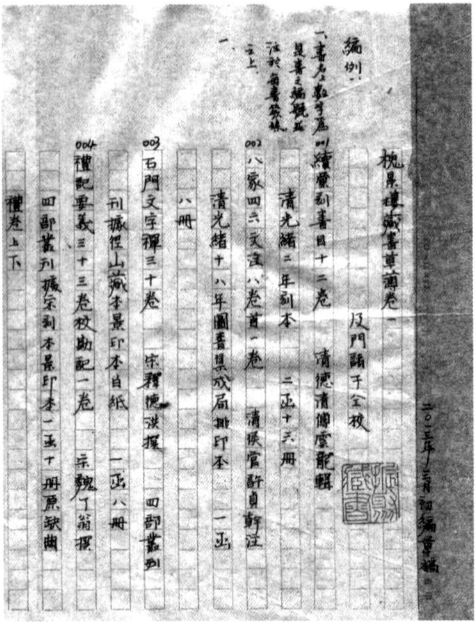

槐影楼藏书草簿

达到高峰，然后说“也没什么”，就不干了。

后来买线装书，那到了刚工作的时候，济南古籍书店也有展销，买过《孔子家语》，看来是个明版。也买过一些小东西，于慎行的《读史漫录》，那是明版。大概手头收的古籍总共有多少种我也不清楚，李振聚给我编了个目，上面有序号，序号显示有六百多种。但是那不包括办公室的这些，所以顶多七百种。都是明清的，没有宋元版，明前期的都没有，像什么有名气的嘉靖本那都没有，有几个万历的。南京国子监的《五代史》也是清初的修版，万历本，是卢弼收藏的。永乐南藏的零本有三件，白棉纸的，显得很新。还有一些佛经的零本，嘉靖的，但这些东西不值钱。周绍良先生跟我说，这些佛经的折子，大藏经掉出来的，有千字文编号，比较重要。封面没有千字文编号，就是零刻的，信徒们施舍的，那个他说不值钱。大藏经掉出来的本我大概也就有永乐南藏零本，三件。明版书我觉得很少有值得称道的，有一个明版清代增刻的《阿育王山志》。我因为从里面发现了一点材料，纠正了孙望先生《全唐诗补逸》的个别错误，《文献学概要》的辑佚部分有反映，这个实际上是万历版清初增刻的一部书。还有一个小说，比较稀罕，叫《弁而钗》。弁，就是帽子，男人。钗，就是女的。《弁而钗》是讲男同性恋的，这是个明末小说，它的内容结构有点像《西湖二集》，就都是这类故事，一个一个都是独立的，整个的还是章回。这个《弁而钗》，我知道的，日本天理大学有这个书，国内没有，一共四个部分，我缺一个部分。可能就是孤本的残本。这书是我在济南古籍书店买的，当时花了八九百，还比较贵。但这个东西不是专业书，我也不怎么重视。后来天津图书馆的万群女士，认为这本书比较重要，愿意给我修修，配的精美的函套，灵芝形状的，金镶玉的装裱，作为古籍保护的修复的标杆来做的。这部书应该说有点文物价值。后来日本的本子呢，我国有了标点本，收入《明清稀见小说丛刊》，萧相恺他们南京江苏社科院搞的。

清代的乱七八糟的东西也不少，有一部《天禄琳琅书目》正续编，是甘鹏云批校的。甘鹏云有著作叫《潜江书征》，还有《崇雅堂丛书》，甘鹏云是湖北潜江人，是个藏书家、文献学家，他在里面有若干批注。这部书很完整，一页不差，白纸的。它是王先谦刻的，这书我感觉到是咱的专业书，品质又很好，比较喜欢。

有个《郡斋读书志》，是康熙五十九年海宁陈氏刻本。光绪末年在清宫里发现了袁州本，宋版，商务印书馆影印到《续古逸丛书》。在这之前，学术界看的都是海宁陈氏刻本，清以前的刻本都没有。海宁陈氏这个本子是我从北京海淀买的，花钱不多，王韬旧藏的，有批注，眉批就是王韬的批，但那个眉批被装订的人稍微切掉了半个字。这个海宁陈氏本的《郡斋读书志》，还算个善本书吧。

李振聚给我编了个目录。李振聚考博，第一年没考上，外语不及格。然后我让他在我那个房子里住，复习，再考，他考的比前一年的外语分还少。他就是看书，编书目，你想他能考上吗？后来我就介绍他上齐鲁书社当编辑去了。我说人家越考越多，你越考越少，没戏了。再后来长江学者有了特招政策，又把他招回来了。我的书自己配了很多函套，山东省图书馆和山东大学图书馆做函套的时候，我就跟着他们给我捎带着做一些，为了保护

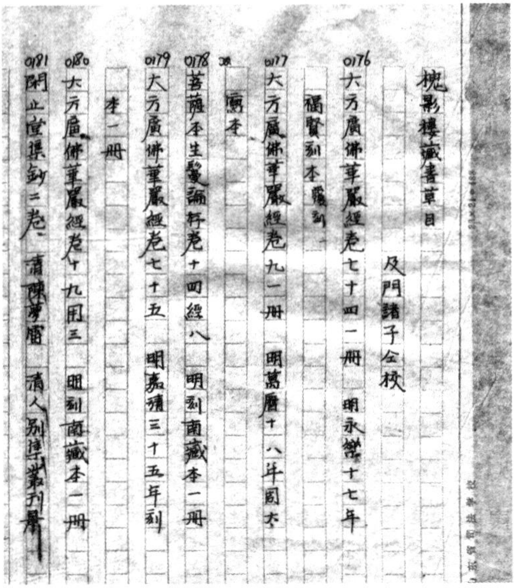
槐影樓藏書草目
及門諸子仝校
0176 大方廣佛華嚴經卷七十四 一册 明永樂十七年
0177 大方廣佛華嚴經卷九 一册 明萬曆十八年
0178 菩薩本生鬘論 存卷十四 經八 明刻南藏本一册
0179 大方廣佛華嚴經卷七十五 明嘉靖三十五年刻
0180 大方廣佛華嚴經卷十九 明刻南藏本一册
0181 閑止堂集鈔二卷 清陳夢雷 清人別集叢刊

槐影楼藏书草目

它们。虽然书的品质并不高，但也是需要保护的。买书啊，无底洞，我是有戒律的。

这几年买书少了，买了阮元刻的《仪礼注疏校勘记》，文选楼本。买了李元阳本的《谷梁传》，后印。那是程老师积极主张买。还买了几册嘉靖的《周礼注疏》，闻人诠校，常州府知府应槚刻，买了五六册，一册合着一万。那可不便宜，但是嘉靖本。

王：闻人诠和应槚这两个人很了不起，我去年写“李元阳本《十三经注疏》考略”的时候，关注了他们。他俩还刻过《仪礼注疏》，和陈凤梧在济南刻的那个几乎一模一样。但是稍微有点差异，我推测陈凤梧略早一点，应槚他们那个略晚一点，但应槚他们刻的比这个要好看一点，质量高一点。而且应槚按现在的话讲，还是一个著名的法学家，著有《大明律释义》30卷、《谳狱稿》5卷等书，在当时影响是很大的，官至兵部左侍郎，精刑律，善决狱。闻人诠是一个清官，在江苏宝应做过知县，走的时候全县人民拦着不让走，做过很多清淤的工作，给老百姓办过很多实事，官至直隶南畿（今南京）学正，刻过《旧唐书》。还有李元阳，李元阳四十三岁就不干活了，退休回到大理老家，又活了四十多年，八十四岁去世，编纂《大理府志》《云南通志》等方志，学问也好，人品也端正。

杜：还有一部书，上海一个藏书家，叫李筠嘉，慈云楼。李筠嘉慈云楼藏书量很大，他请了周中孚给他编书志，叫《慈云楼藏书志》，每本书都有提要。《慈云楼藏书志》应该是没有最终完成，集部缺少一些，经史子都干得差不多了。稿本留在慈云楼，周中孚可能带了副本，改造成了《郑堂读书记》。《郑堂读书记》也没刻出来，因为部头太大了，周中孚没钱。他有钱也用不着给别人干。后来可能是张钧衡帮他把《郑堂读书记》刻出来了。《郑堂读书记》是从孝经类开始的，前面差得很多。后来商务印书馆出《郑堂读书记》的时候，就加了三十卷的《补逸》。这三十卷《补逸》是怎么来的呢，刘承幹得到了抄稿本，李之鼎过录的稿本。李之鼎过录的稿本四十多册，每册都很厚，每卷末了都有李之鼎校的时间，他的儿子、学生，都分头抄。这个稿本后来就归了叶景葵，给上海图书馆了。刘承幹得了抄稿本，商务印书馆那《补逸》三十卷就是从这个抄稿本来的，现在条还在里面夹着呢。刘承幹的书后来散出去了，其中有一个重要的人物是张叔平，是个经手人，有一些书就卖给浙江大学，还有的像翁方纲《四库提要稿》卖给了澳门一个爵士。这个《慈云楼藏书志》的抄稿本，李之鼎的抄稿本，卖给了中央日报社，直接还是间接的不知道，带到台湾去了。前些年"中央日报社"垮了，委托学生书局处理图书资料，处理的时候陈仕华先生在学生书局做《书目季刊》的主编，他发现这是本善本书，没出版过。他跟我说，这本书还不好处理，比较重要。我说那你应该给"中央图书馆"归公。也不知道什么原因，"中央图书馆"也没有收。我说能不能给我，他说你能出多少价啊，因为这不是个人的事，得经公。我说我出五万，人民币。他说这个价钱不低，应该没问题。我说那就约定了，这话是在中国科学院图书馆门口说的，西门那个地方，台阶很多，就在台阶上说闲话。约定之后，陈仕华就很守信义，一直留着，可就没办法交钱，把书拿来。过了好几年，丁原基教授来山大开会，才和他的学生把书用纸箱子提来了，很沉。我就把五万块人民币给了丁老师带走。这算从台湾又回流了一部嘉业堂旧藏的抄本。沈津先生看了，他说这书有价值。韦力也说，你要哪天不想收了，将来可以让给我。但是比当年嘉业堂的著录，周子美的目录上，这个书看来又少了一两册。不全的部分实际可以根据商务印书馆《郑堂读书记补逸》抄配，因为《补逸》就来自它。比如像李振聚字写得很好，可以抄配，可以影印出来。这部书在我家里，我感觉到也不是太保险。这也算是这些年里收的价格比较高的一部了，这个时间是在 2000 年前后。

我收书，首先说没钱，另外也抠得很紧，就是说不损家，不能变卖东西；不举债，不能借钱买书；不经营，不能买了卖。我有三条戒律。后来李振聚喜欢淘书，买些很便宜的小书，我就给他重申了这三不。你没钱不要买书，将来有了钱再说，买书要这三条。他是学生，没钱，找师兄弟们借钱，当然我有的时候能听说，说振聚借了一千块钱，买什么书去了。我并不主张这样，我告诫过他，这东西是无底洞，你要染上这个，将来养家糊口怎么办。

十三、主编《国学茶座》与《国学季刊》

王：为何要创办《国学茶座》？目前进展如何？

杜：这个茶座系列是山东人民出版社搞的，他们要我搞个《藏书家茶座》。齐鲁书社搞了个《藏书家》，也挺好的。他们停刊了，我打听了一下，齐鲁书社说近期内不会复刊。我们就请了很多编委，也约了稿子。结果齐鲁书社那边《藏书家》又复刊了，主要是借助三希堂的资助。于是我就通知大家把稿子转给齐鲁了，支持齐鲁书社。那山东人民出版社还想办啊，于是我给他们出了主意，搞《国学茶座》，这样就办起来了。后来出了一期，经济上稍微有点问题，发行量不够大。于是山东大学又注入了资金。这样就办下去了，维持了一年。之后资金又断了，山东人民出版社觉得还是要出，又维持了下来了。现在超过了九期了。现在经费基本正常。第一期经费是山东人民出版社出，后一年的四期是山东大学出的。六期开始又是山东人民出版社了。那将来在经济上会不会出点麻烦啊？不可预料。但是我想不至于停刊，还可以继续办下去。《国学茶座》需要有高级作者写可读性的文章。出了这几期反响不错。一半约稿，一半投稿吧。我们不投钱了，我也不拿主编费。作者的稿费山东人民社出，编辑费我们拿。从学术角度来说，《国学茶座》首先打国学牌，对国学的振兴有推动作用，也为大家提供园地，给读者提供了个读物，同时也开展了国学学科的讨论，还是很受关注的。因为国学学科建设目前还是个话题。“国学”是不是学科？是不是学科群？是学科群的话那它应该包括什么？和以前的学科有什么不同？和中文、历史、哲学是什么区别？是什么关系？国学人才该怎么培养？这个目前大家不统一。这种情况下我们开展讨论，发表有关的文章。另外发表一些关于国学知识、国学新见解这些方面的文章。能够让人们看到什么是国学。你光讲理论，也不行啊！从我们目前发表的文章看，就是这些文章，属于国学范围的，它不也就是从客观上告诉你什么是国学了嘛。这样对国学知识的传播，国学精神的继承和发扬，国学概念的澄清，它是起作用的。茶座这个模式，它是山东人民社的茶座系列。《历史家茶座》还不错，王学典教授主持的。但是这个茶座系列呢，确实是在学术和普及之间。它的

《国学茶座》

定位是这样的，还希望吸引更多的读者。但是现在买刊物看，这种情况不是很多，尤其是网络上方便了。我们也开了个微信平台，那是山东人民社申请的，把《国学茶座》分段上传。

王：不是信息量不够大。我的感觉，《国学茶座》微信版稍微有两个缺陷：第一就是更新得慢了一点，第二呢，个别的稿子排版排得不好。排得不好的情况呢，会影响读者的阅读。微信平台的排版是个比较复杂的事情，它和电脑的排版不大一样。电脑上排好以后，发到手机上以后，有些手机上会显示排的格式有变动。《国学茶座》的微信平台插了很多的图，也做了很多的工作。更新再稍微快一点，可能会好一些，关注人多一些。

杜：慢慢来吧！

王：为何要恢复《国学季刊》？

杜：《国学季刊》是我要办的。因为尼山学堂学生有好多好文章，发表不了。那我们自己办刊物吧，这就是动机。既然是这个动机，那就第一纯学术，第二不迎合读者，只是为了发表，你看不看，不关心。我们只是要真知灼见，它是一种发表平台。好多文章发表多少年也只有几个人看过，无关的人不看。像《文史》《中华文史论丛》都是好刊物，花钱买一本的业内人士也不多。《文史哲》杂志很有名，花钱买本杂志看，不太多呀！要搞纯学术刊物，不走市场，那只有补贴这一条路。所以《国学季刊》的经费是补贴。第一期是从山东大学社科处的专项经费出的。后来我有个项目，教学改革项目，得了经费。用这个经费给尼山学堂的学生发文章，这个使用合乎规定，因为是为了培养人

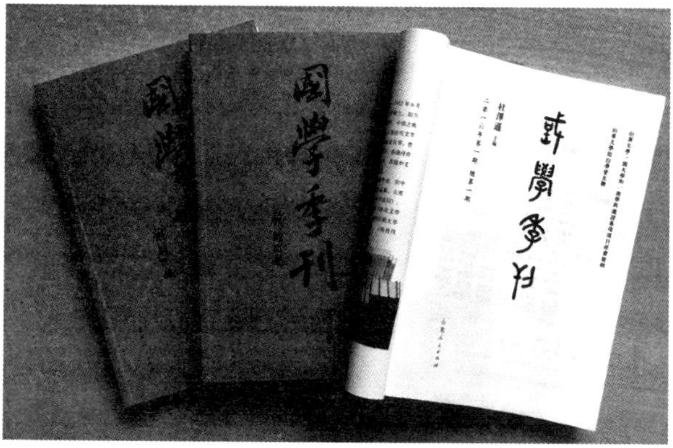

《国学季刊》

才。《国学茶座》很少能登尼山学堂的文章，他写不了这种高级文章。所以《国学季刊》可以为尼山学堂解决一部分优秀论文发表，同时也吸收一部分外稿。现在刊物都不发大学生、研究生的文章了，那么青年人怎么成长呢？所以要解决这个问题意义重大。再一个，一定要在可能的情况下把它办好。这不第一期刚出来，刚寄出去，收到杂志的人觉得不错。还不知道具体的反应。这一年四期，光这个就得二十万。需要开稿费、编辑费。出版的书给我们一百本，我们发给作者。实际上是我自己筹集经费。那《国学茶座》和《国学季刊》对我来说是一个比较重的负担，但我觉得有意义。《茶座》和《季刊》可以互补。《茶座》要照顾它的可读性。《国学季刊》，从作者群来说，其中有一半学生，大学生；从文章的形式上来看是纯学术，不搞普及，要研究问题。《茶座》得约稿。《季刊》也约，但是约的是重点的。每期尼山学堂的学生就可以供稿，外面也会投稿。学生的文章只要有真知灼见，都可以发。《季刊》上的文章，一部分来源是每年一度的尼山学堂论文报告会。这论文报告会，就是大二、大三的学生参加，一共有四十八篇。四十八篇当中，总归能有三分之一达到发表标准。另外，还有大四的学生要写毕业论文，毕业论文中也有好的，那就七十二篇，七十二篇你要筛选一部分文章出来，是完全可以的。每一期也得用一部分外稿，不能光用尼山学堂的。

我们必须得发好文章。尼山学堂的论文要不要发，你得按论文报告会的排名。论文报告会排名在前，第一，第二，第三，按这个名次来发表。因为我们主观判断不一定准确，这样就稍微公正一点，透明一点，同时也是让大家对论文报告会重视，也不要再找私人关系了。要发表的时候呢，还要提出修改意见。同学们的文章有的是很有闪光点的，但写文章的技巧不一定成熟，需要提出修改意见。

十四、研究生培养与科研评价

王：您在繁重的教学科研之余，带了很多研究生，如何指导文献学研究生？

杜：首先说咱们国家的研究生培养是导师制，你得按导师制来。也就是说，研究生跟大学生的重大区别是研究生是跟了个导师，一跟导师就分裂了。王学典教授批评说“像小兔子一样，一窝一窝的”，太孤立了。但是这个制度如果不变的话，研究生培养还得一窝一窝的。我们根据学校的规定开出必修课、选修课来。开必修课、选修课的时候就需要有指导群。本专业的其他老师的课你得让学生听，这样学生才不至于特别的孤立。同专业的同学们要互相交流，也是为了克服这个问题。但是要想把研究生培养成人才，得让他参加项目，以项目带人才。在项目中发现问题，在项目中摸清套路，在项目中熟悉文献，在项目中提高水平，更重要的是在项目中提高眼界。什么样的东西是上品，什么样的东西是中品，什么是下品，得比较，得使用。我用了几百部书目，用着用着就发现有些书目好，质量高、信息量大、体例完备、水平高。将来要搞的时候就知道向谁学习，所以要干项目。

在研究生阶段、博士生阶段不参加项目，这是很大的缺陷。在刚工作的时候，作为青年老师，应该考虑有选择地参加项目。所谓有选择，就是得找高明的人，干高明的项目。“取法乎上得乎中，取法乎中得乎下”，这是王绍曾先生重复的话，一点都不假。上梁不正下梁歪，老师不是高人，学生那就受损了，再好的苗子，对他成长不利。所以我觉得一方面按照现在规则去学，另外需要带着学生搞科研。搞科研的过程当中，要广泛地对外交流，你得让学生看到外面的老师，外面的同学。当然我们可以通过网络，通过微信，但那跟见面不一样。像我这个地方，从零五年，一晃到现在十多年了，海内海外到这里来的人很多。来这里以后，一坐一聊，同学们听听看看，就开眼界。所以说带着学生搞科研，搞集体项目，可以增进同学们相互交流学习。我每年要开一次网络资源使用座谈会，让同学们交流用什么样的软件，到哪儿去下载电子资源，有什么特点，怎么用，互相交流经验。有的同学门路很广，搞大硬盘比图书馆还大，可以交流。有的同学很不保守，把东西怎么用都教给别人，自己积累的东西可以拷给别人。也有的同学可能会保守一些，不愿以利器示人，这也是传统，我们不强迫。大家有了友谊，我自愿地帮助你，这不是很好吗？但是你愿意有所保留，我们也尊重你的收集之苦。我自己就是靠大家过日子，需要检索什么材料，请同学们帮助。

他们如果说要写论文，我喜欢给他们提建议。也有的不是我的学生，我也给他提。平常要注意积攒材料。我以前有个小本子，上面记了很多选题，等同学们要选题的时候，把小本子打开，看看这些题目有没有感兴趣的，让他们拿去用，把设想都告诉他，有的时候甚至于把积累的东西都给他。我现在手头的题目经常让学生去写。

从面上说，硕士论文三万来字，博士论文要一二十万字，当然题目就不同。题目只要一出来，就知道能写多大，所以选题的时候要明确地加以界定。博士论文题目研究的问题要大一些，就能写得很长。另外博士生水平相对高一点，论文的难度也要大一点。硕士生一来的时候，他们各自毕业的学校、个人的经历、读书多少，还是有点差别的，在给他们布置题目的时候要跟他们协商。首先所有的题目都必须有原创性，不能炒剩饭，但是你得承认他们之间有偏向，在难易上得让学生自己选。我有好几个学生都搞《艺文志》,《高密艺文志》《齐河艺文志》《掖县艺文志》《临朐艺文志》《日照艺文志》，都先后搞出来了，搞的都很好，毕业论文查重，有的都是零，一点重复没有。为什么？没人搞过。搞一个县的艺文志，必得把县志、府志、省志、各家书目，大海捞针似的去查，去考证。这里头能见功力，能搞得了县的艺文志，那搞国家的艺文志也不在话下。这种题目，比较容易落实，结果是能预见的，不至于说最后弄到半截弄不下去了，不会很难，相对可操作性强，但是你要做到很好也不容易。我就想了很多这些题目来分给同学们做。归我指导的我必须跟他协商定题目，有的时候干脆就命题。也有别的老师的学生让我帮着出主意，给提点意见，这也是自然而然的。好为人师，老是越俎代庖替人家出主意也不行。我不大希望学生做和我重复的东西。有的老师可能鼓励学生去自己选题，这个也是八仙过海。

王：作为教育部长江学者，如何看待目前的科研评价制度？

杜：我们现在实际上是双轨制，一个轨是量化，一个轨是讲质量，不能说我们现在只讲量化。我们的专家队伍写专家评议书不是讲质量嘛，所以是双轨的。有时候这个双轨会有矛盾。首先说质量，我们在组织专家队伍的时候，可能有的时候会跨学科，跨学科就存在不懂，不懂有的时候就会冤枉好的，好成果没上去，好人才没评上。这个我觉得要贯彻一个实事求是的分类管理，让专家评专家，专家不跨行，做到这一点就行了。至于说量化，那必须得有，比方说我在种小麦，我年复一年的用同一种技术。学术不是要创新吗？什么叫创新啊？种小麦的方法有了变化，像袁隆平搞水稻这是创新。年复一年用同样的一种方法重复，他们认为不是创新，这是误解。我年复一年不创新，但是我年复一年生产水稻养活人，这不是贡献吗？因此，量的增加也是创新，咱们修《二十四史》这种纪传体的史书，方法上并无革新，但是二十四史和一史两史一样吗？不一样。因此，沿着一个成熟的轨道往前走，每走一步都是贡献，每走一步都是创新，在这个问题上，我们必须要看明白量化的必要性。有的人很懒惰，有的人很勤奋，难道他们是一样的吗？所以偏向强调理论创新、方法革新、技术革新，这样不全面，还要强调传承。这样两个标准，就是你在传承上有贡献，是学术贡献；你在理论创新、技术创新、方法创新，这也是贡献，这样就能把我们的管理机制实事求是化了。你标点一部古书，我标点一部古书，两个人的方法是一样的，那标点和不标点一样吗？不一样。不一样就得承认他的贡献，实事求是。不光是咱们这个学科喊冤叫屈，哲学也喊冤。他们搞理论建构，咱们印了一大套书，他要问哪几个字是你写的？我们是搞古籍整理的，不能写啊，影印书不能动啊！不能动的话哪有你的思想？没有你的思想就没有价值。这是价值尺度不同。我是唱戏的，就看我唱得好不好；我是一位战士，看我打仗打得好不好；我是一位舞蹈演员，就看我跳得好不好；我是文献工作者、古籍整理工作者，就看我的古籍整理成果；你是理论工作者，就看你的理论水平。

标准不一样，对象不一样，成果形式不一样，价值尺度不一样，但同样重要。国家的发展，不能说是靠一个方面就能成立的啊。所以，不但是咱们叫屈，他们也叫屈。最后我觉得还是要结合实际，这样能减少这个屈，但是这个叫屈永远会存在，不会消失的。都是搞目录学的，这之间也有分歧。如果说都搞目录学，大家都一样的话，那还叫学问吗？学问是要百花齐放、百家争鸣，在争论中前进，在矛盾中前进。认识也是这样。凡是大发展时期，就是要不断地调整平衡。而在这个失衡的时候就产生矛盾，所以大发展伴随着大矛盾，大矛盾就让每个人都不满意，不满意就要奋斗。所以这个人生不如意者十七八，正常，哪能人人满意啊！

十五、师承与交游

王：谈谈您与王绍曾先生的交往。

杜：跟王先生比较近的接触就是工作以后。

上研究生的时候，接触最密切的是霍旭东老师。董老师虽然是主持工作的副所长，但是他还是中文系主任。中文系忙啊，他这边几乎不管，他开了一门课，“两汉经学与文学”，还时常出差耽误。董老师讲汉代的某一篇文章，他说见于《太平御览》《艺文类聚》，这些出处，有一次就在课堂上，他问这些出处从哪来的呢？我说严可均的书上有。董老师挺高兴的。我后来买了一本顾实的《汉书艺文志讲疏》，上海古籍的，封面上还有铜奔马的形象。董老师说：“拿来我看看，我的那个是个旧本。”也偏文献。

霍老师呢，让我们抄《毛诗注疏》，抄《大雅》，一人一篇，发的竖格纸，为《柳宗元全集》印的纸，我抄了整整一本，按线装装订起来。我抄的那篇是《生民》还是别的，反正比较长。经、注、疏照着阮元的本抄，边抄边标点。这些现在看起来是很原始的东西，非常重要。霍老师还叫学生上家吃饭，一去十个人，那别说吃好了，都吃饱也不容易。霍老师和师母都准备得很丰盛。

也帮刘晓东老师搬过家，从解放阁那里头，他们家老房子，搬到山大南苑。他叫我们上家吃过饭。刘老师也会做菜。由于在这之前，路广正老师推荐了刘老师，朱广祁老师也算推荐了吧，所以在欢迎新同学的座谈会上，就要注意哪位是刘晓东先生。董老师挨着介绍，刘老师戴着鸭舌帽，抽烟，那个时候比现在要瘦一些，脸长一些。抽烟的时候，有烟管，塑料的烟管，把烟放到烟管里。看着是很清高，不发言。就知道了这位是刘老师。后来一开课呢，就接触多了。再说了，古籍所收的第一届研究生班，老师们很新鲜。以前编词典，没带过学生，中文系只有老先生才能带学生。这回一下就招了十个学生，大家就跟我办尼山学堂一样，进来之后就跟子女一样地对待，普遍地老师和学生关系密切。像刘老师家里头，随时可以去。那时候从上大学，老师家里就随便去。你想什么时候去就去，不用预约，没电话。只有系主任、副系主任有电话，并且系主任不干了，电话得撤。老先生家也没电话，你什么时候去，老先生是不是休息了，是不是吃饭了，是不是不该去，没那回事。到时候敲门就进去了，那时候上老师家去的还是相对的多。霍旭东老师管我们研究生班，有点像我现在管尼山学堂的感觉，我们就常去。

在上研究生期间，虽然只有两年，读的书真是不少。读的书很多，并且越来越专门化。四年大学到这两年研究生班，还是打下了很好的基础。那个时候是没有荒废时间，目标大体是明确的，搞古典。凡是古代文学、古代汉语，都是关注的对象。现当代的东西渐渐地放下了，外国文学、文学评论都放下了。

和王绍曾先生的亲密的往来是工作以后。

霍老师曾经问过我。因为霍老师和徐传武老师、刘聿鑫老师带着我们上西安、河南去实习，十几天。在这个过程当中，霍老师会提文物古迹。我看过《近三百年学术史》，又看过《汉书补注》，我知道的相对比较多，包括郝懿行的太太王照圆这些我都清楚。霍老师是个有心人，霍老师说，小杜啊，你将来是想去干行政啊，还是想教书呢？我说，我要去教书。在我毕业之前，唯一一次，涉及未来的，就这两句话。实际上就是征求意见了。那时候组织观念比较强，丝毫没有说你将来是不是可以留下。等毕业的时候就留了三个人，我是一个。齐鲁书社想要人，王绍曾先生推荐范旭仑，范旭仑不去，他家在大连，回大连了。毕业留校，所里霍老师谈话，让我跟王绍曾先生当助手。

谈了话了，得上王先生家去啊。那个时候还写了一篇文章，叫《魏晋南北朝个人著作目录初探》，姚名达的《目录学史》里头，说个人著作目录起于郑樵的《夹漈目录》。根据我的了解，南北朝的时候，已经有了。曹植不是有了个人著作目录嘛。梁元帝的《金楼子》，里面有个《著书篇》，整个就是个人著作目录，按甲乙丙丁分类，很完善。至于翻译的佛经目录，竺法护有个人翻译佛经目录。所以我就写了这么一篇东西，主要是针对姚名达的。王先生看了以后，就推荐到《山东图书馆季刊》发表了。我在上大学的时候就写过一篇文章，叫《试论〈切韵〉的性质》，一万多字，没有老师给看过，没有发表。上研究生的时候，写过一篇文章，发到《文献》上了。霍老师他们带我们去实习，我去之前做了功课，对西安的地理，主要是汉唐两朝的，做了考察，什么《三辅黄图》，包括陈直先生一些文章，《历史地图集》，我都研究了。到了那里，看的过程当中就发现了一些问题。回来以后霍老师组织大家谈实习的收获，我当时就这么摆，说这个地方是长安，这里是曲江池，这里是这个太一山，终南山，这是渭河。就发现《汉书》颜师古注，《通鉴》胡三省注，《文选》李善注，各有一处不对，当时霍老师和徐传武老师他们有敏感度，知道这东西是个发现，但是我不会写，霍老师就说，你要从文章学上下下功啊。我写了一篇，经过徐传武老师帮着改改，霍老师帮着改改，就投到《文献》发表了，1987 年，那个是第一篇。王先生推荐的《山东图书馆学季刊》是第二篇。当时徐传武老师还说我是高起点，对我鼓励有加。在留校之前，我所能知道的考察，王先生收作业，纯粹是为了留人。具体的说就是对着我的。霍老师说，老先生你得留助手啊，你这么些项目，得有人帮忙啊。王先生也不能轻易地、不了解地留啊。所以他收作业。通过作业就确认了霍老师的推荐，是可以的。事后想，霍老师好像是无意地问了这么一句，你将来是想出去做行政呢，还是当老师？其实是有所指的。但是作为当事人是丝毫不知。

组织上要我跟王先生，得交一篇文章。我去拜访王先生，交上这篇文章，他就推荐给山东图书馆了。然后他又让我写一篇书评。当时还没有马上参加王先生的工作，因为我们在 1987 年毕业留校，1988 年让我们研究生班写论文，答辩，来取得硕士学位。这是董老师、霍老师跟学校达成的协议，就是我们还可以回来弄个学位。大家就写论文。写论文得给时间，王先生虽然需要人，但是也没法叫我去跟着他干。他先让我给《张元济友朋书札》写篇评论。暑假里头，我就看这部书，线装两册，王先生题的签，小篆，上海古籍影印的。张元济友朋书札的精选，影响巨大。因为张元济是搞文献的，《百衲本二十四史》、《四部丛刊》、抢救海源阁的书等等都有涉及。也涉及到文献上的很多人物，老辈的就更多了，包括谢国桢、傅斯年这些。是很多人给张元济写的信，称呼、字体不同。我感觉到这两本信对我锻炼比较大。我写了个评论，王先生给我改，同时给我讲解了一些人物之间的关系。后来又看《艺风堂友朋书札》。我学会写旧信，就模仿这两本书，算是写旧书信的模板，跟他们学，也从这里面认识了很多人。后来还有《张元济傅增湘论书尺牍》。主要就这些东西。在写硕士论文期间，我们研究生班同学就分配了。我、王君南、连镇标都分给了王绍曾先生，因为我们的选题是版本目录的。我选的是《四库提要》，王君南是马国翰，连镇标是福建刻书。张涛、范旭仑、秦彦士分给了霍老师。郑杰文分给了董老师。郭芳分给哪位老师指导，不记得了。1988 年底通过了答辩。

王：如何评价王绍曾先生的学术成就？

杜：评价他的学术成就，我觉得是有这么些特点。

第一，他的知识结构和现在不太一样。他是无锡国专毕业的，他的毕业论文是目录学，叫《目录学分类论》。但他学的内容不止这些，经书、史书、诸子百家、文章学。他后来在无锡国专教过文言文写作，写东西讲究章法、文采，写信也是有文采。所以他的知识结构全面，和我们今天有较大的差异。我们要跟着他学，就不光学目录学，古典的学问都学，这是和新中国的图书馆学不一样的地方。它有个国学的根、底座，然后偏向于目录学，应该这么理解。

第二，王先生自强不息，他经历了无数的曲折。他在无锡国专毕业之后，上了商务印书馆校史处，跟着张元济先生校勘《百衲本二十四史》，我们现在叫校经处，就是模仿他那个校史处。那段经历对王先生来说是太重要了，虽然时间不很长。《百衲本二十四史》的出版过程，王先生是参与了的，而且是主要干将。他们的重要任务是校，不是描润，也不是选底本，而是在选底本的过程中要校，选定了以后也要校。因为张元济先生对底本做了大量的改动、改错，改错的依据就是校勘。最大的校勘对象是殿本，死校的是殿本，参校的南、北监，还有一些批校本，但是最重要的对校本是殿本，根据殿本改了不少。王先生参加这个工作，对他影响应该比较大。如果说他在无锡国专是奠定了目录学基础，《目录学分类论》六万字，那就是在商务印书馆，版本学和校勘学，尤其是校勘学，真正深入其中了。商务印书馆是版本校，有点像阮元，所以他接触了很多版本，像南监、北监、汲古阁、武英殿，景祐本《汉书》、黄善夫本《史记》，他都是了如指掌。他那个时候还写了《二十四史版本沿革考》，很长的大文章。这样王先生目录学、版本学、校勘学，是分步完成的。他的学问都是大人物指导的，目录学是钱基博指导的，版本校勘是张元济直接指导，那时候还有汪康年的弟弟汪诒年，还接触到了胡文楷。所以我认为王先生是属于高起点。那时候年轻。商务印书馆在“一·二八事变”时被日本飞机轰炸毁坏了，他就去了无锡国专，当了图书馆主任，这样他就管理了图书馆。那时候图书馆主要是古籍，尤其是无锡国专图书馆。他接替蒋天枢。原来蒋天枢负责图书馆，他考上清华研究院了，王先生上了国专，当了图书馆主任，同时兼任文言文写作课程。再后来他被聘到无锡尚仁中学当校长。在这个当校长期间，抗战起来了，就流亡到四川，逐渐从政了。抗战胜利，从四川回来，就当了上海金山县县长，在那之前当过国民党中央研究员，中央党史编纂处编纂科长。在上海解放之前，金山县县长辞去不干了。为什么要辞去呢，因为金山是上海的门户，一个文官怎么能守得了金山呢，就辞职了。辞职以后就失业了。建国以后，上了华北革命大学，一年的时间，接受新思想教育，就分到济南工学院图书馆，在那里考上高亨先生的函授研究生。高亨先生对王先生的影响比较大，高亨先生做朴学，他让王先生做《商君书集解》，做成了，准备让中华书局出版。“文化大革命”起来，连高先生给他的稿、他自己的稿，都被抄走了，就没下落了，这事情就不了了之了。“文化大革命”结束之后，王先生在倒垃圾的时候发现过一页，不知道谁家倒出来的，再也没有任何踪迹了。所以高亨先生对王先生影响比较大，并且是高先生把他从外头调进山大的。王先生重要的老师，第一是钱基博、唐文治，对唐文治十分尊敬。再就是张元济，再就是高亨。他这一生，历经坎坷，但他接触的是上层学者，所以他的眼界高。他在山东大学，成分是“历史反革命”。国民党嘛，当过县长，所以他到了 80 年代才恢复了自由，可以发文章，可以教课。殷孟伦先生、殷焕先先生、王仲荦先生招的研究生都跟王先生学目录学，包括刘晓东老师在内，历史系的一些研究生，都跟王先生学目录版本学。程千帆先生来山东大学讲校雠学，那主要是王先生在张罗，殷孟伦先生请来的，都是黄侃弟子。整理的笔记《校雠学略说》，前面也有王先生的一个小记。所以王先生就目录版本校勘而言，他的起点都很高。只是他没有足够的机会，董治安老师就说，王先生要能碰到机会能办大事啊，霍旭东老师也说过类似的话。就是王先生这种思路、见解和魄力，能办大事，意志非常得不一般，很坚毅。“文化大革命”之后，他刚要好过了，得了肠癌。动手术以后不久，他就写了一本书《近代出版家张元济》。他心情很复杂，如果他的病好了固然是好，如果不好的话，那么张元济先生在出版事业上的贡献就没人写出来了，所以他抱病写了这本书，写得非常精彩。书出了以后，得到各方的评价很多。那本书影响很大，商务印书馆出的。王先生就是对这个国学的体系掌握得比较全，知识结构比现在要优越，搞目录学也罢，版本学也罢，校勘学也罢，起点高。如果说谈到王先生的代表作，我们应该列《清史稿艺文志拾遗》，他比较重视这个，东西多。

第三，他是因地制宜的模范。就是不是你想干什么就能干的，你得因地制宜。这个因地制宜呢，包括两方面：第一就是你能干什么活，第二就是你这个活能干到什么程度。就是我不能实现共产主义，先实现社会主义。不能实现社会主义先实现社会主义初级阶段。他是变通的模范。这是他的思维决定的。经历了那么多，见识高。我算是受了王先生的影响，就是穷则变，变则通，通则久。搞学问的人啊，很容易理想化，追求完美，追求至高无上，甚至于追求终极，就是我做完之后别人不能再做了。其实做不到。时间长了，就得慢慢能容忍不完善，容忍这个东西是初级的。如果不能容忍的话，结果可能会是零。王先生《清史稿艺文志拾遗》规划并没有现在这么大。《清史稿艺文志》收了九千来种书，武作成先生的《补编》一万来种，加起来两万。王先生知道遗漏的多了，重要的著作遗漏的多了。但是我们搞《拾遗》，是不是都要拾来呢？不一定，我们能拾多少就拾多少，这是王先生的指导思想。我和刘心明不这么想，我们心想得全弄完啊，所以我们就无休止地去扩大。在这个过程中，王先生总不能和你说不要这么好，当老师的这个话不能说，只能催进度。比如我这个卡片还在扒拉扒拉，他拿去让人誊录去了。还没到感觉理想的境界啊，当年是感觉到不踏实。我们已经增加的很多了，我记得日本京都大学的、东京大学的，台湾“中央图书馆”的，好像都是后来增加的，量不小。台湾“中央图书馆”《稿本丛刊》，新出来的那些，刘心明一本一本都写成条目，都放进去了，就是我们照着一个理想状态来做的。但王先生是照着一个务实的状态做的。当时不能理解，现在理解了。王先生年纪大了，得从宏观上考虑，我不能做到一百岁，所以必须得务实。我可能的时间是五年，我就照着五年做，五年能达到七十分就七十分，六十分就六十分，但是我五年完成是必须的。这有点像考试，两个小时交卷，你无论弄多少分都得交上，王先生是这种思想。其实现在来想还是非常有道理的。任何人的人生都是有限的，在有限的时间完成一个没头的工作，可不得打折扣嘛。所以，学无止境这个话是对的。问题就在于这个折扣怎么打，里头学问就大了。所以王先生的成果，《清史稿艺文志拾遗》，在当时已经是比较理想了，但是不符合一个绝对意义的理想。因为当时资料有限，70 年代后期，它有多少书目啊。简单作总结，《拾遗》跟《清史稿艺文志》，包括武作成《补编》相比，优点就是他们的都没版本，王先生的这个都有版本，有来源，也有馆藏。另外，在分类上比他们细，增加了新学类。种类当然增加到五万四千种，他俩加起来才两万。并且他俩收的那些，其实我们也都查着了，因为他们收了，所以就扔了。现在看来实在是太可惜了，那些卡片，应该标注在这个书目上，已有的标上，没有的增加。这出书的时候，《拾遗》是《拾遗》，但是《清史稿艺文志》和《补编》，可以做成一个订补，这个规划有人提出来过，王先生没接受，王先生不接受的原因是他认为劳动量过大，完不成，不是认为不重要。但是现在不能重做这个了，王先生在《拾遗》出版之后就规划了给《清史稿艺文志》和《补编》做标注，上海古籍愿意出，申请了国家古籍补贴，但王先生没完成，事情不了了之，钱退回去了。所以王先生是真正的因地制宜，不贪。他的项目太多了，但是他是有节制的。《渔洋读书记》我给他完成了，《山左戏曲集成》是跟宫庆山老师合作的，《山东藏书家史略》是跟沙嘉孙老师合作的，还编了《中国文化史知识丛书》三十种，和罗青老师合作主编的。王先生是齐头并进，项目众多，并且都完成了，他基本上都完成了，而且这基本上是在他八十岁以后。倒过来看，他八十岁的时候精力还很旺盛，因为他活到九十七，在去世前十七年，那当然精力旺盛。那个时候，数学楼前面有个水泥的小墙，这么高，他每次都能跨过去，每次我要扶，他不让扶。

王先生能因地制宜，具有开拓精神，像《山东藏书家史略》，这不是开拓的吗?《山东文献书目》，虽然不是很完善，但是这些年来大家不是靠这部书目吗？王先生这些项目，像《山东藏书家史略》还是相当不错的，它的行文很讲究，基本上是半文言的，资料都注在每条之后，体例上来说比较完善，算是一个很大的贡献。所以王先生的这些项目，在 80 年代到 90 年代，2000 年以前，领先。2000 年以后随着新材料不断出现，各大图书馆的书目的公布，各种书影图录，以及影印大部头的书涌向学术界，新材料就多了，那可能王先生的成果还可以再提升，有提升的空间。但在当时来说，在可能的情况下，他已经是无遗憾了。《清史稿艺文志拾遗》出来以后得了教育部一等奖，山东大学到现在为止没得几个一等奖，他就得了一等奖。所以历史性、历史阶段性，必须得正视。不正视的话，这活儿没法干。所以孟子说“知人论世”，真的很重要。评价人物的成果，一定要在那个历史时期，也算历史唯物主义吧。所以回过头来看，王先生的成绩，应该说是已经最大化了，他的成果都是在晚年，早年在30年代的时候，也写过一些重要文章，可惜后来抗战爆发，然后内战，然后“文革”，他的好年华都耽误没了。如果说他要是摆到我们这样的年代，还不知道能做多大事呢。所以董老师、霍老师说王先生能办大事啊，王先生在行政方面也有一套啊。他能当县长，说明还是有一定的谋事能力的，待人接物，他那老派的一套很娴熟。

王：在山东大学学习工作三十多年，山大哪些先生对您影响最大？

杜：王绍曾先生、刘晓东先生、董治安先生、霍旭东先生。霍老师你别看他后来调走了，但是他培养了一些理念。

王先生那是全面的，我奉命学习文献学就是跟王先生学，而这个学习是搞项目，所以怎么样搞项目都是学的王先生那一套办法，我当然也发展了。抓集体项目的办法——因地制宜、变通、善于利用资料，还有与学术界的交往。王先生交往比较多，他写信都是很及时的，也很有章法，大多是文言文的。另外王先生的为人处事，王先生是非常礼貌的，再小的客人，他也能给你送到门外，不会让你坐在那里冷场，没话他也能给你找出话题来，并且很和善。对待那些对自己不如意的人，关系不如意的人，他也得过得去，他都有办法。他当过官啊，又是解放前的旧知识分子，做学问、为人处事这些做派我感觉到还是很受影响。提携学生，把自己的关系都介绍给你，让你去拜访。这些影响比较大。

董先生呢，我研究生入学，是以“董治安等”招进来的，名义上的导师是“董治安等”。等下来呢，包括刘老师、霍老师，尤其是王先生、蒋先生。所以董先生的影响也不小。董先生的好处在哪里呢？他参加高校古委会，他接触到的古籍整理方面的人，像安平秋先生这些领导，也包括中华书局的像傅璇琮先生，赵守俨先生，也包括古籍所的章培恒先生、周勋初先生、黄永年先生、宗福邦先生、曾枣庄先生，还有像严佐之先生，都是古籍所系统的，他接触的多。而这些先生的风格不一致，他去参加会议、参加评选项目或者参加人家答辩，或者人家寄来论文，或者去他那拜访的时候呢，董先生会给你看看、说说，这样能给你增加一些对学术界的了解。或者说给你一些思路——你该怎么做？比如《存目标注》，我这里开始做了，人家那里国务院古籍会议提议搞《四库全书存目丛书》。那万一人家做了，咱不没法做了吗？他给我出的主意就是给几个人写信，傅璇琮、赵守俨、安平秋、章培恒、周勋初、黄永年，写信的结果打开了局面。董先生有经验，有人脉，这些经验他也不保守。董先生还有一个好处，他不乱说话，说张三好李四不好，他很注意，多年主持中文系工作，他很注意这个说话。从治学上来说，他是高亨先生的学生，重视文献根基，同时也做理论分析，他是两条道。

刘晓东老师的好处就是他的知识结构极为特殊，不是新中国苏联模式培养的这些，人家有家学。经、史、子、集、释、道，可以说是齐备，并且都有深度，这样的老师可真是找不着。我一毕业的时候，走南闯北，董先生说让我领三百块钱，借的，在外面买书，他觉着我没钱垫，回来之后报销，给公家买。古籍所就我一个人享受这个待遇，古籍所的好多书都是我从外地背回来的。有一次有个书店不干了，要处理书，有一部《道藏》，我建议古籍所买，还有一部《皇清经解》。结果《皇清经解》批准了，《道藏》没批准。刘老师认为该批准《道藏》，《皇清经解》没什么。我觉得刘老师非常专业。他说《道藏》里头不光是道教的经典，还有很多别的其它典籍《淮南子》《墨子》，不都是注重《道藏》本嘛，所以刘老师的知识面极宽。还有一次，买《大清一统志》，有人认为我们古籍所的重点是先秦两汉，兼顾魏晋南北朝、隋唐，搞《大清一统志》不是我们的重点啊。刘老师说不是这么回事。《大清一统志》是贯穿古今的，讲到任何一处文物古迹都是从先秦说起，不是说《大清一统志》就是讲清代的。你看在这个问题上，基本上就是王老先生具备这个能力，刘先生具备，其它的先生就各有所长了。所以刘老师的这个知识结构，非常适合古籍整理，非常适合于我们搞文献。论文开题、论文答辩，刘老师的意见，都可以认为是教授的教授的意见，也就是说刘老师的意见不光是那几个学生要听，那些导师也得听。刘老师退休之后不参加那些开题答辩了，那损失真是很大。另外刘老师家庭出身特殊，为人处事、待人接物啊，都有很多老派的东西，又受蒋维崧先生的影响，所以刘先生是严谨又严谨。王绍曾先生和刘先生不一样的地方，就在于王先生变通，那就是说做到十分固然是好，如果客观条件不允许做十分，七分、八分我也做。就像搞《清史稿艺文志拾遗》，《清史稿艺文志》遗漏了一万种，我拾上五千种不也是成果吗。就像到外边去捕鱼，是竭泽而渔，还是撒一网也行呢？王先生会变通，刘先生不会。刘先生认为如果做这个事是按照十分去做，如果做不到十分，那就宁愿不做。我在变通上接受王先生的意见，我在严谨上还是学习刘老师。本来可以走三步的，我走一步，但是我必须把这一步走得很实，让后来人呢在我这个基础上再走。这应该说是刘老师的精神，捏得严，捏得紧，在这方面受他的影响非常大。我们要上项目的时候向王先生请教，向董先生请教，向刘先生请教，你会得到不同的提醒。所以光靠一个老师不行，转益多师，这三位老师影响比较大。

霍老师虽然不在当地，但是重大活动也都向他请教。霍老师也是一个很弘通、眼界很开阔的人。如果是一个好项目，他当时就给你表示这件事很重要、是大事。判断力非常好。他也曾经说，我是大好时光耽误没了，做不出什么大成果来了，没时间了。但是什么是好成果、该怎么做，霍老师是很清楚的。而且他关心青年，你留校了，他会提醒你，该评助教了，该做讲师了，

杜泽逊、刘晓东先生合影

你要讲好一门课，就是一个饭碗儿，他苦口婆心地来关心你。在这一点上，霍老师比谁都强。对你的这个爱护，非常特殊，不光是对我啊，其他青年也一样，他替你想着。个人要成长，那不是说光吃馒头还有米饭，那也要吃菜啊，吃菜也不能吃一种，在这个时候就要广泛地吸收了。我在校外也认识了很多先生，也受到了很多熏陶。

王：在国内学术界，哪些前辈学者对您学术研究产生过重要影响？举例谈三五位。

杜：影响大的像顾廷龙先生。顾先生听说我在做《存目标注》，把自己的批校本，线装的，就寄来了，还夹了一封信。咱不说他标了多少内容，起了什么直接作用，这个鼓励的效果很大，这是一。第二是他无私，这也太无私了。老辈学者的这种精神让人觉得不可思议。咱们也要成长，也要对待青年，也要对待后学，能做的到吗？可能做不到。我现在反正好多东西都给学生，我到手的自己攒起来两年就能写好的文章，我让你写，我不写。写好我给你改，改好了再告诉你怎么发表，这我都能做到。像顾先生这种，简直是典范，非常了不起。

再就是冀淑英先生，国图的，冀先生，这都是王先生的关系啊。冀先生对我也是非常爱护。你要说带着个明版书去找她，你让她看，这上面并没有明确的序、跋、牌记，她不表态，她不会给你说个参考性的意见。那像有的先生就会说："你看白棉纸、大黑口、四周双边、双黑鱼尾，那不是明初的刻本吗？至少是正德以前！"冀先生她也不说。冀先生写个信都是楷书，虽然笔画有点迂曲，她的手稍微有点颤。她搞《中国古籍善本书目》这么忙，你给她信她就回，你请教问题她会详细地给你回复，可以牺牲自己来为他人，冀淑英先生在这方面是典范。比方说是我手里有这个东西，我不保守，我给你了这是一回事情。我没有这个东西，我要去查、去找，冀先生也做。有一次开会，她送给我一个本子，日记本，大一点的，比较好看的。90 年代这种日记本咱也用不上，咱哪舍得买这种好本子啊！我就用那个本子记了一些学术札记，记得满满的。还有一次我去她家看她，没有什么事儿，她就把北京图书馆新出的那个彩色的《善本图录》打开来给我讲了讲。另外《存目标注》怎么做，其中各省采进本那一项，她对我有提示。我原来就有，没那么系统。她告诉我这个可以写上，这一项是有意义的。我就彻底地写，翻箱倒柜，知道的信息全写上。像冀先生这种，她提意见也都是很有保留地提，不会给你很多的指示，我感觉这个影响很大，她给我的信我都珍藏着。在学风上，她还看我的文章，有一次我在《历史文献研究》，发一篇关于《四库》辨伪的文章，她看了就告诉我说这里面很见功力，有所鼓励。她又不是咱的导师，关系上来说又不是见很多的面，但是你能感受到她的提携。她有时候也会说一些很亲近的话，她说："王老有你，很大的福分啊，顾老身边缺这么个人。"那个时候沈津先生上美国了，其他几位都很忙，顾老在北京，不在上海，身边就缺个人。上海的这些专家们，顾老的徒弟们也都去看他，但毕竟不在身边。她深切感受到这么一个问题。像这种牵涉到人事的问题，实际上她是轻易不会说的，关系稍微近了一点才说。冀淑英先生，我觉得值得学习，也的确学了不少。

还有黄永年先生。1986 年到陕西，我们去访学，黄先生给我们讲过什么是善本。画了两个圈圈，交叉的，一个代表文物性善本，一个代表学术性善本。《古籍整理概论》那个时候在书店有卖的，我把这个书，仔仔细细地拜读了一遍，觉得是非常非常好。还有程千帆先生的那个《校雠学略说》，没出版过，山东大学油印小册子。我认为我深受影响的是这两本小书。我感觉这两本跟其他书的重大不同，能感受到他们的精神在里头。程先生是大手笔，有文采，黄先生也是，一股气能传递给你。再就是黄先生对《四库存目标注》多次鼓励，并且明确表示他以前也想做这个。顾先生也想做，批校本都寄给我了，黄先生表示他也想做，但是没见他的批校本。后来《四库存目标注》要写定稿了，写了一条，给黄先生、顾廷龙先生、冀先生，他们都看了，都给予肯定。其中顾廷龙先生说，不能横写，要竖写。我说为什么要竖写呀？他说有些东西横写不好处理。什么东西呢？他没说。同时他说古书要竖排，好像很坚定。我就完全照办了。黄先生在《存目丛书》结束的那个会上，在北大，他在大会上对我进行表扬。他说《存目丛书》有两个收获，一个是出了这套书，还有第二个收获，就是杜泽逊同志的《四库存目标注》。我在台下，他也给我说，先出来，将来再增订，不要等得没完没了，这东西没头。所以顾先生、冀先生、黄永年先生，可能对我影响比较大。

台湾的昌彼得先生也有影响。昌先生给我写序鼓励我搞《标注》，还给我寄书，寄的台北“故宫”的《宋本图录》，“中央图书馆”的那个叫《满目琳琅》，还有《沈氏研易楼善本图录》。昌先生给我寄了三本精美的书，来信说年纪大了，不能做钩沉索隐的工作了，你留着用吧。这让我很感动。老辈的这种宽厚很难得。陈仕华先生还和我说，昌先生给他们说王先生有福分啊，有小杜啊。陈仕华私下里和我说“昌先生对我们不满啊，我们不在他身边吗，他说王先生有福，他没福啊”。昌先生这个人比较豪气。其实陈仕华、周彦文，还有潘美月老师，对他都有很多照顾。

我又想起季羡林先生的影响也很大。大在哪里呢？就是他的坚毅，不得了，无所畏惧。我有一次感到人事环境上有些不舒服，晚上 11 点，自己坐在书房，我就想到当年《存目丛书》快垮了，季先生说还照样走我们的路，不怕，他说“黑云压城城欲摧”。那种大无畏的精神，在这些先生中没有人比得了。我就拿出季先生的照片看了看，看了好一会，感觉自己有了力量，感到无所畏惧了。因为我做了很多的大项目，遇到了很多的困难，但是我也有无所畏惧的精神。《清史》项目当时就没钱了，家里垫了十多万，走不动了。但我给《清史》委写信，我有明确的态度，就是砸锅卖铁也要把它做成，任何事都抵挡不住。没有钱也干。关键是当时真的没钱了，是不是要砸锅卖铁呢？最后《清史》委给了 41 万，没有让我砸锅卖铁。我虽然跟季先生来往有限，但他的这种精神给了我巨大的力量。

王：您和季先生有过多次。我和顾廷龙先生也有过交往。1986 年我大学刚毕业，留到母校古籍所，那是六七月的事。上班到 11 月，我们的副所长路志霄先生，他要到上海出差。他说年龄大了，出差要带一个人。带我去。我们从兰州到上海，路老师买的软卧票，50 多块钱，我坐的硬卧车厢是加车，在最后一节，就这样三十五六个小时到了上海，住在上海师大。当时是吴绍烈老师找的房子。到了之后，他才告诉我要去找三位先生。第一找顾廷龙先生，第二找胡道静先生，还有要找陈声聪先生。吴绍烈先生、路志霄先生带着我到顾廷龙先生家里去，当时好像离徐家汇不远，从徐家汇坐车一个大站，那时候我第一次知道上海公交车有大站，就不是站站停，而是一站就到了。顾先生住在小二层楼里。到他家去干什么呢？古籍所有几种书请顾先生题签，《陇右方言》和《陇右方言发微》，这两种书是顾先生题的签。顾先生，老辈学者，很客气，很礼貌。时间不长，东西摆下，我们就离开了。他说过几天你再来。过了三天，我就又去了。是我一个人去的。去了以后，他桌子那堆了一堆裁好的宣纸，他对我讲："我书法写得不好，别人都让我题，你说我不题又不好吧……你这个我写好了。"还讲了目录学什么的。我本科毕业时写的论文是《宋代目录学成就》，当时对目录学就有点感觉，那次听顾先生讲影响很深。虽然当时听得似懂非懂，但这对我有影响。第二呢，就是说临走的时候，他送你下楼。我们第一次去的时候合了个影，就在他家楼下，我加上路老师我们三个人。这个照片一直留着，后来我们学校要找本校老师和哪些名家合过影，我这照片就被收去了。收去后没用，给我丢了，我现在也没有了。完了以后呢，临走时又去过一次，拿什么东西。就是在上海一共七八天，我去顾先生家三次。每次去时间不长，但他能跟你讲一些话，很客气。穿着中山装，风纪扣系得紧紧的，坐在那。什么叫温柔敦厚，这就是我的感受。

在与学术界同辈学者交往中，哪些人对您学术研究启发最大？举例谈三五位。

杜：那就多了。像沈津先生，像跟罗琳、刘蔷、张建辉一块干《存目》，好多事情要商量。还有吴格先生、宋平生、辛德勇的交往比较多。辛德勇善于挖掘。贾二强的《清代版本图录》送了我一部，他的文章我也看。陈先行先生有脾气，但是他严谨，抠得紧，他有的时候想挑别人的毛病，但是他害怕别人挑他，这种精神是对的。这些不算是平辈，因为王先生年纪大了，他和顾先生是一辈，沈先生、陈先行先生、吴格先生这些都应该是我的老师这一辈的，但是好像成了平辈了。我跟比我长的这些人交往，我沾王先生的光。李国庆对我的《存目标注》该怎么做提了一些建议，他说有些书啊可能第一次详细著录的就是见于你的《存目标注》，你记下来就是贡献。台湾的像陈仕华、周彦文、丁原基老师都给了比较大的启发。王国良和王秋桂搞了一个《图书文献学论集》，那本书我很喜欢。王国良、丁原基、林庆彰，都是跟王先生有交往的，我借着王先生的关系跟他们有了来往，看他们的书，有些启发。还有黄沛荣先生，还有原来“中央图书馆”善本部的主任卢锦堂先生。卢先生赠送给我《“中央图书馆”善本书志》，这种帮助不得了啊。这些人可能平常里有书信来往，像吴格先生书信很多。我在我的《存目标注》后头有一大串的感谢，那些多半都有直接的来往。沈燮元先生我感觉对我也有直接的影响，有些书信来往。像沈先生这种大行家，有话肯直说，也有些信。徐忆农对我也很有帮助，我要请教她问题，她都是很仔细地回信，有的印章她还给我画下来，很友好，很认真。这个上海图书馆那边，还有一些先生，上图有人才。北大有刘大军，还有个张玉范老师，很有帮助。我向她请教问题，这书什么面貌，她会把这一页给我复印下来寄过来，她说你自己看吧。这很了不起。我感觉张玉范老师比较宽大，不会想得很细。

学风上来说呢，刘玉才、顾歆艺、漆永祥，交往比较多。有一次给刘玉才写信，他回信说“空虚的东西终归空虚”。他这个话对我有启发，就是要干有意义的事情，“君子务本，本立而道生”，有这种启发。所以朋友可以有多种启发。漆永祥因为搞这个《汉学师承记笺释》，他的网罗资料能力、严谨、艰苦奋斗，我都很佩服。后来他还让我给他写书评。书评我给他写了，肯定了成就，最后要曲终奏雅嘛，也指出他的不足。白化文先生作为老辈，也有不少影响，程毅中先生、傅璇琮先生对我都有影响。我是转益多师，交往多，发现人家有长处咱会向人家学。这些仍是老辈，不是同辈。

我还忽然想起黄爱平教授、童正伦先生，这两位对我的帮助不小于前面说的那些人。童正伦先生把浙江图书馆的卡片都复印给我。刘蔷找人抄，清华的卡片抄了两箱。李国庆也复印了大批馆藏卡片。黄老师来项目组一趟趟地考察，我们单位邀请她参与这个项目，她都拒绝，她这是高风亮节。这些对我都有长远的影响。王学典教授还跟我说，各方面的优越条件都让我占了。王学典教授一直对我提携巨大，可以说每一个项目、每一个进步对我都有提携。虽说专业上我们不是一个专业，但这样的帮助太宝贵了。

程老师对我帮助很大，但是你要采访她，她不乐意。我可以说说，但就不如她自己说了。我俩是大学同学，上大学那会儿，看不出来谁将来发展得更好，所有的同学、同辈都是这个状态，短期之内显不出来。都有一个漫长的量变的过程，最后才有一个质的变化。这些质的变化通常都有某个标志。比方说出了一本书，获了一个奖。这些是标志性的进步，在平时看不出来。我趴在家里写《文献学概要》，别人不知道，知道也不一定当回事，可是你的书出来了，又销得很好，是国家级教材，这样忽然之间就失衡了，同事之间尤为严重。你忽然搞了国家大项目了，他以为你是不正经手段弄来的，其实未必。夫妻也存在这个问题，尤其是同学夫妻，就是渐渐地有失衡的问题。失衡有很多原因，比方说个人的偏好、机遇、性别上的差异。女同志要管家、管孩子、管老人，她愿意管，你不让她管是不行的。可是她管了之后呢？精力都分散了。程老师很聪明。她脑子里记的好多东西都比我多。问题就在于她名利心差。男人的最大麻烦就在名和利，这两关过不了。图名图利不是受批评吗？但实际上平凡的人大都以这两者为动力。既然你以这两个东西为动力作出了成绩，而这种成绩对社会发展有益，不也成了好事了吗？所以追名逐利是有好有坏的。孔子说“不义而富且贵，于我如浮云”，那如果义而富且贵呢？也是要的，前人不也总说为稻粱谋吗？只要你走正路，这追名也罢，逐利也罢，都无可厚非。而男人呢，一般都说叫事业心强。什么叫事业心啊？事业成功的标志是什么？就是名和利啊。名是怎么来的呢？唱戏的就靠唱，打仗的靠打，学者靠学。学问的表达方式是什么？著作和论文。你得写。再就是教学、宣讲，就这几个途径。所以事业心重就是在这几个方面肯多下功夫。我就是事业心重的那一种，不顾一切地为我的事业努力，努力，再努力，不分心。那时间长了以后呢，就显得我比她的发展潜力大。她还愿意做一些辅助性的工作。我要把《四库存目》抄在小本子上，六七千条，她愿抄。她并不是不愿做或有怨言，那《四库存目标注索引》，她愿意编。为什么呢？怎么编？哪些出词条？我们可以商量，不必要她去探索。剩下的事情就是她去执行，她必须得看得懂，把有效的词条切分出来，这很重要。而她呢，这种水平是没问题的，有耐心，也很细心。这里头是有学问的。不光是个工作，再后来《清人著述总目》需要很多人，她就真真正正地入伙了。在这里我是头她是副，这不就产生差别了吗？意见有分歧的时候我来拍板，也不一定都合大家的意，也不一定合她的意。她作为我的合作者实际上是副手，这样一个角色就慢慢地形成了，而她也认可了。我要当主编，她就是副主编。我要当第一作者，她就是第二作者，这不就形成这么一个格局了吗？我要写篇文章交给她，让她去发，她还不愿这样。她也能写文章，但她一篇文章写好，扔在那里也不投稿，名利心弱一些。或者说女同志太关注家庭的整体利益。在事业上她也是天天干。一开始搞《渔洋读书记》，没有她的名字，程老师真的干了很多。你说男人的一半是女人，这话很对的。但凡是能够尊重她劳动的地方，《清史稿艺文志拾遗索引》《存目标注索引》都明确署名的。

妻子对丈夫的态度有三种情况：第一，不管不问，尊重你的自由。第二，帮助你。还有第三，不支持你，买书也不行，狐朋狗友也不让上家里来，学生吃饭也不欢迎。这种情况都有，很普遍。她是属于最好的那种。她也作出了一些成绩，帮助王先生整理《百衲本二十四史校勘记》，她比我干得多，当然也都署了名。我在家庭上比很多人优越。第一呢，我爱人有高级职称，教授，大学本科同学。那么她有高级职称呢，工作稳定，收入稳定。我们两家都有点困难，尤其是我岳父家，就可以很好地尽孝。第二呢，是同一专业，我的东西她能看得懂，她的东西我能看懂。就是你对她能说得明白啊。同一专业，这种情况不太多。第三呢，她作出了一些牺牲来帮助我。从大方向说，她认为自己不能做出一流的东西来，那就帮你做。以前我给她出主意，你做个这吧做个那吧，她也说挺好，也能做得了，但总是不了了之。就是对经营自己独立的东西，兴趣不是很浓厚。倒是对一块干，干个比较大的事业比较有兴趣。在这一点上，我觉得她眼界比较高，不喜欢小打小闹，哪怕是参与者也要参加大的。所以她总是选择一块做，她胜任、愉快，不是说自己不是第一作者或者看不到什么，她不琢磨这些事。这样对于我来说心里负担小一些，我总觉得亏了她。这种心情有，但如果说她再抱怨呢，这种心情就更重了。她没有。我要买书，家里就算穷得不得了，她也尽最大可能去买。

王：2001年，在兰州开文献学会我俩认识，到现在也有十五年了，交往很多，您做的这些事我基本都还了解。包括您上《〈十三经注疏〉汇校》的项目，这个我们也有反复讨论。

杜：那个时候你的经验我还没有，我没校过经，你校过。《三礼研究论著提要》你摸得多。我涉足这个行当应该说是晚，你的启发尤大。

王：您上《〈十三经注疏〉汇校》我当时有些想法，我们当然也有过小的分歧，但是不影响我们对这个事情的总的看法。所以您这个项目每次的论证会都请我来，我都参加，了解很多。我就想为什么微信平台里搞这个访谈录啊，就是由于您上次说能不能采访沈燮元先生。我说行，这个事我可以替您办。上次采访沈先生，在我办公室聊四五个小时，晚上请他吃饭，也聊了很多。而且聊的时候我的学生也都在场，聊完后启发很大。所以我就想这个事情可以接着做。老辈学者，我们平辈学者，这些经验如果你想记录下来给他人看，给我们下一代学生看，不仅有一个启发作用，也就是说有些事情不像他们想的那么难。只要你肯做，喜欢做，也可以做好，而且有很多的经验可以借鉴。这些问题，别人采访您的不少，但像我这么问的也没有。我的问题有的详细，有的笼统。所以把它说出来，比如展望等等，我认为是有意义的。而且这些东西把它记录下来，让你们尼山学堂的学生看看，让我们这些熟人的学生看看，我们这些朋友看看，起码知道您在做什么，为什么这么做。其实从您做的这些项目看，不是说想做就做，都是有渊源的。它都有很长时间的思考，而这些思考有的是来自老师、朋友的交往或者点拨，有些是自己读书的感想、体会，有些是来自一个偶然的想法。而这些慢慢地把它们汇聚到一起，在一个适当的点互相碰撞，就有新的东西出来。再把它付诸实施，就有成果。

杜：由易到难，由近及远，因地制宜，我受王先生的影响。

王：其实各个行当都一样，你想做成一点事，而且做得有影响，很难。任何时期的学术研究成果都是暂时的，谁也不能保证做出来的东西就一定怎么样。司马迁的《史记》还有人说他不好的地方呢。所以说王先生的变通是有他的道理的。

我俩聊了三个半天，您的学术成果、治学方法以及为人处世之道，值得我学习。再次感谢！

2016 年 4 月 15 日至 17 日，王锷老师在山东大学知新楼采访杜泽逊先生。采访稿由山东大学尼山学堂韩悦、张鸿鸣、王学成、徐淑瑜、赵朕瑶、张学良、孙云霄、胥纯潇、杜凯月、梁艺馨、刘润枫、涂嘉敏等师生整理，已经杜先生、王老师审阅。

校经勘史，簿录索引

——程远芬先生访谈录

程远芬先生简介

程远芬先生，女，1963年生，山东栖霞人，1985年毕业于山东大学中文系。毕业后分配到山东省教育学院中文系，从事中国古代文学、文献学的教学与研究工作，现任齐鲁师范学院教授。上世纪80年代以来，长期从事古籍整理研究工作，参加了一系列具有较大影响的科研项目。如参加王绍曾先生主持的《清史稿艺文志拾遗》编纂工作，受王先生的委托，编制《清史稿艺文志拾遗索引》十余万条百余万言（中华书局出版）。参加整理张元济先生遗稿《百衲本二十四史校勘记》，负责整理《三国志》《宋书》《南齐书》《隋书》《新唐书》五种（商务印书馆出版）。进入本世纪，参加国家清史纂修工程重大项目《清人著述总目》，任副主编。参加山东大学儒学高等研究院重大项目《〈十三经注疏〉汇校》，任副主编。个人学术成果还有《四库存目标注索引》，上海古籍出版社出版，二册一百余万言；点校《潜研堂序跋》《竹汀先生日记钞》（上海古籍出版社出版）、《宝礼堂宋本书录》（商务印书馆出版）等；与杜泽逊合著《山东著名藏书家》（山东文艺出版社出版）。在《北京大学学报》《中国典籍与文化》《书目季刊》《图书馆理论与实践》《藏书家》《澳门文献信息学刊》等刊物发表论文二十余篇。

一、治学经历

王锷：程老师，谢谢您接受我们学礼堂的采访！请您先谈一谈上学的经历。

程远芬先生：1981 年，我考到了山东大学中文系，学习汉语言文学。毕业的时候，考了研究生，但是政治课不及格，被分配到当时的山东省教育学院工作，就是山东省唯一的一所成人高校。当时允许工作两年后继续考研究生，我就报考了王绍曾先生的研究生，这一次，又是因为政治不及格，没能上。这两次政治的不及格，让我很郁闷，发誓不再考研究生、博士生。

1985 年山东大学毕业照

在 1986 年的春天，山东大学搞一个古籍整理的培训班，半年时间。我又回到母校，在古籍整理研究所听了半年的课。像董治安老师、霍旭东老师、刘晓东老师都为我们上过课。因为泽逊在这边，所以课下与老师们交流较多，学问之道在这个阶段找到一些感觉。

1988 年 7 月，我参加了北师大的暑期助教进修班。当时听了韩兆琦先生的“《史记》研究”，对我影响非常大。因为他个人的经历，加上他对《史记》的了解，课讲得很精彩。后来在我的教学生涯当中，我也开过“《史记》研究”课，也有受韩先生影响的因素在。当时还听了邓魁英先生讲的唐诗，赵仁圭先生讲的唐宋散文。三十天的时间，收获比较大。

1988 年夏天，我们学校当时接收了一笔钱——联合国教科文组织的钱。这笔钱的使用有专门要求，第一是购买图书资料，第二是让青年教师外出学习。这样我又去了西南师范大学（现在改名“西南大学”），当时叫中文系古代文学助教进修班，有八个男生一个女生，我在四川待了一年。这一年，我收获非常大，很系统。当时著名老先生——谭优学先生为我们讲《论语》，讲了一年。我记得当时一年的时间，一周四节课，讲了连三分之一都不到。

王：那应该讲得非常细致。

程：真是非常细致，非常到位！当时把《论语》来来回回读了许多遍，翻阅了很多《论语》研究著述。考试时，谭先生要求我们每人写一篇心得。我感觉到仁义礼智信这些，前人探讨很多，于是我写了《论孔子交友之道》，从五个方面探讨。第一，交朋友有什么要求；第二，交朋友的目的是什么；第三，如何选

1989年程老师在西南师范大学进修时留影

择朋友；第四，如何对待朋友；第五，交友切忌，切记不要交什么样的朋友。这是我第一次正儿八经写一些学术上的东西。发下来之后，谭先生批注“确实是读《论语》有心得之作”，给了我85分。当时我觉得，批语写得很肯定，但是成绩怎么只有85分呢？后来我们对照了一下，那几个男同学说，你85是最高的，我们只有70多分。后来我知道，老先生对我们年轻人要求还是很严的。

王：老先生给80分以上，是相当高的分数。

程：是啊！这一次系统地研读《论语》，对我影响很大。《论语》是“人生智慧海”，对青年人的读书以及做人做事都启迪很大。我今天在不同的课堂讲《论语》，也得益于这次重庆之行。交友是每个人避不开的，尤其是对于年轻人，在交朋友的路上，圣人的指点可以给他们一些启迪、一些教育。当时还听了一位比较年轻的先生的课，叫熊宪光，他为我们讲《战国策》。讲得不错，后来我对《战国策》感兴趣，也是基于这一次学习的影响。也是讲了一年的时间。后来熊先生到了北师大，跟着郭预衡先生，编了《中国文学史》，他负责其中先秦的相关部分。当时还有刘德煊老师讲《史记》，讲了一年，当时的笔记我现在还留着。当时没有录音机，讲义都是油印的。在我的教学过程中，我也开过"《史记》研究"课，与北师大韩先生、西南师大刘先生这两位老师，有直接的关系。后来在《史记》领域写过几篇文章，都得益于这两位先生的启蒙之功。

王：大学是在山大上的，跟杜老师是同级？

程：跟老杜是同级，都是中文系。

王：那你们俩也是大学就认识？

1987年与杜泽逊老师在山东大学图书馆前合影

程：是，在山大上学，不仅奠定了学科基础，也决定了我一生的生活。

王：您回到山大参与古籍整理培训班，与杜老师的研究生班是不同的？

程：不同，培训班只是半年。

王：也接触了很多老师。在山大、北师大、西南师大三个阶段的学习，对您的研究起了很大的作用。

程：山大的古籍整理培训班，对我后来多从事文献方面的工作，影响比较大。

王：本科阶段，其实是基础知识的学习。在我们那个年代，一般来说，很难确定我们做哪个方向。真正引导你走上文献学研究道路，是什么契机呢？

程：一个是与山大的古籍整理培训班有关，加上后来在北师大、西南师大又听了这些先生的课。其实我大学时，对古代文学感兴趣。记得大学毕业论文，我写的是三曹，现在回想，当时题目太大。但是当时老师的指点，说实在的，并不是非常到位，写三曹也只是蜻蜓点水。但是即便如此，关于三曹的文献评价类的典籍、史书传记，我还是读了很多，对这一方面也很感兴趣。我到山东大学古籍所培训，到北师大、西南师大学习，让我对古代经典、文献整理产生兴趣。泽逊后来跟了王绍曾先生，王先生那里有许多工作，不仅交给泽逊做，也交给我做。所以在文献方面做了些事情，参与了许多项目，跟王先生、跟泽逊有直接的关系。

二、教书育人

王：您是本科毕业就进入山东省教育学院，一直没有换过，坚守在教学岗位，一直在上课？

程：当时去了之后，中文系的主任问我，你愿意教什么课。我说我喜欢古代文学。他问我具体哪一块，我说，先秦两汉。所以一直在这些领域里从事教学。

王：这算下来也有三十年了。这些年您主要上过哪些课程？

程：古代文学，基本上是先秦魏晋南北朝。山东教育学院是成人本科，学生们在专科已经学了文学史，到了本科大多开的是一些专题课。我上过先秦两汉诗歌专题、散文专题、《史记》研究、《四书》精读、文献检索与利用等。再往后，2009年，我们学校从成人高校改变成为全日制普通高校，课程发生了很大变化。我现在从事的教学，第一是古代文学，第二是文献学，第三是《四书》导读，再就是“中文工具书检索”课等。同时给全校本科生开了一个公共必修课，叫“中国传统文化”课。

王：是文化史的教法，还是专题的教法？

程：专题的教法。

王：也就是说，这三十年，您上的主要的课程是与文学、与文献这两方面有关。那么，这些年您觉得您最得心应手的课程是哪一门？

程：我觉得是“先秦两汉散文专题”这个课程，再就是今天的文献学。

王：先秦两汉散文专题，以前有没有专门的教材？

程：有的。韩兆琦先生《先秦两汉散文专题》，高教出版社出的，但是在我上课的时候，这个教材还没有出来，那时上课是自编教材。

王：为什么觉得这门课最得心应手呢？

程：这与我的学习经历和兴趣有关。一个是北师大韩兆琦先生，我记得他为我们讲《史记》，上了十多天，很精彩，很吸引我们。因为他也经历了“文革”，他的阅历，对政治、对历史的理解，对我们这些当时20多岁的、刚刚大学毕业的年轻人来说，那是我们绝对想不到的。所以，这是第一次让我对《史记》感兴趣。那么1988到1989年在西南师范大学的时候，又有刘先生给我们上《史记》，那么这两次重叠的一个课程，而且他们两个是不同的上法。韩先生是以作品为主，以个人理解吸引我们。那西南大学的刘老师呢，他是比较平铺的，版本问题、体例问题、《史记》的思想倾向等，总之是对《史记》的全面的解读。他和韩先生的讲授风格不一样，但尽管不一样，却让我更加全面地认识了《史记》，并对《史记》产生浓厚兴趣。

王：两位老师的课可以互补？

程：可以互补。所以当后来日本学者泷川资言的《史记会注考证》出来，我立刻就购买了这部书。这部书对于我后来上“《史记》研究”课，起到了很大的帮助。“《史记》研究”课，在我们山东教育学院，属于专升本阶段开设的一门选修课程。

王：这门课是怎么个上法？

程：基本上我沿用的还是西南大学刘老师的讲法——一个是从版本、《史记》接受史，再一个是从体例到作品、继而到艺术成就，这样的几个角度来讲。而且这几年的授课，一直是学生们非常感兴趣、比较喜欢的。过去都知道“史家之绝唱、无韵之《离骚》”，话是都记住了，但他怎么个绝唱法？在这里边，我记得当时我借用了吴小如先生的一篇文章，题目就叫《史家之绝唱，无韵之〈离骚〉》。他就是一一来解读，怎么是史家之绝唱，怎么是无韵之《离骚》，这给我的启发也非常大，所以我要从史学体例这个角度来讲。虽然我学的是中文，但我从体例的角度来给中文本科生讲，他们觉得还是耳目一新。同时让他们从全局上对《史记》有一个把握，而不仅仅局限于《廉颇蔺相如列传》《陈涉世家》《高祖本纪》《项羽本纪》。过去的学生大多熟悉的就是这些，但是现在呢，有一个比较全面的角度、整体的把握，也就能够更好地理解体会“史家之绝唱，无韵之《离骚》”。

王：有没有打算将来将讲义出一本书？

程：也还没有，因为后来接着又做了很多事情，仅仅是上了课，留了点讲义而已。倒是写过几篇有关《史记》的文章。

王：像您讲授散文的这门课，有没有可能将来出本书。您讲得那么有兴趣，学生也喜欢。

程：因为韩先生的出来，我觉得我再出也就没有必要了。

王：有没有觉得可以互补的一些东西？

程：即使有，我觉得也是一点点。韩先生毕竟是在这个领域经营多年。而且这个先秦两汉散文专题，不仅仅是他自己，还有好多人，包括我刚才讲的讲《战国策》的熊宪光。这个熊先生，好像后来考的就是韩先生的博士，也留在北师大。所以这个先秦两汉散文专题，很大一部分是熊宪光写的。

王：那么，有没有可能把散文的这个专题和您讲《史记》的课程讲义结合起来？中心当然放在《史记》，合起来出一本书？

程：后来被学术项目推着走，再者，现在也不再讲这些课程了。

王：现在这些年主要讲文献学？

程：文献学，还有《四书》导读。《四书》导读用的是朱熹的《四书章句集注》。

王：《四书》导读用《四书章句集注》，讲多长时间？

程：这门课早期是一周四节课，上一学期，现在变成一周两节课。

王：课时那就更少了。

程：更少。

王：怎么个讲法？

程：一周四节的时候，我还能够一学期把《四书》跟学生从头到尾通一遍。

王：那也只能很快了。

程：很快。学生熟悉的、常读的是《论语》《孟子》，其中学生学过的一掠而过，不太熟悉的，串讲一下。基本上是采用互动的办法。上一次讲什么，下一次要讲什么，分任务。从哪儿到哪儿，这个学生，你来讲这一段；那个学生，准备下一段。这样以互动的形式，还是能够把它讲完。因为很多老师反映，讲这个课讲不完，也确实讲不完。但是以我个人的想法，哪怕是稍微粗一点，也要把这个课完成。讲完《论语》《孟子》，再回头讲《大学》的三纲八目、《中庸》的“人心惟危，道心惟微，惟精惟一，允执厥中”，感觉学生的认识、理解要深刻一些。

王：就是可以让学生通观全文。

程：因为我有感于当时在西南师范大学谭优学先生的课。每周四节课讲一年，他讲了三分之一。老先生学问大，他的进度慢。我们年轻人积累没有那么多，但是呢，我想他那样讲有他的好处，也有他的遗憾。所以我在上这个课的时候，我还是尽可能地把它讲完。这样让学生能够从全局上来把握《四书》，全面了解儒家思想。

王：这样有好处。

程：但是这个课后来变成两节课，就很难讲了。

王：很难讲完。那么文献学是怎么讲法的？

程：文献学基本上还是用老杜的教材，以他的教材为纲。

王：一周几次？

程：周二一次。

王：那一学期也讲不了多少。

程：也讲不了多少，但是我采用的是和实践相结合的办法。就是在授课过程当中以教材为纲。加上我这么多年来做这些项目的个人的理解，实践的经验、感受，还有一些例子，这样让学生对这门看似比较枯燥的课程感兴趣。

王：我想您上了三十年的课，讲了很多的课程，虽然课程名称不一样，但其实相对来说，也还是集中在先秦两汉和文献学这两个专题，我想您上课应该是很精彩的。所以我刚才向您提这些问题的意思就是，如果有可能，找一个题目把讲义出一本书，也算是对自己三十年教学的一个总结。

程：也可以，看时间和精力可以不可以。

王：比如说，文献学再出一个，恐怕也不必，毕竟杜老师书在这儿。反而其它的，倒觉得真可以出一本书。因为您所面对的学生，和我们所面对的本科生似乎还有点不太一样。

程：不一样。

王：所以您讲的很显然与我们讲的还有点区别，所以把这些东西怎么提炼出来，作为自己的教学总结，我觉得会对人有帮助。

程：看情况吧，因为目前任务也很多。后来能够做这样一些文献项目，而且在教学过程中，在我们普通本科院校，文献学课程，一般人是不愿意上的，我的同事也都开玩笑跟我说，非你莫属。

王：出力不讨好，没有实战经验是上不好的。

程：是，文献学这门课不太好上。

王：没有实践经验，拿个教材，照本宣科，那是不行的。

程：昨天我刚上了这个课。因为我们正在做《十三经注疏》汇校，现在校《诗经》。讲校勘学部分的时候，正好拿出一部分。每个同学分五页，学生很感兴趣。因为本科阶段，一般的本科生接触不到这些东西，他们能接触明朝的北监本、清朝的嘉庆刻本，很开心。每人校对五页，通过实践体会校勘学，有些同学校完以后，对自己所校部分某个方面的问题产生兴趣，想在这个方面写点东西。在这个时候，作为老师，对一门枯燥的课程，能让他们感到喜欢而不感到枯燥乏味，我觉得这是我做文献学老师很欣慰的地方。

王：你能够带着学生做一些很有意义的，让他们感兴趣的东西。而且对您来说，上课也不用备课，随时给他们讲些东西。

程：对。

王：也不用备课，随时搬。

程：例子随时举。再一个就是，文献学，我们在讲的时候，带他们去我们的特藏部，那里边有《四库全书》《续修四库全书》《四部丛刊》啊。

王：那你们书还不少呢。

程：《碛砂藏》《山东文献集成》《全宋文》《全元文》《全元曲》《甲骨文合集》这些都有。就让他们到那个地方直接去看，这对他们的震撼很大。

王：那是那是。

程：学生们在看到《四库全书》时，我告诉他们，是抄本，学生们很诧异。因为他们觉得这么大的一部书，看字体都一样，跟印的一样。我说，那个时候的读书人，对字的要求是很高的。我把《山东文献集成》影印的蒲松龄的手稿找出来，学生们明显感到蒲松龄字比较差。我说能进四库馆来抄书的这些人，一定是经过筛选的，不是说我想去抄就可以抄的。

王：其实，抄书的，不是说你写的字好与坏的问题，他需

要我们现在说的规规矩矩、方方正正，他有这么一个要求，字如其人嘛。

程：是的。所以就是说，上文献学课，用这种一部分实践课的形式，也带着他们到工具书库，这样可以锻炼他们。

王：是，锻炼他们，让他们知道，在他们用的几种普通工具书外，还有这么多的工具书，能够解决更大的学术问题。就是把自己科研的一些实战经验介绍给学生，与学生分享，而且能够教导他们对这块感兴趣。就是说，您这个班上将来有一个人愿意做这一块，您就成功了，对吧。

程：是的。

王：这真是很了不起的！

程：在多年前，90 年代，我们有一个学生，她后来到了山东经济学院工作，就是现在的财经大学，她考上了南京大学莫砺锋先生的博士，后来博士毕业，莫先生告诉她，你在山东工作，你一定要拜访山东大学的杜泽逊教授。她很听她老师的话，就来拜访。她问我现在上什么课，我说我现在上文献学等。她说老师当时为什么不教我们文献学呢？我现在最缺乏的、最遗憾的就是没有上文献学课，制约了我治学的深度。我说当时全国哪有本科生开文献学课的啊，我说更何况我们是成人本科。她说那现在这些师弟师妹们太好了，能够有这门课程。我说是啊，这门课程其实还是很必要的。这门课看似枯燥，但我们学生不觉得枯燥，我也尽量地用一些生动的例子让它不枯燥。

王：课程的枯燥与否，与老师有关系。《论语》课可以上得很精彩，也可以上得索然无味。

程：是的。

王：这与老师关系密切。

程：是的，这么多年来，在工作上，在教学上，我还比较满意。我的同事看见我都说，你没有什么不开心的事。我说有什么不开心的事呢？

王：与您上这些课也有关系。

程：一个是和上课有关系，再一个就是能够和学生形成一种非常良好的师友关系。我觉得这是让我比较开心的一件事。

王：其实也就是一种真诚的付出，但自己也觉得这是应该做的。至于您学生怎么想，我们也不求回报，是一种良好的心态吧。我觉得读儒家的书，恰恰能给我们这些东西。

程：对，对了。

王：我自从到南师，已有十二年了，年年给学生讲《论语》导读，每上一遍，感觉都像新的一样，似乎孔夫子反复在提醒你该怎么做。我也会根据自己的经验，引导学生告诉他们该怎么样。老师教学生什么，学生就学什么。就像家长教孩子什么，孩子就学什么一样。您刚才提到这个垂范的作用，很重要。

三、学术师承

王：回顾这多少年，撇开教学不谈，在学术研究上，您现在接触过的哪些学者在学术研究上对您影响最大？

程：我觉得近距离的，对我影响最大的是霍旭东老师。

2005 年兰州文溯阁开馆合影留念
左起：程老师、杜老师、霍旭东先生、杜以恒

王：为什么？

程：霍旭东老师在山大古籍所是副所长，负责教学科研，他把杜泽逊留下到古籍所工作。霍老师这个人呢，非常有才气，课讲得好。更难得的是平易近人，对我和泽逊一直非常关照。更加上有一段特殊的因缘，就是我们曾经住在一个楼上，交往方便。他把学林的掌故啊，包括《周易》的筮法，都讲给我们听，他是一个对我们影响非常大、感情非常深的人。当他后来到了兰州西北师大的时候，我和泽逊 2005 年有一次去开会，很大意义上，很大程度上，也是为了去看望霍老师。看望霍老师是第一动机，开会是第二动机。

那还有一个人就是王绍曾先生。这么多年，我跟他做了很多项目，跟他学了很多东西。如果说在文献学上，我还做了一些事情的话，那完全是因为王先生的引领，是他把我领到文献领域。大约在王老先生去世前，我和泽逊去看他，他跟我说："程远芬同志，非常感谢你，我这么多年的这么多的项目，没有你的支持，我都完不成。"当时我还跟先生说："不是这样的，先生，是因为跟着您做项目，我们学习、收获了很多。"这个收获不仅仅表现在科研上，更重要的表现在我们在教学过程当中，给学生举的一些例子上。如果一个青年人不参加一个或多个重大的科研项目，没有实际的科研活动作支撑，你上课就举不出例子来，你举的例子只能是一些从别人那儿拿过来的例子，显然就不如讲你切身经历过的东西，对他们更有感染力。所以说，王先生对我的影响是很大的，后来我的很多的科研工作都和王先生分不开。

第三个就是钱老师，钱曾怡老师。钱曾怡老师是山大文学院教授，是董治安先生的太太，是方言界的大拿、泰斗，出身大家。学术上，求实求真，不受世俗风气的影响。我记得印象最深的一件事，是当时泽逊的职称问题，好像是落在后边。当时董老师建议他先把发表的东西弄成文集，先出本书，这样好评职称。当时我们俩和他两口在一块聊，结果钱老师说："小杜，我觉得你不用，你就做好你的事情，你不用走这条路，只要努力，你会成功的。"我觉得那一次对我的震撼非常大。一个女老师在学术的路上，这种求真求实、不追求当前的利益，从长远看，她对我俩的精神引领作用非常大，我对钱老师满怀敬意。

王：很有远见！

程：非常有远见。后来她也曾经说："小杜，你看我说对了吧，早评上职称怎么了？有你今天的成绩吗？"钱老师是这样一个非常坦诚也很率真的人。

王：还健在？

程：现在 80 多了。

王：那真是和常人不一样。

程：不一样。

王：当时听到这个话，自己没有那种内心的不快？

程：没有，而是很敬佩！非常敬佩先生的这种踏实求真。

王：这是可遇而不可求的事，有这样的先生来指点，很幸运！

程：对，有时候老先生一句话，可能在其他人看来不太中听，好像你不关心我一样。事实上，恰恰是这样的话能够让我们拨开迷雾，看清真正应该走的路是什么样子，所以这么多年，我们两个基本上都没有走急功近利的路径。

王：就我对你们两位的了解，你们一直在做文献，跟我做的也接近。但是其实说得更清晰一点，都是在做实学。做实学，是来不得半点虚假的。

程：是。

四、编纂索引

王：杜老师他们帮王先生做《清史稿艺文志拾遗》，拾遗后面的索引是您来做的。当时您为什么要编这个索引，是杜老师压给您迫不得已，还是另有隐情？

程：这个事情，和泽逊关系不是很大，是王先生要我做的。我跟着王先生做项目，这其实是第二个。在这之前，大概是我们刚刚大学毕业没有多久，1987 年的时候。王先生领了一个省里的项目《渔洋读书记》，那是王先生领的项目。但是王先生并没有时间做，他就交给泽逊。而这个项目事实上是我和泽逊一起做的。后来就是当这个项目完成了，也要在青岛出版社出书的时候，王先生说，这个书我一点都没有做，这是你俩做的，你俩署名就行。我俩执意不行。因为这是先生的项目，我们跟着先生做项目，学东西就可以了。那么最后就是妥协了，这个书署的是王先生和杜泽逊的名字，我并没有出现。但事实上呢，这是我第一次在王先生的旗帜下做项目，这是第一件事，王先生是知道的。所以当后来编《清史稿艺文志》进入到后期阶段，要编索引的时候，他就直接找我，就让我来编这个索引。我知道编索引是非常麻烦的一件事情。

王：在此之前您编过索引吗？

程：之前没有编过索引。但是我刚工作时参加类书《中华民族优秀文化汇典》的编纂工作，领的任务是“自主自立，巾帼不让须眉”这一小类，大量使用索引，对索引的功用很了解。

王：那您当时怎么想就接下来了呢？

程：说实在的，是为了王先生、为了杜泽逊，因为我知道编索引能够发现很多问题。为王先生负责，也为学术负责，这个索引由我们自己内部编更合适。通过编索引，可以较好地完成它的后期修订。我按照一清样开始编制卡片，一个卡片写一条索引。写着写着，在编的过程里边，就发现有同一个书名，见于不同的部类，那就显然是重复了、重收了，就需要修订。及时发现后，在二清样、三清样的时候就可以改正。一清样卡片写完了，按照四角号码顺序编好，重复的书名，便回查原文，发现错误，就及时对王先生和泽逊说，他们也就立刻纠正，中华书局那边把这些重复的条目也就去掉、把错误的条目纠正了。但当二清样出来的时候，页码缩了接近 30 个，这 30 个页码，对于一部目录学著作来说，就很麻烦，因为它就是条目嘛，那么书名、很多作者，那个页码也要跟着调整。

王：就对不上号了。

程：对不上号了。那这样呢，你需要恢复原来的顺序号。然后从变页码的那一条开始，一一地往下核查。说真心话，这个工作做得很不爽。而且当时我发誓，做完这个索引，不再做其他任何索引，这个工作太繁杂了。

王：当时做索引的时候，您会用四角号码？

程：会。

王：但是没用四角号码编过？

程：没有。会用四角号码，还是在古籍所的培训班。上大学的时候，并不学四角号码。1986年，在古籍所培训时，徐传武老师给讲了两节课的四角号码，也只是把歌背上来了而已，什么是123这个知道，但是真正离用还远着呢。后来编四角号码索引，就认真学习《四角号码检字法》，把握取码规则，但还有一些四角号码纯粹是背上来的，当时并不理解。你像那个“萬”字，繁体字的“萬”，它是44427，根据那个规则，我当时真不理解它怎么是44427。但事实上，它这下面这个地方是个交叉，一个交叉的就是4。一般人写“萬”字是不交叉的。在编《拾遗索引》时，有类似于这样的几十个字的四角号码，我是硬背下来的。我后来给我们的文秘专业的学生开了一门课，叫中文工具书使用法，用的教材是北京大学朱天俊先生的《中文工具书基础》。在这个书里，涉及到工具书的排检法，我才彻底弄明白了，我当初死记硬背的那些字的四角号码是怎么回事。所以我在给专科生开这个课的时候，学生们对于这门课程也是很感兴趣的。原因就是，本来这是一门比较枯燥的课，但是因为我有实践经验，随手能够给他们举出很多例子来，我觉得讲得也是得心应手，也得到师生认可。一直到现在，文学院、美术学院和历史文化学院，只要开设中文工具书、文献检索与利用、文献学，同事们都认为应该我上。原因也得益于这个。

王：《清史稿艺文志拾遗（索引）》我记得是一大册吧？

程：100 万字。

王：100 万字，编了有多长时间？

程：从编制卡片到最后清样出来，再看清样，大约是 3 年的时间。

王：而这个事情，肯定杜老师没有帮您的。

程：不，他不插手。

王：他不插手，完全是您一个人独自承担。

程：对，这个时间，是 1995 年开始，我印象里是 1995 年开始。而 1995 年的时候，泽逊已经在北京大学编纂《四库全书存目丛书》。这个时候，孩子都已经是三四岁，我一方面要做好我们学校的教学，一方面要带孩子，还要编索引。

王：很辛苦！

程：我们住的是鸳鸯楼的最顶层六楼，上面没有阁楼。夏天济南是有名的火炉城市，楼板晒得很热，冬天六楼也很冷。但是呢，一到寒暑假，马上把孩子送回奶奶家，我就在这里守着一堆堆的卡片，编这个索引。所以那几年也觉得挺辛苦，但是到最后成果出来，能够为这部书减少那些重复和讹误，自己也是很欣慰的。

王：这个我完全可以理解。因为我学会四角号码，是霍老师的爱人夏延龄老师教给我的。有这么一段，我从夏老师教给我到我自己后来慢慢揣摩，至今，我百分之七八十自己能够用，没有问题，但是个别的，真是您说的后面两个，就是弄不对，也没时间再去深入钻研它。在2000年，《三礼研究论著提要》出版的时候，后面有一个人名索引和书名索引，当时也有人建议我编四角号码索引，我想了很久，放弃了。选择放弃，这也是其中重要的原因。最后我虽然是用了笔画的排序来编的，但是就这个笔画的排序，我在校对的时候，索引当时出来以后，在我家的阳台上，我一项一项，一条一条对我编的那个索引核查，校了三个月，一天不断，光那个索引我校了三个月。校完以后，到目前为止，这个索引只发现在一个地方连着有十条号码的错误，这个可能是我错，可能出版社排错，其它错误一条都没发现。所以那三个月，虽然是笔画索引，让我知道索引的麻烦。所以我很能够理解您，您是面对上百万字的索引，很麻烦。用的人是太方便了，但是编的时候非常非常麻烦！

程：就是这个四角号码，我觉得编这个索引的时候，自己下了很大的功夫。但是后来对我们做的一些大的课题，它还是发挥了非常大的作用。做《清人著述总目》的时候，《清史艺文志》的时候，要大量地检索这种目录的书，而那些目录大多是用四角号码编排的。我们很多硕士生、博士生参加这个项目，泽逊都让我给新生讲四角号码。基本上是花一个多小时的时间，就能够给他们讲得比较清楚到位，让他们明白。但是熟练要靠时间。四角号码是你掌握条条框框容易，重要的是在实践过程中运用。一直到今天，四角号码都是我们项目组必须的功课，新生进来都要先学会使用四角号码。

王：那么后来的《清史艺文志》，包括《清人著述总目》，虽然两部大书还没有出，但后面的索引也是要您编的。

程：在长期检索工具书的过程里边，只要你四角号码熟练了，我们大家都感觉到四角号码是最快捷的检索手段。四角号码一直被称为是汉字检索的快车道，比部首、笔画、拼音什么的都要快得多。但是，针对现在学术界四角号码使用日渐式微的状况，《清人著述总目》准备用拼音编。虽然参加项目的同学都认为用四角号码编制的索引最快最好用，坚决要求用四角号码编，但这个工程量太庞大，学术界对四角号码也渐行渐远，编制拼音索引相对较好。

王：暂时还没有编。

程：现在还没有，还没交出版社。

王：那么后来杜老师的《四库存目标注》的索引也是您来做的。

程：到他这个书的时候，再编索引，那我就责无旁贷，也轻车熟路。

王：这个书八大册，后面索引占好几册。

程：索引占了两大册。

王：也接近上百万字。

程：100 多万字。

王：这个也是您独立完成。

程：我独立完成。

王：那么您编这《清史稿艺文志拾遗索引》《四库存目标注索引》两部，您感觉索引在我们当下的学术界有什么意义和价值？

程：索引是工具，为学术服务。既然是工具，越快捷、越便当，检索信息越多，尤其一些难检的信息，能够通过你的索引检索出来，能够对使用这部书的读者最大限度地提供学术信息，我觉得这是对学界的贡献。在编这个《四库存目标注索引》的时候，也是基于这样一个考虑。因为有了编《清史稿艺文志拾遗索引》的经验，在编这个索引的时候，我们就把它最大学术化，把编索引的工作，最大可能地提供满量的学术信息。在这个索引当中编了四个索引，而在清史稿那个索引里边，只编了两个，一个是著者索引，一个是书名索引。但是在《存目标注》的时候，就做了四个索引。

王：哪四个索引？

程：第一个是撰校评阅序跋者索引，包括著者、编者、评阅者，包括序、跋。就是这个书有谁写的序，有谁写的跋，谁评阅过，在索引后面括注是撰啊，还是纂啊，还是校阅呀，还是序呀，还是跋呀，都括注上。这样提供的信息量非常大。比如说你要研究一个人，那么这个人的这篇序、跋文字，就只见于这部书，在别的地方见不到，通过检索这个索引，便可以获得这样的学术信息。

第二个索引就是书名索引，这是常见的索引。但是在做这个书名索引的时候，我们也进一步把它细化了，同书异名的情况，括注作者。作者又同名的情况，括注朝代。这样呢，也是尽可能把它区别开。还有就是这个书有附录，附录了别的东西，也把它在书名里面反映出来。假如是丛书的话，把它的子目、子目的作者也做成索引条目，这样就让学术信息最大化。

第三个是刻工写工及刻抄者名号索引。凡《四库存目标注》中所见刻工、写工、刻书人、刻书铺号，都单独做索引。这一块索引对刻书史、对版本鉴定都很有帮助。

第四个索引，是藏书家及藏书印鉴索引。凡《存目标注》所涉及的藏书家的姓名、字号、堂号，向四库馆进呈图书的私人藏书家的姓名、堂号，藏书印印文都单独编制索引。而在藏书印印文中所包含的人名、字号、室名、堂号，都单立条目。像“松江读有用书斋金山守山阁两后人韩德均钱润文夫妇之印”，除全文立目外，再从中切分出“读有用书斋”“守山阁”“韩德均”“钱润文”四条。有时候一个藏书印，切分出十几条索引的都有。这样人们可以全方位地检索到。这个索引对于藏书史、藏书印鉴、藏书家，它提供的信息量也是很大的。

《四库存目标注》出版以后，使用这部书、使用索引的人认为，这个索引是目前为止提供学术信息量最大的。

王：在我脑子里面，类似的一些信息，王重民先生的《中

国善本书提要》后面有类似的索引，显然您所编《存目索引》远远超出他的内容。

程：应该是超出了。

王：就您编《艺文志拾遗》和《标注》索引的感受，请您谈谈当前古籍索引编纂的成绩与缺陷。

程：今天的索引，我所了解的，大部分是电子文稿。出了清样以后，在清样上来标注，然后用电脑编排。这个有他的节省时间的好处，但是有些东西不经消化，一掠而过，往往容易出现问题。因为在古人署名的时候，往往加籍贯，甚至于有时候字号在前名在后，这样容易造成作者的姓、名、字、号弄错的情况，甚至于把前面的籍贯，乱入到姓名的情况，甚至于改变朝代，比如说梁丘迟，是指南朝梁代的丘迟这个文学家，很有可能就变成了姓梁名丘迟了。这是当下编制索引的一种不足。当时编《存目标注索引》时，泽逊在前面写，我在后面编索引。每次只写一个索引的卡片，绝不同时写四个索引的，以避免错入和漏写。他写出了 100 页，我就把这 100 页的先写第一个索引，撰、校、序跋、评阅者的这个索引。这个做完了，再从第一页开始，编书名索引等。

王：您这 100 页要做四遍。

程：我要做四遍。所以从某种意义上讲，他的书稿，我是第一个读者，而且是读四遍。在这个过程里边，发现问题及时跟他交流。这样的做法，是受张忱石先生的影响。在我编索引的道路上，中华书局的张先生给我的指导非常到位。因为张先生他自己编过索引，他编过《二十四史纪传人名索引》，编过《全唐诗作者索引》。他知道编索引的甘苦，有他的经验。所以他告诉我，在编索引的时候，一定不能同时编几种索引。因为那样极容易混淆，也很容易漏条目，必须一个一个地来做。这样做的好处就是我把《存目标注》的文稿读了四遍，发现问题，有疑问及时改正。同时也感觉到，只有这么细细地做，才能够减少错误，不能说不出错误，能够尽大可能地减少错误。如果像今天的那种，从出来的清样里边在底下画横线，用机器来把这个东西弄出去，那个错误还是有的。

王：那么，现在您觉得，根据您编索引的情况，目前中国关于索引的这种编法，大概能达到一个什么程度，学术上如何评价？

程：我们中国有个索引学会。2005 年，中国索引学会在复旦大学召开研讨会。当时我是带着《清史稿艺文志拾遗》的索引去参会的，也写了相关的论文。我的这个索引被评为优秀作品，论文也被评为优秀论文。在那次会议上，我记得当时还有几个外国的索引学会的人来参会，谈了他们对索引的价值利用，以及学术要求。在当时来说，我们大陆都还没有做到这一点。所以那次开会也让我对它有了更深的认识。所以我觉得索引是必不可少的，那么越细化越好，提供信息量越多越好。

但是在今天电子文本检索起来非常方便的情况下，它的作用怎么样？因为我用过中国基本古籍库，也用过新出的一个中国方志库，你要来检索，确实很好，一堆都出来了。多则多矣，从中挑出你所需要的有用信息还需要很多时间。如果有人能够给它编制索引，我想肯定比这个要好得多。

王：就是说，发达的网络时代，大家已经依赖网络，甚至离不开网络，也经常在网络上去用百度啊，搜狗啊，可以搜一些东西，似乎替代了索引的一些功能。但其实我个人觉得是替代不了的，也就是网络上搜索功能，不管他如何强大，他必须要人为地做一些工作以后，才能够强大起来。

程：是，网络也是人来做的。

王：对，换句话来说，我们文献学的一些工具书、目录书需要编索引的话，您觉得是不是还应该在这个基础上进一步的细化、调整、优化？

程：就是说看电子文本检索是很方便，但是我们每一个读书的、做学问的人，不可能时时刻刻都在电脑前，在网络上，那么，尤其是在我们读书的时候，还是需要的。我觉得对我影响比较大的一个书，就是余嘉锡先生的《世说新语笺疏》。《世说新语笺疏》后边配了四角号码索引，这个索引我多次用过。我也验证过它有没有问题，出现没出现过问题，因为我编索引，我对这个比较敏感，我发现他编得也是相当不错的。我记得当时谢安，“东山再起”的主人公，在《世说新语》里边，关于他的记载是很多的，那么当我们想了解一下《世说新语》记了他哪些事，包括笺疏里边哪些地方提到他，用他的索引，一条一条全都出来了。那么这对于我们阅读，对全方位地了解一个历史人物、了解一本书，这样的索引是非常方便的。我们今天并不是所有的东西都有电子文本，那么有一些能够在书的后面配有索引，依然还是方便的。

王：您觉得现在的电子文本的搜索能够完全替代索引吗？

程：不太能够。

王：我自己编过《三礼研究论著提要》的人名、书名索引，当然和您所编索引不能比。我始终在想，网络再发达，真的还是需要人为地把它细化做好。否则，虽然可以检索出一些东西了，但是可能和我们的要求、目标还有段距离。

程：是，这个距离应该说还比较大。

王：那么目前，除了《拾遗》的索引和《标注》的索引之外，包括您刚才谈的余嘉锡的这个《世说新语笺疏》的索引，在古籍这一块索引编得好的，您用过的，大概还有哪一些？举例来给我们谈一谈。

程：比较好的就是《中国古籍善本书目》的索引。编得比较不错，但是有点麻烦，就是要置换。

王：就是0101是北京图书馆，0201是上海图书馆等。

程：对，就是说你有时候记不住。除非是你对这些省的代号，对于它的代码规律熟悉的话，你可以减少一些环节。但是如果你不熟的话，你往往要回过头去再去检索。

王：那您为什么会说这个索引编得好呢？

程：这个索引除了这个麻烦以外，其他的错误很少，比较到位。再一个也同样是这个书的索引，就是齐鲁书社影印《中国古籍善本书目》的稿本，也重新在后面编了索引，那个索引也还可以。现在学术界已经形成了比较良好的风气，那就是在每一部书出来，往往在书后面附有索引。这在 2005 年，我在复旦大学开那次索引学会的时候，还没有这样的风气。所以我觉得索引学会在这个方面也是起到了一个推动作用。

王：我不了解索引学会，索引学会是定期地每年开年会？

程：每年都开。

王：是不是也有《中国索引》这样的学术期刊？

程：有，他的期刊名就叫《中国索引》。

王：是吴格老师主持，还是与他有关系？

程：与他有关系。

王：我突然想起来，10 年前，应该是 2004 年，吴老师在兰州跟我说过索引学会。

程：就这个。

王：那就是他也在里面参与一些事情。

程：我的那篇去开会的文章就在他那里发了。

王：也是正常公开出版一个刊物。

程：好像是内部刊物。在文章比较讲究实用的情况下，因为它是内部刊号，所以大家不愿意往这发。但是即便如此，在索引这个方面做出一点成绩的人还是愿意在这里发文章。

王：等于是交流个人心得体会的一个阵地。

程：对。

王：您刚才这么一说，突然想起来，我几乎把《中国古籍善本书目》的经部翻破掉了。所以我脑子里边很多，好像1601是南图，这个0301是天津图书馆，1101是甘肃省图书馆……

程：1501是山东省图书馆，1541是山东大学。

王：0141是北大图书馆等，都记得很熟。就是因为反复地查过那个书，这样才能够记住，所以有些东西根本不用置换，脑子里面很清楚。

2007年摄于山东省图书馆善本部

程：但是很多初学者，像本科生、硕士生还是做不到这一点的。

王：他们要置换。您这一说，我想起来，若干年前，参加陕师大主持的《十三经辞典》时，需要做《十三经研究论著目录》，他们想让我做，我说做不起来。后来给他们做过一个“历代十三经研究重要参考书目”，分散附在各经后面，做这个简目的时候，对经部是翻过多少遍，不断地查就记住了，至今有些仍能记住。

程：我们在编《清人著述总目》的时候也是大量使用这个，对于我和杜老师，我们这些常年使用的人，是大多不需要置换的。但是对于初学者和不常用的人来说就需要置换。

王：起码是省级的话，应该是用不着再置换的，就个别的县级单位，大概还是要查一查。其实这样的索引还是很方便的。

程：很方便，好多东西它能够提供。比如说我刚才说在那个《四库存目标注》的第四个索引，就是藏书家及藏书印鉴索引。那么在这个藏书印鉴里边，往往有籍贯，有姓名，有字号，有堂号等等，咱们单独把它析出来，这个帮助是很大的。可是你要是用电脑来做呢，它不能够准确地把这些东西析离出来。

王：所以像《标注》的索引，它不仅仅是给《标注》提供一个检索的渠道，更多的也是为了查考，比如说版本学的一些知识，包括藏书史、藏书印的知识，全方位检索。而且在查这个书的时候，还可以给其它方面提供一些信息。

程：尤其是给哪些人啊，哪些序跋，只见于这部书，而不见于他的文集。他只要是在这个书里边输入这个人的姓名字号，都能够找到它在什么书里边有什么序、什么跋。对于从事研究的人来说，能够提供很大的学术信息。

王：这是很不容易的。所以杜老师跟我说，编索引，你是行家。替他做了很多的事情，他戏称说你可以赖以不朽，真也是实情，是做了很多事。

程：到目前为止，在我的师友中，四角号码我还是最能够准确到位的。

王：毫无疑问，您是索引学的专家，这个没有问题！

五、整理古籍

王：您还帮着王先生整理过《二十四史校勘记》中的《三国志》《宋书》《南齐书》《隋书》《新唐书》校勘记，据杜老师跟我讲，张菊老的《二十四史校勘记》，您整理得最多。当时那么忙，怎么会整理这么多的校勘记，谈谈相关情况。

程：张菊老的《百衲本二十四史校勘记》，应该是都有，但是历经多年，只留下来十七部史书的校勘记。那么在十七史里边呢，我完成了五史。一个是《三国志》，最先做的，后来是《宋书》《南齐书》《隋书》，还有《新唐书》。其中《新唐书》的部头最大，有十几册的原始校勘记，整理后商务印书馆印出来是上下两册。

王：这五部史书的校勘记，加起来量不小啊。

程：这个量很大，大概有几年的时间。我一直就是在一部史书一部史书地覆核、整理。原因怎么说呢，当时王先生找人并不是很方便、很容易，再就是他看我做得还不错，经常是非常客气地问："程远芬同志，你能不能再做一种啊。"我是愿意做的，因为我在文学院教课，教的是古代文学，文史也不分家。借这个机会补补课，对于史书多一些了解，那对我的教学、对我学术的拓宽路径，还是有帮助的，所以我也乐意去做。最后十七史校勘记，我自己整理了五史，大约花了有六七年的时间。因为张菊老、蒋仲茀他们都是毛笔的手稿，有些字要仔细辨认，要通过武英殿本来查，根据原书，往往找到原文才能够弄清楚写得比较草的这个字是什么字。那是早期，后来慢慢熟悉了他的字体、笔迹，就方便一些。

王：这些留下来的校勘记全是张菊老的笔迹？还是有其他人的？

程：有张菊老的，更多的是蒋仲茀先生的。

王：那么做这些校勘记，您不能只整理校勘记，要对这五部史书从头到尾也要看。

程：也要看。

王：所以量是不小的，您做的这五部史书校勘记下来，也有上百万字吧？

程：因为这个校勘记，商务印书馆后来是用我们的手写本影印出来的，没有排印，所以具体的字数有多少就没法确切统计。但是这个校勘记对学术界影响还是非常大，而且对于我的学术生涯，我觉得影响也大。影响大，就是感慨于张菊老在当时做这个工作。从出版社的角度，他是想提供稀见的本子，也是用这个来吸引读书界、学术界的注意。我觉得既然是这样，你用宋本、用元本，原本那越真实越好。但事实上，在我们整理校勘记的时候，发现在很多地方改了。就是宋本不是这个样子的，他改了，改了呢，对学术界也没有交代。而事实上，有的地方，一改改20多个字。我当时也很纳闷，也跟泽逊探讨这个问题，就是张菊老，他也是个学者，虽然说他是个出版家，或者说出版商，但他是个学者呀，为什么要这么做？因为他误导了学术界很多年，以为这个地方宋本就是这样子，岂不知不接触这个校勘记，你就认为宋本是这样，但是接触了才知道，这恰恰是证明张菊老他们在影印过程当中就直接改了。可读者不知道啊。直到有一天，你看到宋本的时候，欸，怎么和张菊老那个《百衲本》不一样？看了这个校勘记，你就明白了，凡是要改的地方，张菊老都批个“修”字。有时候还批“重修”，这是说这个字已经修改了，但

《百衲本二十四史校勘记》

跟宋本或元本字体风格出入太大，张菊老就让人再重新地把这个字修得跟原版本的字体风格一致。所以我看了这一点，也是感觉到，身为出版家的学者，先是以学术来吸引学术界的注意，最终目的是盈利。也就是说，盈利第一，学术次之。

王：这种情况很多。

程：很多，我记得《史记》是修了2000多个字，《三国志》是修了1000多处。当时有统计，具体数字记不住了。这个修字情况还是很大。

王：就是从他校勘记反映出来，凡是他修过的地方，肯定是注了“修”字。

程：那只是在他的校勘记里边。

王：他在校勘记里边说明是修了，但是《百衲本》里边是找不到痕迹？

程：找不到痕迹，你看不出来。你修得不像，他让你重修，那读书的人不就看不出来了嘛。

王：就是几乎每一部书都应该在几百处甚至几千处。

程：当然也看书部头大小了，基本上都在上千处以上。泽逊校的《史记》，我知道是修了2000多处，《三国志》印象里是修了1300多处。后来我校的其它的都有。你看那个《元史》校勘记，下面修修修，凡是修的都是改字。

王：现在，就张菊老所做的这些事情，有没有人专门写文章来谈这些事情？

程：我们在做了这个工作以后，我们就写文章，我和泽逊都写了文章。

王：都专门谈过这个问题。

程：是的，专门谈过这个问题。我记得我的那一篇是发在《中国典籍与文化》上，后来在台湾的《书目季刊》上也发了一篇。

王：也只是举例谈了关于《百衲本二十四史》的一些情况。

程：一是谈百衲本《三国志》的情况，二是谈宋建本《三国志》的情况。

王：其实您刚才讲的这个，也解答我脑子里面一个疑惑。就是我在做这个《礼记郑注汇校》的时候，最早是准备拿《四部丛刊》影印的绍熙本《纂图互注礼记》来做底本的。因为做这个事情的缘起，也就是拿这个本子给学生来上课，发现很多的错。但是大家都知道《四部丛刊》影印的是宋本，是很好的。结果后来等到《中华再造善本》把这个绍熙本重新印出来以后，当我一对的时候，就发现有300多处差异，而这300多处差异，原原本本你去读是读不出来的，他修得是一点痕迹都没有，但是当你去一对的时候，发现这个字是改过的，换成另外一个字了，但是一条都不讲。和您刚才说的是一回事，是一种做法。所以呢，很多年，大家都认为《四部丛刊》影印的宋本就这样。

从我们现在学术角度来说，《四部丛刊》本就《礼记》而言，显然它已经变成了另外一个版本。所以我在做《礼记郑注汇校》时，我是以《中华再造善本》影印的宋本做底本，叫它为宋本；《四部丛刊》影印者叫《四部丛刊》本，我想这样更合理一些。也就是说，当时他做的很多书大概都有修改的痕迹。

程：我现在不知道，赵生群先生与你们南师大《史记》修订团队，在当时用没用《百衲本》的这样的一些信息，在你们整理《史记》的时候啊，这个《史记》校勘记商务印书馆早已经出版了，出版在 2000 年前后。

王：最后汇总是赵老师来汇总，我听他讲这些东西他都是对过了的，应该是吸收了的，也反映出这方面的一些情况。但是怎么处理的，是赵老师统稿的，大概是这样。那么程老师，您整理这五种史书的校勘记，对您来说，最大的收获有哪些？

程：就是补足了我在版本学上的缺憾，再一个是校勘学上，大大地丰富了校勘学方面的一些知识，尤其是一些例证。再一个就是对这五部史书的全面熟悉。

王：举例谈谈。

程：首先是对于底本的修改问题，外人不知道，还把它当宋本来看。而事实上，它已经变成了另外的一个版本。那么在后来讲述文献学的版本、校勘部分的时候，这样的一些切身的感受和体会，也会放到教学过程当中。就是说整理这五种书，除了让我对这五部史书本身，从面上有了一个接触。同时呢，在版本学上、校勘学上，对他们的认识，在学术上的提升，还是有很大帮助的。当然有一些副产品，有的写成了文章，有的就变成了资料、卡片放在了那儿，没有时间来进一步地梳理。

王：**可以出个论文集。**

程：其实有的光是资料堆在那儿，也还没有写成文字。

王：**把一些写成文字的，包括一些资料，把它整理整理，也可以出一个论文集。**

程：也可以。记得关于《三国志》的，在《中国典籍与文化》上是发了，也挺长。当时编辑们说，把后边的几个都写出

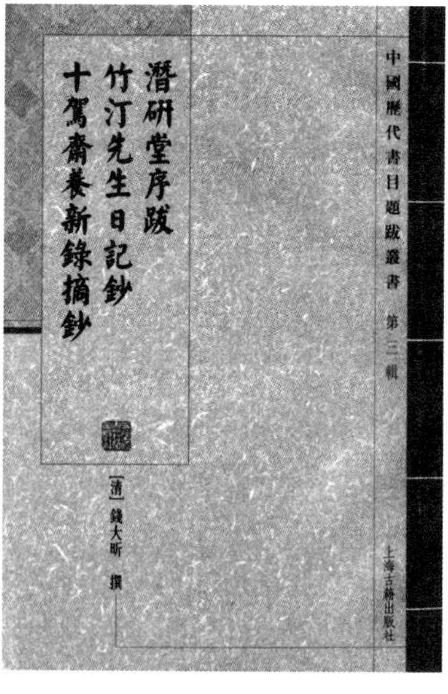

《中国历代书目题跋丛书（第三辑）》之一种

来，他们都给发。但是后来的很多事情都是推着走，所以放下就放下了，就没有再实现了。

王：您整理过钱大昕的《十驾斋养新录》，还有他的序跋等等，请您谈谈整理情况。

程：钱大昕的序跋、《竹汀先生日记钞》、《十驾斋养新录摘钞》，这个是收在《中国历代书目题跋丛书》第三辑。

王：就是杜老师主持的那一辑。

程：他主持那一辑的里边的一种，这种是非常难。

王：钱大昕的东西不好点，我知道。

程：确实非常难，请教过很多师友，包括请教刘晓东老师。有些就是到今天也没有一个很确定的点法。因为他引用的东西，我们今天的学识很难达到。就是在点校过程中，也让我充分地对乾嘉学派领袖级的人物，他们的学术水平，他们的读书之多，有了更深的认识。所以面对他们这些东西，往往也感觉到很惭愧。今天我也是老师，大学老师。我觉得面对钱大昕们，我真是感觉到自己做一位老师是不够格的。点这个很难，当时也参考了很多书，包括一些大家在过去点校了的钱大昕的著作，发现大家点校的也有错误。从而也进一步感慨，乾嘉学派的学问之深之细，做学问之难。

做这个工作花时间也不少，书后面也编了索引，那这样就是大约花了两三年的时间。我觉得是每做一项工作都有学术上的收益，这是最让人开心的一件事。

王：那么还有一种《宝礼堂宋本书录》，也是您点的？

程：也是我点校的。《宝礼堂宋本书录》是当时张菊老先生的哲嗣张人凤先生，和上海古籍出版社有一个项目，叫“张元济古籍题跋书目汇编”，《宝礼堂宋本书录》是其中的一种。这个也不好点。里边尤其是涉及经学、礼学者，也是很难、很头疼的。但是也从来没有人点过。在点的过程里边，加上整理过百衲本《三国志》，就发现了这个张元济先生在《校史随笔》当中引用的例子，恰好就是和我这一块内容相重叠。我就回去查看《校史随笔》，结果发现张菊老正好弄反了。我曾经跟张人凤先生提起过。后来上海古籍出版社搞了一套《蓬莱阁丛书》，全是名著导读，其中就有张菊老的《校史随笔》，《校史随笔》的导读就是张人凤先生。他在前面有一个长长的序，在序里面，他还提到我，对于《校史随笔》哪个地方有贡献。张先生的这个行为让我还是很感慨，很提携后进，而且对学术是实事求是，很负责任，不为尊者讳，不为长者讳。作为张菊老的后人，能够这么做，也是很不容易的。

王：据我的了解，在版本目录学著作中，我认为《宝礼堂宋本书录》至今应该是版本目录学的代表作。您认可吗？

程：我认可，在你昨天说要采访我的时候，我就在想这个题目，我就在想，这个书要不要单独拿出来，再充实一下，补充进一些相关的信息，单独出。

王：这个书是和另外一种是合在一起出的？

程：它是从编里边的一种。

王：《宝礼堂宋本书录》，他叫宝礼堂，和《礼记》有关，我对他里边所写的《礼记》那一条是反复读过，甚至是逐字地来抠过他的东西，当然，我把现在八行本对了以后，发现张先生也有搞错的地方。但是不可否认的，就是说，这本书作为一个版本目录学著作，它的体例是最全面的。目前我们似乎没有著作的体例能够超越它。

程：张先生毕竟是行家，他在体例的构建上还是非常完备。

王：就是从它的书名，包括一般的书名、作者、卷数、页码、刻工、藏书等等，全方位地介绍。我们现在能想到的，似乎他都弄进去了。

程：我也认可这一点，因为他比我们现在要早很多年，他当时的条件也不如我们今天便当。我整理这本书大概是二零零几年的时候，假如是今天回过头来，重新来做，可能做得会更好一些。

王：要不可以修订重做一下。

程：是啊，我昨天下午还在想这个书，《宝礼堂宋本书录》，要不要拿出来重新弄一下。

王：可以重新弄一下，可以补充一些内容。比方说，就八行本《礼记》里一条，张先生是把它分成了原版刻工和修版刻工。经过我的核查，恰恰有搞混的，甚至他有漏掉的。他当时一个老先生在那做，能够做到百分之九十五六，已经很了不起。这是我们现在很多做版本目录学的人写这样的东西，应该学习借鉴的。起码从体例上，我觉得有些方面不要说超越他，似乎还没达到。

程：应该可以这么说。

王：上次我跟刘蔷也探讨过这个话题，她也认可我这样的说法。所以您专门整理这本书，您也有自己的想法。也就是说，因为我们现在这样的书很多，给某个藏书家的藏书编一个藏书目录，做一个目录书嘛，大不了注明是什么版本，或者是有序、有跋、藏书印什么的。而他详尽到里边的刻工，原版和补版的刻工，这个不是一般人所能做到的事。

程：是。以我们今天的条件，现在各种工具书的出现、网络信息的丰富，对于这个书再进行补充和订正，可能会让他的学术价值更高、发挥作用更大一些。

王：我想因为您现在在校经处，拥有那么多的工具书，其实，比如说张先生他原来什么样，就在那摆着，他错就错了，但是我们完全可以给它出校记，或者是后边出按语之类。我倒觉得您可以来做做这个事情，即使您没有那么整块的时间，可以带一个学生一起来完成。一起完成的话，一则可完善该书，二则可培养人，然后在前面写一篇非常好的前言，说清楚作为版本目录学的藏书志，为什么要这样来写，他的这种体例在藏书志的历史上，它处于一个什么样的地位，启示后人怎么做，我觉得更重要。

程：这个建议很好。

王：似乎没看到有人对它有过很高的评价。

程：这说明它在学术界发生的影响不够大，按说应该很大。

王：我对它用得多，因为与八行本《礼记》有关。但是似乎没有人说这是很好的书，因为类似的书真的很多。你比如说丁丙的《善本书室藏书志》，没有版本的更多信息，对吧？刘蔷搞的《天禄琳琅书目》，是有版本信息，藏书印是选一些，没有详尽地把刻工这些东西全部给弄出来。《宝礼堂宋本书录》的学术价值很大，对于后人来说，现在比如说是研究刻工，我们也要赖以查考的。比如说这个明代书的刻工要查考李国庆先生的书，这个宋元版书有赵振铎他们，也就那么几部书，但不是很全面，《宝礼堂宋本书录》要比他们全，信息量大，学术界重视不够。

程：泛泛地翻看，是认识不到它的好的，只有真正在某部书或某类书上下了功夫，尤其是注重它版本的学者才能真正意识到它的好、它的全面。

王：所以，我建议您重新做，可以使这部书发挥它的一个作用，给我们版本目录学界一个更多的一个启示，已经有这么一座丰碑在了，我们知道该怎么做。真的建议您重新做，包括钱大昕的书，把它重新修订一下再出，我觉得也都是不错的。

程：当时就是放在这个丛编里边，它是放在某一册的中间。如果是独立的一册，可能还好一些。

六、《山东著名藏书家》

王：您跟杜老师合作写过《山东著名藏书家》，请您来谈谈相关情况。

程：当时是齐鲁文化中心搞了一个《齐鲁历史文化丛书》，涵盖方方面面，共分100种。要求篇幅不要很大，要求通俗易懂、雅俗共赏。当时泽逊领的项目就是《山东著名藏书家》，但是一直到那边催，快要到交稿期限了，他因为忙于其他项目没有时间写，他就跟我说要把这个项目退回去。我说那不很可惜吗，我说我可以来做。他说你有时间吗，我说时间都是挤出来的。那就挤呗。当时我们大约就规划了写16个藏书家，从第一个王粲开始，到最后王懿荣、徐坊，写了16个。这里边包括赵明诚、李清照。我们当时的教学工作量非常大，我就一周除了上课，就收集资料，写成一个藏书家。当时电脑还很少，都是手写。收集资料也是手抄。那么最后我写成了稿子，去上课的时候，交给我们一个学生，他家有电脑，他会录入。等下一周，我再拿一篇新的给他，他把打印的上一个藏书家给我，我再改改，下一次再给他返回来。大约是16个藏书家，我写了13个。泽逊没有时间，他写了3个，大致是这样。那么最后这个书出来了，反响还不错，但是大家想买，买不着。现在这个书非常难找，因为当时是从书里边的一部分，现在很难买到这个书。

王：这个书，您觉得主要有哪些特点？您自己作为作者来说，怎么看待这个书？

程：我感觉到山东人藏书，历史比较悠久。包括宋代的晁公武，是山东人。当时他在四川做官，当时四川的转运副使，叫井度。他家藏书非常多，他曾经说过，将来我的儿子，如果是这块料，我把书给他；如果不是，我要赠送给喜欢读书的人。最后，他就把书给了晁公武。汉末王粲，当然我们大家都知道，蔡邕把书赠给了王粲。在历史上有名的这种“蔡邕之赠”，都是赠给了山东人。这说明山东人好学，喜欢藏书。山东人在藏书这个方面还是非常有传统的，而且是代不乏人。清末四大藏书家，在江北，也只有山东聊城杨氏的海源阁。所以在写这本书的时候，关于山东藏书史，也很感慨，也为山东人自豪。

其实，有点遗憾的就是修《四库全书》的时候，山东献上去的书很少。我一直不知道原因是什么。什么时候有时间，可以找一找当时山东做这个事的官员，是什么人。而且《四库全书》七部，四部官方收藏，三部在江浙。山东作为齐鲁文化的发祥地，儒家至圣先师、亚圣都在这里，而山东没有一部，我一直觉得是一件非常遗憾的事。后来我写了一篇文章，关于《四库提要》中的《离骚中正》这部书。这部书的作者林仲懿，是我的乡贤前辈，山东栖霞人。《四库提要》里边说，不知道作者林仲懿是何许人。《离骚中正》这部书山东大学有一部，是个清刻本。《离骚中正》，他用儒家的中正思想来解读《离骚》，这在《离骚》的解读史上是从来没有过的。我认认真真地阅读这本书，这部书的最后一页赫然印着“栖霞林仲懿”。林仲懿是个解元，到了安徽去做官做了一年，挂绶而去。官不当了，回家读书做学问、刻印，喜欢刻印，所以他的书后面都刻了很多印，都是他自己刻的。赫然在目的“栖霞林仲懿”，四库馆臣说不知何许人也。我就在想，四库馆臣大概一看这个书名，《离骚中正》，就不以为然，大概把这个书连翻到底的耐心都没有。如果翻到底，怎么可能不知道林仲懿是什么人，是哪里人呢，所以我也在想，大概当时山东的官员对于国家要修《四库全书》这个事情不太重视。那么山东贡献不大，献上去的书不多，最终的四库七部书里边，也就没有一部落到山东这块大地上，这是一件遗憾的事情。所以就是说，在写这个藏书家的过程中，一个方面，就是对山东藏书的历史有了很大的认识。当然，写这个书的时候，王先生的那个《山东藏书家史略》，这部书给我们帮助也很大。再一个是，对于藏书史料、对于这些藏书家的传记资料，也全方位来接触，后来也写了相关的章节，在《藏书家》上也发了一篇关于王懿荣天壤阁藏书的文章。

王：目前反映山东藏书史的书籍，除了王先生《山东藏书家史略》之外，就是你们所写的《山东著名藏书家》，就这么两部书。似乎后面再也没有人再继续往下做，是吧？

程：所以现在回想起来，这个项目没有退掉，是很好的，挤一挤时间，也就做出来了。

王：这两种书，其实对于山东藏书史的研究，还有开创之功。

程：应该有，可以这么说。

王：我觉得，一个地方的藏书，是与它的刻书事业有关系的。您这一说我就想起来，明代的时候，一个很有名的学者陈凤梧在山东做官，当时他在山东刻过《仪礼注疏》17卷。目前的学术界的主流的观点，认为《仪礼注疏》的经、注、疏、释文的汇刻，这是第一部。但是这个书是在山东刻的，后来书版在嘉靖五年的时候就送到了南监，到南京去了。到南京去以后呢，闻人铨又刻过，再后来福建的汪文盛又翻刻过。他们这三个人刻的《仪礼注疏》，可以肯定地说是同一个源流，这是毫无疑问，我校对过。这里边我想要说的就是，陈凤梧在山东刻书，《仪礼》除了刻注疏，他还刻过《仪礼》的经注。陈凤梧在山东刻书，版又送到了南监。换句话来说，起码从明代那个时代来看，山东的刻书事业应该是发达的。所以这种发达，也会给藏书带来繁荣。我倒觉得，将来如果有机会，这些方面还可以结合起来。您已经有很好的基础，可以再挖掘挖掘，把它再做一次。

程：唐桂艳博士，她的博士论文就是《清代山东刻书史》。

王：出版了吗？

程：刚出版，齐鲁书社，三巨册，后面附有索引。从正文到索引，都非常仔细。

王：杜老师的博士是吧？替我要一部吧。

程：替你要一部。

王：所以，我认为您做这个《山东著名藏书家》，其实真的是很有意义的。

程：当时我是积累了很多资料，可是这部书的要求呢，是要求通俗易懂。我一直想接着写，因为在写王粲的时候，王弼就是王粲的后人。就是王氏家族，王粲是三公之后，是世家。是世家便肯定有藏书，但是史料记载不多，我推测肯定是这样子。那么到了王粲的时候，他既好学，蔡邕又兑现了他的诺言，把一部分藏书给他。后来到他的儿子辈，到他的孙子辈，拥有的藏书就很多。就是从某种意义上讲，我在当时搜集资料的时候，我感觉到，这应该是中国藏书史上最早的藏书世家。战国时候，像惠施藏书，苏秦也藏书，但是没听说他们的后人还在藏书。那么从藏书世家上来讲，我感觉到这个王氏家族应该是最早的藏书世家。曾经也有意要写这样的一篇文章，到今天也迟迟没有完成。当时搜集的资料还在。

王：那可以把它接着写出来，都有资料，也有思考，可以写出来。

七、《儒家者言》

王：程老师，我们认识十多年，每次聊，当然和杜老师聊得多，但是对您的科研信息掌握得不全面，采访可能有遗漏的地方，您还有没有补充的，再讲一点。

程：刚工作时参加过《中国历代辞赋鉴赏大辞典》，后来翻译过《儒家者言》这本书，是齐鲁书社出的。

王：哦，我没看到过这本书，不了解，请谈谈相关情况。

程：《儒家者言》就是把儒家重要经典里面的名言挑了几百条，然后就是我做了古文今译。然后请一个美国人孟巍隆译成英文，他现在在山东大学儒学院工作，汉语很好。他根据我的翻译，再翻译成英文，齐鲁书社的目的是把它打入西方市场，传播中国的优秀文化和智慧。这本书出来，反响也是很不错，叫《儒家者言》。

王：那也要送我一本哦，有的话。

程：送你一本，我找找看，这个书是零几年出的，应该是零七年。他这个书有两个版本，一个是带英文的，它主要是往国外推销的；还有一个就是把英文翻译去掉。我的收获也是很大。但是这个工作看起来容易，事实上很难。比如说，“天行健，君子以自强不息”。怎么个翻法？它不好翻译。这个孟子的“大丈夫”说，这个“富贵不能淫，贫贱不能移，威武不能屈”，翻译出来不好翻，可是很费脑筋的。但我觉得这样的工作还是有意义的，销量也不错。

王：我刚才还想问来着，您上《论语》的课，也上《四书》导读的课，刚才您又说了做了《儒家者言》，这些儒家经典的思想对您有什么影响？

程：有影响。我觉得《论语》这本书对我影响很大。这部书被称为“人生智慧海”。年轻的时候，上大学的时候读《论语》，品味出来很少。随着阅历，随着你经历的事情越多，你越发的感觉到它确实是一部智慧之海。所以现在在一些场合，在一些讲座愿意讲《论语》，也是基于对它的认识，可以从很多角度来讨论。

在80年代，山东省社科院搞了一个项目，叫《世界百科名著大辞典》。文献学的版块给了王先生。王先生就让我们几个年轻人来写。当时版本目录这一块，古代典籍的重要词条，是我写的，这也是我进入文献领域早期经历的一些事情，一些积累。

八、相夫教子

王：杜老师主持很多大的项目，像《清人著述总目》《清史艺文志》《〈十三经注疏〉汇校》等。我倒记得有一次您跟我谈，您说本来不想让他再做大的集体项目，担心他压力大。现在您不仅是亲自参与具体的一些事情，而且忙前跑后给他很大的支持。就他所做的这些事情，从您的角度，您怎么看？

程：我记得他研究生毕业以后的第一个工作，就是参加了集体项目，就是《清史稿艺文志拾遗》的工作。这个工作结束了，又参加了《四库全书存目丛书》的这样一个集体项目，再后来又是《百衲本二十四史校勘记》这样的一个工作。做集体项目，有它的好处，但其中也有一些不是很令人愉悦的东西，而且大项目往往一进去就是好几年。

在这些工作完成了以后，我记得有一年的春节，我说春节该许个愿吧，我说，我对你的希望就是以后不要做大项目；第二，陪我看场电影。杜老师很痛快地答应了。我说，去看一场就行，我们多少年没看过电影了。他说好，很痛快地答应了。但是没过多久，国家重修《清史》。山大以文史见长，学校希望他能够在《清史》委的项目竞标中，为山大拿得一项。但是我个人觉得，虽然我不希望他做大项目，但是赶上修史，不能说千载难逢吧，也是一个很好的机会。那么泽逊他搞《四库》学，对《清史》、对清代的学术文化了解也比较多，再加上有协助王先生编《清史稿艺文志拾遗》的经验，有一些先天的有利的条件，做这个项目我觉得也很有意义，所以也就很支持。但目前的学术考核机制，做项目拉同事是非常难的一件事。我教学之外，也愿意做一些这个方面的工作。我个人是全身心地参加到这个项目当中，我从 2004 年一直到 2011 年 12 月 31 号《清人著述总目》交给《清史》委，这是八年的时间。八年的时间，基本上我们都是早晨来到山大，晚上 10 点半离开，回到家 11 点，基本上这八年就这么度过。

这个《清史》项目还没有完成，《山东文献集成》——山东省重大文化项目，省长兼任主编，和《清人著述总目》同时进行，我也是这两个项目同时参加。虽然曾经不再参加，不再做重大项目，不再参加集体项目，但是当这样的一些机会真正摆在你面前时，我又感觉到是义不容辞的。对于我个人来说，帮助泽逊做也好，为学术界作出自己应有的贡献也好，我都觉得有意义。更何况还可以从中学到很多东西，丰富课堂上的教学内容，尤其是文献学的授课，帮助还是非常大，所以这些年一直在做。在《清人著述总目》的基础上，接着就是《清史艺文志》。2012 年又开始了《〈十三经注疏〉汇校》，这个项目的时间应该远远超越以前所做的所有的项目，非常繁琐。虽然工作繁琐，但我们这一些人的繁琐，十年、二十年的繁琐，给学术界用这《十三经注疏》会提供很大的便利。学生嘛，是做一年两年就走了，而我和老杜是年复一年地坐在这儿，长年累月，大概今后的十年、二十年都是这样的一种状态。所以以前放下来的项目，现在来说，就很难再拾起，因为今天的这些项目在推动你往前走。

王：您觉得累吗？

程：不能说累。很多人会认为，你天天坐那儿不枯燥吗？不乏味吗？但是很多科研工作，你不身体力行，你只知道其中的苦，看到其中的苦，不了解其中的甘。我们在汇校的过程里边，会有很多发现，会有很多认识。是不是越早的版本，就越完美没有瑕疵？也并不是这样。那么后来的一些集大成的工作出来的成果，是不是它就是完美无需改进的？也不是。比如说阮刻本，从嘉庆年间问世，影响学界二百年，大家都在用这个版本。他确实是在汇校了很多版本的基础上出现的一个比较好的版本。但是以我们今天的条件，在校对了十八九个版本之后，会对阮刻本有一个重新认识。如果你不通过这样的一番全方位的汇校，你就难以准确地认识阮刻本。阮刻本确实有它的优点，但这不意味着它没有瑕疵。

认识到这些项目的价值，我觉得还是应该去做，而且我也乐意参与其中。再一个就是，和这些年轻好学的才俊们在一起，他们对于现代化的手段掌握得多，我们也能从他们身上学到很多。譬如怎么从电子文库里面下载东西啊，等等。

王：程老师，就刚刚所谈，您作为女性（当然我没有对女性的不敬），在儿子面前是妈妈，在泽逊兄面前又是妻子，您既有照顾家庭的责任，还有照顾他的责任，还要带小孩，也不排除家里还有照顾老人这些事情，您还有您自己的工作，您是怎

么样来处理这些关系的？就是既能够做好家里各种事情，又能帮杜老师做很多大项目，怎么做呢？

程：我觉得这涉及到一个人对婚姻家庭的理解。既然选择了一个人作为终身伴侣，你同时也选择了一种生活模式。就是说，婚姻也好，家庭也好，它需要互相理解，互相包容。如果有条件的话两个人能够在事业上走得更近，可以让这份感情、让整个家庭更稳固，也更充实、更幸福。也正是基于这样的认识，我较好地处理了家庭关系，包括和公婆的关系，和娘家的关系，让我们的后院是稳固和谐的，其乐融融的。我先是在成人高校里，后来是改成普本没有几年的高校工作，我们这类高校主要是以教学为主，科研上给我们的支撑不像这个985、211高校提供的力度大、平台高。那么我有这样一个条件，能够跟着王先生和泽逊一起参与这些重大的项目，我觉得这是其他人想得而不能够得到的，所以我也珍惜它，也愿意一起把这个工作做好，把项目做好。

在2009年到2012年这一段时间，我们学校处于一个评估改制，就是从成人高校改成普通高校的过渡期，我们学校的领导就非常希望我出来做一些行政管理工作。我是多少年来一直愿意从事教学和科研工作，管理工作我觉得很多人愿意做，大部分人也都能把它做好，所以我也并不想做。但是很多事情有时候是基于人情，你要不做就好像不给人家面子，所以在那种客观情况下，我就做了。先做了一年文学院的副院长，后来学校没经过我同意，就调到了教务处，做副处长，分管全校的教学工作。教务处分管教学的工作是极其繁杂的，而且寒假暑假没有休息，我前后做了三年。到2012年的时候恰好赶上山东省的人事工作改革，就是在高校的双肩挑人员（既是教授，又担任行政岗位），你可以做出抉择。你可以继续双肩挑，你也可以选择一头，做处长我就光做处长，做教授就光做教授。但是当时在我们全校，双肩挑人员很多，只有我自己做出了这样的选择，辞去了教务处副处长的职务，回到文学院当老师。这么做有几个原因：一个是觉得行政管理工作能做的人多、愿意做的人也多、能做好的人也多，所以我愿意让贤。还有另一个原因，就是这三年，因为我的学校是在章丘校区，离济南市五十公里，去一次，往返一百公里。那三年坐班，事情又多，早出晚归。早晨六点多出门，晚上七点多回家，一天的时间精力耗尽，往往晚上要早点休息，以便第二天早起。而泽逊是晚上十一点回家。等他回家的时候我休息了，第二天早晨我起床时他还在睡觉。所以他开玩笑说，我一周也不能和程老师说句话，往往是通过打电话。他这边的科研项目，当时是《清人著述总目》《清史艺文志》都在最后的收尾阶段。我就这样离开，我觉得我还牵挂着这些项目，还有另一个根本的原因就是，泽逊不会开车，春天、夏天、秋天都好说，冬天的时候，晚上十点半，骑个电瓶车回家，寒风刺骨，我心里也不忍，这也是最重要的一个原因。这样我可以和他每天一起来一起走，照顾一下他的生活。总之，把项目做好，是我俩共同的心愿。

昨天晚上我们在闲聊，开玩笑地说，假如彩票中奖一个亿，怎么花？我说假如真有这么多钱，就投到《〈十三经注疏〉汇校》上，现在是二十几个人的规模，弄上四五个这样的规模，那么让汇校工作加快进度，快点出来，快点完成。他就说，这还有点觉悟。当时我辞去副处长之职，学校很多人不理解我为什么这么做。在全社会“官本位”的情况下，这么做的人毕竟是少数，而我个人没有一点后悔。这样的经历也让我感觉到，其实人生啊，

1989 年元旦程老师、杜老师结婚合影

每时每刻都处在抉择当中。不仅仅说选男朋友选女朋友，是一个选择，其实你有了婚姻有了家庭，你怎么经营你的家庭，怎么让你的家庭稳固、幸福指数高，这还是一个选择问题。在你工作的过程里，你还面临着选择问题。所以选择太重要。选择一个人也就选择了一种生活模式。我本来是一个比较好动好玩的人，但是泽逊恰好不是这样的人。我觉得他生来，跟王兄一样，就是为学术而生的人，就是离开了这个，没有别的乐趣。我原本不是这样的人，我喜欢运动，我喜欢打球。但是跟泽逊在一起以后，我这些喜好都放下了。

王：可惜吗？

程：有一点点！在我大学毕业以后结婚之前，包括我上西南师范大学一年，天天打球，早晨傍晚都打。

王：是打乒乓球还是打篮球？

程：打羽毛球，打得还不错。到今天，我自己觉得我精力不行，但我的同龄人，和我一样的女性都觉得我很好。至少我现在还可以开车一百公里上章丘，上完课晚上接着回来。有很多同龄的女同事做不到这一点。高速路上晚上开车，她们都不敢，没有这个心劲儿去开。我觉得大概也得益于当年的锻炼。其实现在我偶尔也跟校经处的同学打一打。

王：打一打也好。

程：有时候，同学也说：咦，程老师您打得真不错，打得这么好。我说我打过多年。

王：是童子功。那么也就是说，程老师，现在的社会，人们的看法不一样，尤其对女性和男性的看法有差异，我们整个的社会风气，家庭，男女双方之间，夫妻之间，都会有各种各样的不理解，您觉得您和杜老师这么多年来，这样一种状态。就是说您心里边可惜虽然有一点，但是坚持过来了。我的感觉是您全力以赴地支持杜老师的学术工作，是什么力量支撑着您的这些工作？

程：我想，第一应该说是爱的力量，第二是基于对学术的认识，那么第三是工作的需要。我的工作性质是教学科研，如果没有这样的科研工作，我想我的课堂不会受到这么多学生喜欢，我的科研能力也不会得到提升。多年来在教学上学生一直是很认可我，师生情谊也很深。这一个方面基于学术，另一方面也和做人、做老师对他们的关爱有关系。这一切都源于读书。读书，我想多少还是能让人明理。作为一位知识女性，在处理日常生活的人际关系时，可能会更豁达一些、更理性一些。

王：我觉得这恰恰是很难得的一点，我跟你们夫妻认识也有十多年了，每次跟你们见面，都很少和你们谈生活的琐事，都是在谈学术，而且几乎从你们身上看到的你们整天都是处在急急忙忙的这种学术研究的状态。尤其这几年，年年到山大来，看到你们也都是早出晚归，早上吃完早饭就来山大，午餐、晚餐都是在食堂来吃。在现代这个社会，人们如此注重养生的环境里面，大家都很注重自己身体的情况下，你们几乎是忘我地、全力以赴地投入学术研究的状态之中。就是这样的一种状态，在常人来看是很难理解的，虽然我可以理解，但我们都是普通人。您刚说到，杜老师答应您看一场电影都没做到。换句话来说，您作为女性，这种状态剥夺了您逛商场的权利，剥夺了您娱乐的一些权利，甚至剥夺了您想买菜做饭展示厨艺的机会。就是这样的生活，已经延续了二十多年，还要继续延续二十年、三十年。您一点都不觉得苦吗?

程：怎么说呢，我觉得我有些菜做得还是很不错的，有时候也请同学们回家吃个饭，这时候我的厨艺可以展示一下。我红烧肉做得还是很拿手的，泽逊有一个日本的博士，他的导师让他来跟泽逊学一年，经常一起吃饭。他把中国都走遍了，他说最好吃的红烧肉就是程老师做的红烧肉。

王：因为杜老师是常年做项目，总是有这么一个学术的团队，有一个班子，主要靠自己的学生。我们的学生有些条件并不好。换句话来说，我们的学生不是说觉悟都和我们一样，或者认识都是我们所理解的怎么样。他们会有各种各样的问题，各种各样的问题会影响做项目的进度。那么我听杜老师讲，学生的一些思想工作，学生日常生活的料理，您付出很多，而且和学生又处

得很好。那么您觉得是通过什么样的一种方式，既能够把自己家庭的关系搞好，又能够和学生关系处得这么好，怎么做？

程：我觉得，处理家庭关系也好，在项目组处理和同学们的关系也好，有一点，就是我只求在我，不求他人对你的反馈，对项目对科研的认识需要一个过程。对于很多的同学，他们刚刚来到项目组，他们从各自的地方带着不同的认识来到这里。我们从善意从长辈的角度来慢慢地吸引他们，希望他们走上科研的轨道。我觉得做人做事只要抱着这样的一颗不求回报之心，你就会无怨无悔。所以在我们的人际生活里面，我们没有跟人闹不快的时候。包括我们两家的父母、兄弟姐妹。我们两家兄弟姐妹都很多，都相处得非常融洽。因为经常听同事讲、听朋友讲，家庭的不快，公婆的关系、婆媳关系，兄弟姐妹、妯娌关系，我听到愉快的不多。我觉得我生活在一个幸福的小家庭里面，和两个融洽的大家庭里，就是杜老师的家里，父亲是当老师，妈妈非常了不起。我曾经跟人说，我婆婆是最好的婆婆，我对她的感情，跟对我母亲的感情一样深。杜老师在家里是老大，所以我是大嫂，家里所有的事情都是我在处理，泽逊不管。他对于我处理的结果也很满意，越满意他就越不管。所以对学生我们也是这样。毕竟是老师，我们的年龄，我们的人生阅历要比他们多得多，我们更是把他们当成自己的孩子一样，宽容地来对待他们。像有的硕士同学刚来项目组，回家跟爸爸妈妈讲，跟同学讲，我的老师多么有名，都教授了，每天还吃食堂，早晨来了，晚上十点半才走。有新到的硕士曾直接问我："这是为什么呀？都教授了为什么还要这样用功啊？谁叫他这么做的呢？"我说："没有人叫他这么做的，是他自己愿意这么做。"结果这个学生现在已经是博士了。

她完全理解了我当初对她说的话。所以对学生就是对待孩子一样，以宽容之心、慈爱之心来对待他们。我们的师生关系也是相处得非常融洽。尤其是一些女学生，现在研究生博士生里面，女学生多。她们有好多话不便于和杜老师讲的，就和我讲。很多事情我帮着她们出出主意，甚至帮着她们去解决某些问题。所以我们一直生活在这样一个融洽的团队当中。刚才你说身体保健现在是全社会都非常注重的，其实我个人认为，心情愉快要胜于物质上的保健。再说我们在食堂里面吃得我觉得也不错，因为选择的余地很大。也不是说像我们上大学那会儿就艰苦得了不得，已经不是当初的样子了。

王：这么说吧，我记得，应该是2003年的8月份，天最热的时候，我到济南，第一次来。当时您不在家。

程：我出去上课了。

王：大概是枣庄吧，还是上哪个地方上课了，您不在。

程：是暑期函授课。

王：所以杜老师不让我住宾馆，就住在你们家，就是现在刘老师那个院。我们俩聊了两天两夜。饿了，杜老师弄点菜，我们俩在那吃，晚上住在杜以恒那个房间，孩子当时也不在。晚上我睡觉，有一天睡不着，起来又翻书，翻到杜老师那里有一套《中国丛书综录》，小本的，9块9的那种，上面好像，原话记不得了，杜老师写的一句话，某年某月某日“借十元购得”。印象非常深，您回去查查是不是这么回事。大概是这样，但原话我记不得了。

程：因为这个书我们家有几套，估计应该是最早的那一套。

王：最早小本的那一套。小本上中下三册的那一套。这个事情给我影响很深，也就是说给我的感觉，当然你们生活比一般人要好，但并不是富裕的家庭。后来呢这多少年的接触，你们夫妻很敦厚，对人也很实诚，从你们的穿着来看，也不是很奢侈，也不是说那么很讲究，穿着豪华呀，要怎么样。这样的一个家庭，换句话来说就是，正常的一个家庭，也并不富裕，但是你们在做《清史·艺文志》的时候，包括在做《清人著述总目》和这些项目的时候，一次听杜老师提到过，钱花得不够用的时候，学生还是照样地在做，要付同学工资的，曾经几次，您是拿出家里的钱来垫，好像还垫了不少钱，最后有钱的时候再来补。比方说，正常情况下来说，我拿个千八百地垫，还好说。而你们垫，似乎都是十万八万地垫。

程：我印象中有一次垫得最多的时候，是垫到了十三万多，快到十四万了。

王：这个事情怎么想？什么样的一种动力能让您做出这样一个选择？我相信这是我知道的唯一拿自己家里的钱来做项目的人，其他的人也就不知道。

程：当时在做《清人著述总目》，因为《清史》委的拨款是阶段性的拨款，再加上我们这个项目在当初预算的时候，预算的是八十万张卡片，而事实上，卡片工作完成了以后，我们发现是一百二十四万张。就是八十万涨到一百二十四万。

王：这不是差了三分之一的钱吗？

程：对，这个《清史》委拨的项目钱就不够。不够，在这种情况下，找了很多人抄了卡片，你肯定要付人家报酬的，不能失信于人。在这种情况下，就完全是从家庭积蓄里边垫付这个钱。因为这样滚动式的积累，越积累投入越大，最后到了垫付十几万的时候。这毕竟是国家项目，成书以后会对清代的学术研究有很大的推动，所以愿意从家里垫上这部分钱，而且也觉得不过是寅吃卯粮的事，愿意这么做。但是，当时我们有朋友也很不理解，做国家项目为什么要这样？我说，不过也就是晚给你嘛，不过也就是我们先垫付一部分嘛。那有的朋友也讲，那你这十几万存银行，利息一年也有不少啊。我说那就不能计较这个了。人生都是有得有失，你不可能光看到他的得，一点个人付出都没有。我们在这件事上从来没有抱怨。不仅要垫钱，而且逢年过节，每年请学生吃饭，或者到饭店里吃，或者到家里吃，这些全都是个人负担，这个开销在我们个人的日常支出里面，占的比例不少。因为我们俩很少花钱，吃穿不讲究，很少逛商店，几乎没有专门外出游玩。但是在对学生的投入上，我们还是非常舍得。我觉得能够做出学术工程来，同时呢，也是培养人、教育人的过程。老师怎么做的，学生心里很清楚。很多从我们这里走出去的学生，走向工作岗位的学生，念念不忘当初老师对他们的这点好。所以现在有快递，经常快递东西到校经处，给同学们吃，给不相识的师弟师妹们吃。我想也和当初老师对他们的对待方式有关。所以这种事情，我们也是很高兴的。有好多在这做的同学说，将来我有钱了，我一定也像哪个师姐那样，像哪个师兄那样。我想，这也是教育，这也是育人的一部分。

我记得杜以恒五六岁的时候，我的一个朋友要到家送螃蟹，那个时候螃蟹还是很稀罕的。朋友来家时只有小孩子在家，他下楼拿螃蟹时还带了几个枣庄大石榴给人家。后来这个朋友跟我说，那石榴很好吃。我才知道孩子也懂得礼尚往来。我就问杜以恒："你怎么想起来给他们拿石榴呢？"他说："你们平常不都这么做的吗，有学生来，家里有什么你们就给人家带什么吗。"我就深刻地体会到这个家长潜移默化的作用。

我还感慨，杜以恒刚学会开车，但对车的感觉还不太好，我俩要去售楼处办手续。一停车，他"当"一下撞人家车了。我就问他怎么办，并没有监控，也没有人。我就想考验考验孩子遇到这种事情该怎么办，是逃逸啊，还是去找车主赔偿。他说："那怎么能逃呢，找了车主，我们要赔的，责任在我们。"我们就到售楼处，寻找车主，向车主赔礼道歉。车主恰好是售楼小姐，人很漂亮，也很大度，对我们没有逃逸也很佩服。我想在这些问题的处理上，家长的一些处理方式对孩子的影响还是非常大的。你逃逸了，又没有监控的情况下，可能也找不到我们，但事情不能这么做。这不仅仅是赔偿问题，更重要的是道德问题、做人问题。

王：真心待人，遇上的人也是好人。关键这不光是良心，对孩子会有重大影响。

程：是啊。在这种问题上，我一直强调家长的作用。如果一个家长整天打麻将、扑克，整天吃喝玩乐，指望着孩子愿意读书，那是不可能的。

王：因为榜样的作用是无穷的！

九、读书明理

王：程老师，从您自己所做的这些事来说，您编这个《清史稿艺文志拾遗索引》到《标注索引》，再加上整理五部史书的校勘记，还有整理钱大昕的《十驾斋养新录》，点校《宝礼堂书目》，撰写《山东著名藏书家》这些书，包括自己还做项目，又帮着杜老师做这么多大项目。现在高校读书的女孩子特别多，作为女性来说，您可否给她们一些建议，就是在读书、做科研时，怎么样做，才能让她们感兴趣，能够让她们很有成就感地做下去？

程：对年轻的女学生们来讲，因为她们还没有我们这一份阅历，从我们过来人的角度，年轻的时候该干嘛干嘛，该谈恋爱谈恋爱，该穿穿，但是别忘了一点，别忘了丰富自己，别忘了提升自己。人，谁都不会永远年轻。随着年龄越来越长，需要的内涵也越来越多。你要能应付了你的工作，你应该处理好家庭多方面的人事关系。上要孝敬老人，下要教育好孩子。父母怎么做的，孩子就怎么做，尤其在孩子小的时候。妈妈怎么做，对孩子影响非常大。所以说，当一个妈妈整天沉浸在吃穿玩里边，你的下一代，他也会这样去做。当他上学了，你会觉得他怎么这么不爱学习啊，学习成绩怎么这么差啊。那么年轻的妈妈们应该反省自己，自己是怎么率先垂范的。

我认为，人来到这个世界上，父母是第一任老师，其垂范作用对孩子影响非常大。父母以身作则是必须的，不能够纯感性，想怎么着就怎么着。应该对自己有一个长远的规划，不仅仅光看我这几年，我硕士毕业，我博士毕业，我有了工作就可以了。而应该长期规划自己的工作目标和生活目标。虽然说女性在学术上，在持久的潜力、高度和深度上，不具有先天的优势，因为她对家庭，对生儿育女所付出的要比男性多得多。但是不意味着，女性可以完全脱离这个东西，尤其是现代女性，每个人都要有工作。工作不仅仅要看你的量，还要看你的质，你的为人。那么这一点，必须去读书，必须在年轻的时候去充实自己、提升自己。尤其是学历高的女性，你不能等同于普通的社会女性。读书明理，把学到的、读到的东西，在你的生活里，在你的工作里发挥正能量。就是让你的工作质量、生活质量高于一般人。这样你的心情会更愉快，它是一个良性的循环。现在很多女性都是说，我怎么吃啊，我怎么玩啊，我怎么网购啊。不能杜绝这个东西，但是还应该把主要的时间和精力放在读好书、打好业务功底上，这样你才会持久地释放你的能量。不断地吸纳能量、释放能量，才能让工作和生活更加圆融、更加愉悦。作为现代知识女性，不要经常老是别人怎么样，谁谁怎么样啦，你只品味你对你自己的这份生活满意不满意，有价值没有价值。

王：对，这很重要！

程：但是，年轻的时候很难理解这些。事实上，现在回想回想，上大学的时候，我们有这么清醒的认识吗？也没有。我现在每天在校经处和这么多高智商的女孩在一起，除了做项目，我们也聊天。往往就是自己对人生的一些体会，会和她们无所保留地谈。学生们会觉得，我太伟大了，觉得对杜老师付出很多，甚至于有的女同学、女博士说：杜老师最大的成功不在于他的学术成就，而在于选择了你。我说，这话，我不太同意，但是也不是完全否认。婚姻生活、家庭生活，那一半都很重要。我们说家和万事兴，和谐、后院稳固，是事业成功的基点。离了这儿，恐怕很难做到。

1989 年 7 月与杜老师在三峡客轮合影

王：按照杜老师《〈十三经注疏〉汇校》的进展状态，恐怕要打持久战，您觉得能坚持下去吗？

程：我是尽量地坚持，但是到一些客观原因不能坚持的时候，我也只能为他俩保驾护航，做好后勤保障工作。

王：很不容易啊！我觉得您付出很多，当然好在我觉得公子杜以

恒很优秀，可以不让你们操多少心，但未来还需要你们付出。

程：是的，我愿意为他付出。

王：等于要把泽逊兄他的愿望完成的同时，还要将来扶持杜以恒，接着走下去。

程：扶持杜以恒，扶持杜以恒的女友，我未来的儿媳妇，现在看儿媳妇很优秀。

王：也很不错。

程：这女孩在学术上走得很扎实。

王：就是说，从某种角度说，他们的成功也就是您的成功。我倒觉得，做人呐，在家里、在单位上，对朋友或者对学生、对同事，付出就付出，付出不要求回报。如果求回报的付出不是真付出。同时也要相信，有付出就有回报，但这个回报不是你求来的，不是你硬要来的。但是没有付出，肯定没有回报！

程：我想这种付出，既有家庭的，也有社会的。就是说把他们培养好，培养成热爱学术将来为学术做点事情，既是家庭的荣耀，也是为我们的文化传承作出的贡献。所以并不狭隘地来理解这个事情。

王：凡事不要强求。

程：对，不要强求，不要为怎么样而怎么样。

王：对对对，也就是说，还是我们刚才说的老话题，也要做一些命题作文，这是难免的，也是必需的。但更多情况，能够做一些自己想做的，有足够材料才做一个题目，而不是有题目再去找材料，它还是不一样的，是吧。

程：是的。我觉得我在学术上做的一点事情，我出版发表的一些文章，基本上就是在项目当中的一些发现、一些体会。基本上没有为了论文而论文。就是有水到渠成的一些资料，摆在你面前的时候便写成了论文。

王：所以，我觉得您完全可以把这些文章汇成一个集子，也算是对自己某一个阶段的总结。今天辛苦您了，再次感谢！

2016年6月17日，王老师于山东大学杜泽逊先生办公室采访程远芬先生，访谈稿由尼山学堂宋怡心、林诗丛整理，已经程先生、王老师审定。

读书清华园，钩玄古文献

——刘蔷先生访谈录

刘蔷先生简介

刘蔷先生，1969年生，天津人。先后在北京大学、武汉大学、北京大学获得学士、硕士、博士学位，现任清华大学科技史暨古文献研究所研究员，专攻目录学、版本学和藏书史。1994年至1997年参与季羡林先生主编的国务院古籍整理规划项目《四库全书存目丛书》编纂工作，1997年至2003年主持编纂《清华大学图书馆藏善本书目》，2006年至2007年赴美国哈佛大学访问，2008年赴德国图宾根大学访问，2014年至2015年赴台北“故宫博物院”访问。多次赴欧美、日本、中国台湾访书。先后出版《清华园里读旧书》《天禄琳琅研究》《天禄琳琅知见书录》等著作，发表学术论文80多篇，主编出版《清华大学图书馆藏善本书目》，主持完成国家社科基金项目“海外现存清宫天禄琳琅书的调查与研究”及多个教育部全国高校古籍整理研究工作委员会项目等。

一、求学经历

王锷：刘老师，很高兴您能来到我们学礼堂做客，并接受我们的专访。首先，请您给我们讲讲您求学的经历，以及您是如何走上文献学研究这条路的。

刘蔷先生：说来也简单。我小时候的理想是学历史，学考古。我是天津人，1986 年上大学时，北大历史系和考古系在天津都没有招生，小时候也不太懂，觉得图书馆系就是天天看书，于是报了图书馆学系，本科就这么过来了。1990 年到 1993 年，我在武汉大学图书情报学院，跟谢灼华先生读硕士。谢老师出版过《中国图书和图书馆史》《中国文学目录学》等，有比较大的影响，他是我们国家最早的图书馆学专科学校——湖北私立武昌文华图书馆学专科学校（简称“文华图专”）毕业的。文华图专是我国最早开设图书馆学专业的高等教育学校，1927 年建立，所以，可以说谢老师是老一代的目录学家。我跟谢老师读硕士的时候，他在做明代图书馆史方面的资料，图书馆史是现代的叫法，其实就是对公藏机构或者私人藏书的研究。我跟谢老师做了几年藏书史料的搜集，其间读了一年多的《明史》，把《明史》

里和藏书有关系的记载全都找了出来，做过不少卡片。

1993 年毕业，我被分配到清华大学图书馆，先是安排在自动化部做了大概半年多的数据库建设。正好 1993 年成立清华大学科技史暨古文献研究所，1994 年我被调到这里工作。在清华原先有几位老先生主持编写中国古代科技史，分不同的方向，比如说农业技术史、工程技术史、机械发明史等。图书馆有个组叫工程史料组，就是为清华编写科技史服务的，专门从古籍里去抄辑那些和古代科技有关系的资料卡片，做资料长编。1993 年将工程史料组和图书馆典藏部的古籍组合并，成立我们研究所，请了一位清华的老校友，中国科学院自然科学史研究所的副所长华觉明先生担任第一任所长。他是青铜器专家，正好那年退休，就被聘请到我们学校来。

研究所平常办公和管理归图书馆，但事实上它是校级研究所。我们有硕士点，有历史文献学和科技史两个方向，教学管理是在人文学院，只是资源和办公都在图书馆这边，有一定的独立性。管理上都是按照学校研究机构的标准考核，一直是这样的状态。我们所里的人分两部分，有做科技史的，而像我就纯粹是做古文献的。所以，我从 1993 年工作到现在，已经 23 年了。

王：您本科从北大图书馆学系毕业，然后就到了武大去读硕士。在 80 年代末 90 年代初，读硕士的人还是很少的，那时候的硕士还是相当受重视的，所以才能进清华吧？

刘：是的。那时候到图书馆还比较受重视，不像现在，好像能留在学校的最起码都是硕士，有时你要想是个研究岗位的话，还得是博士。当时我们那个所刚刚成立，我跟时任副所长赵子富聊了聊，他是北大历史系明史方向的博士，许大龄先生的博士，他一看我基本的背景、专业，就说你应该到我们所来，所以很顺利就把我调过去了。因此我只在图书馆自动化部那边建库建了半年多。

二、清华图书馆古籍收藏及善本书目编纂情况

王：刚才听您讲，在清华图书馆自动化部那边时间不长，就到科古所了，到那以后，大概就开始接触古籍了，那请问清华大学图书馆古籍的收藏情况如何？

刘：是的。其实这么多年一直坚持做古籍，也是跟清华图书馆这些“老家底儿”有关系。可能一般人会觉着清华是以理工见长的学校，而且更偏工科，偏实用，像文科都是80年代中期才开始陆续恢复的，怎么会有这么多的古籍呢？其实大致来说，我们总体量有差不多28万册，不到3万种古籍。这些书基本上都是从清华建校开始，在这将近七八十年时间里陆续收藏的。1952年，国家高校院系调整的时候，我们清华的文科院系被取消了，连学生带老师，被合并到北大的相关院系去了。我们第一任所长华老师，他和李学勤先生一样，都是上学的时候是在清华，但是因为1952年院系调整，所以他们又都是北大哲学系的前后届毕业生。清华的人调走了，但书没走，这得益于当时的老校长蒋南翔校长的远见。虽然还是拨走了一些东西，但是图书和文物这些资料基本全留下来了。比如说文物，我们有数量还蛮大的一大批

甲骨资料，在全国有甲骨收藏的单位中，我们排到第十一位。这以前很少被提到，外界也不是太清楚。我们古籍这边，数量听上去好像不太大。全国高校图书馆的古籍藏量，北大是一百五十万册，遥遥领先，谁也比不了，是能和国家图书馆、上海图书馆相提并论的。但是再向下一个层次，像复旦、清华是三四十万册，人大号称四十万册，北师大也说是四十万册，还有华师大、中大、武大、山大这些学校。在数量上，大家都差不多。但如果要从质量上来讲，我们是属于很靠前的，和复旦差不多。这个质量可以拿它著录到《中国古籍善本书目》里的数量做标准，因为这是比较硬的一个标准，清华被著录到《善本书目》里的古籍有两千多种，虽然人大也号称四十万册，但是它著录到《善本书目》的只有九百种。

王：从《中国古籍善本书目》看，清华的善本数量还是很多的。当时你们那边做《清华大学图书馆藏善本书目》，大概也与《善本书目》有关系吧？

刘：嗯。我们馆从80年代初开始参加编纂《中国古籍善本书目》，当时留下了一些《善本书目》的相关材料，是按那时的标准和做法整理的著录草片。曾经在1985、1986年的时候，想把《善本书目》中收录的我们清华的这部分辑出来出版。当时有一个初稿，这个初稿完全按照《善本书目》的收录标准，是个简目，包括书名、卷数、版本几项。因为《善本书目》是联合目录，它没有册、函数，我们也拘泥于它的体例，甚至连索书号也没有，更没有行款、版式这些，是非常简单的一个简目。把《善本书目》草片中的清华藏本抄辑出来，便形成了大概30万字的初稿，手抄在四百字一页的稿纸上，很厚一摞。还请姜亮夫先生题写了书签，姜亮夫先生是清华校友；顾廷龙先生题词，顾老写了个两行的题词；请魏隐儒先生作了不长的一个序，因为魏先生是《中国古籍善本书目》编纂组里负责给清华核查的，所以他比较了解清华的藏书情况。但是后来资金没落实，从 80 年代中期，一直搁置到我工作的那个年代。那时我们古籍库里的线装书还没编完，所以刚开始的时候，我先是参加编目，其实我那个时候最主要的工作还不是做编目，我调到研究所，就赶上一个大事情，1994 年编纂出版《四库全书存目丛书》，这个待会再说。到 1996 年，我在《存目》那边的工作结束，差不多是 1997 年初，寒假后的那个学期，图书馆和科古所决定要出版馆藏的善本书目。正好《存目》那边的工作结束了，馆里就让我编这个善本目录。

刘老师工作照

刚开始的时候，大家觉着编目录是比较容易做的事情，只是把原来的初稿核查一遍就能出版，但是一看，初稿的质量不行。因为和以前相比，业界已经有了更好的范本。比如北京图书馆的五大本目录，早先赵万里先生编的目录，加上后来出版的五大本蓝皮目录，还有比如说像高校善本目录里，早于我们的人大的目录就很好，人大的目录即《中国人民大学图书馆藏善本书目》，是宋平生老师他们做的，虽然说不太厚，但是它是详细著录，包括行款、版式、钤印情况、批校等等，而且版本的鉴定也比较准确。当时我看了这个情况，就给馆里提了个建议，我说现在已经不是 80 年代的那个水平，如果还只是简单地核查一遍去出版的话，揭示的深度、广度都不够。既然要正式出版，那借这个机会，我们就做一个更好、更全面的。那时，因为我之前做了将近三年的《存目》的工作，而且那三年我在《存目》那边做的也是目录版本调查这些事情，加上和杜泽逊老师、罗琳老师等在一个办公室里，受大家熏陶，我也有点自己的想法。另外，我也跟杜老师他们都聊过，说既然让我做这个事情，怎么才能做好，杜老师给了我不少好的建议。后来馆里就说既然年轻人愿意做，那就做呗。那时候确实是年轻，其实现在想想，经历了那么一段做目录的过程，对自己的锻炼也挺大的。虽然你看《清华善本书目》上还有其他两位同事，但是自始至终的就我一个人。我在库里看书就看了两年多时间，把所有善本全部核查一遍，该补的补，该加的加，该重新增订的增订，该删的删，所以整个过程前后加在一起是六年。全部的编和校，包括排版、索引这些事情全是我自己一手做的，等于我们这个目录做了六年，我一个人做了六年。

王：我那几年还关注目录，这几年关注的没有那么多了。在我印象中，大概就高校图书馆馆藏目录来说，中国人大宋老师编的那个和您做的这个，我觉得如果从版本目录学角度来讲，可能体例是最完善的。宋老师编的书目，还题字送我一册。当时杜泽逊介绍我送他一本《三礼研究论著提要》，后来他回赠我一本《中国人民大学图书馆藏善本书目》。现在好像其它高校图书馆没有人把馆藏目录做到这样的一个水准。

刘：目录是揭示馆藏的基本手段，能让学术界了解你藏书的基本情况及价值。但是80年代以前，其实大家的思想还没有那么开放，特别是为学界服务，说我这个馆藏是天下公器的这种思想，其实还不是那么普遍。与我国大规模的编古籍善本联合

《清华大学图书馆藏善本书目》

《清华大学图书馆藏善本书目》
获奖证书

目录，这种调查有关系吧，慢慢地我觉得好像大家更重视，也更愿意花精力去做这个事情了。做目录其实很难，首先难在你要准确。其次，如果是大单位的话，这个事情可能时间会拉的比较长；小单位的话，又没有专业的人来做。这个问题直到现在也一样，例如上海图书馆、复旦大学图书馆等，到现在也都没有出版书本式目录。但还是有其他办法来弥补，不一定出书本式目录，可以在网上检索，也算是把他的馆藏揭示出来了。可是按我们传统的做法，总是一书在手更加直观清晰，有目录的体例、基本情况，很容易就可以看出来这个馆的收藏特色是什么。比如说像我们馆藏的书，就是经部和集部好，而且我们馆里的抄稿本很多，特别是未刊的稿本，一些还是名家或小名家的稿本，这种比较多。你拿着目录书一翻，就很容易看出来这种特点。某个类目基本的情况怎么样，善与不善，全与不全，一目了然。可大家现在都习惯在电脑上去检索，当然是方便，海内外都可以看，但总还不是像书本式目录那么直观。

王：当年我一个老师给我讲，这种工作是能者不为，不能者欲为而不能为之事。从现在的情况来看，很多高校图书馆包括您刚才讲的，不出书的原因当然多了，但恐怕能胜任其事者少是重要原因。

刘：原因有很多方面吧。像我的学弟学妹，他们有时候会觉着在图书馆工作，如果说做古籍工作，能像我这样，有机会做自己的研究等等是很好的。我说你们都是只看到后半段，没看到前半段，前半段其实都是冷板凳，苦不苦是自己感受，但都会有那种积累的阶段。我当年在书库里看书的时候，每天早上一上班，先把茶水晾上，然后就是全天在书库里。那时候书库里也没有电脑，都是用手记，几盒子卡片，都在书库里放着。我就在书车上看，随着书架顺着看，一架一架的，把原来收录的，后来编目的只要是够善本标准的，都看一下。特别是补那些著录项，看似简单，好像就是把行款版式等补一下，难是难在什么呢？一个是藏书印的辨识，还有一个是批校题跋，到底是谁写谁批的，还有就是 80 年代版本鉴定这一块，毕竟不如我 90 年代工作的时候能看到的东西多。按照我在《存目》的训练以及我自己原来的专业基础，可以看出很多问题，那就不断地记下来，然后出了书库再查资料，逐一去补正。所以，我觉得到后来，我对很多的工具书非常之熟，和这几年编《清华大学图书馆藏善本书目》有很大关系，真是自己就锻炼出来了。

王：就是，工具书你用得多了，翻得多了，自然就熟了。即使遇到问题，也知道从哪儿去解决。

刘：当然还有更好的一点，就是鉴定版本方面。我工作的时候虽说也做过古籍编目，但是我们未编古籍大部分编完了，余下数量不多。我编过方志，也编过一些甲类总类（按我们清华分类法来讲）的一些书，但是不会像做善本目录那样，看得那么系统，各个时期的版本都看。所以后来沈津先生请我去哈佛写善本书志，也是相信我基本的版本鉴定素养，因为在那里是各干各的，各写各的，不会再有人去给你把关，你就是要独立地去做事情。所以那几年的工作是很锻炼人的。

王：也就是说通过做《清华大学图书馆藏善本书目》，您目

验了很多古书，在这一块儿打下了很坚实的基础。

刘：可以这样讲。清华的古籍藏书量不大不小，没有像北大、国图那么厚实，但是呢，也还算是四库齐全，而且我们有各个时期的代表性的东西，宋元版书我们有，各类型的比如说套印本、版画等我们都有，从目录的丰富性来讲，我们也足够。我把我们整个书库里的善本书都看了一遍，这是挺难得的一段经历。我自己有一个结集出版的小集子《清华园里读旧书》，那里面的文章，几乎是我工作头十年的文章。工作以后，总是看见好玩的东西嘛，觉着有意思，就陆陆续续写了一些。那时候我有几个硬皮本儿，就跟杜老师当年在《存目》编辑部一样，他是好几个硬皮本儿，我好像硬皮的软皮的都有，有那么几个本儿，随看随记，那里要是挖掘的话，可写的东西还很多。后来慢慢地兴趣转了，但有时听别人说他做什么研究，我能特别快地告诉他们，我们清华馆藏有个什么书你可以看看。我昨天和南京艺术学院的薛龙春老师聊天，他做过王宠研究，王宠的文集叫《雅宜山人集》，王宠岁数不大，他的很多想法，在他跟他哥哥王守之间的书信里讨论到了，我一下子想起来了王守的文集叫《石湖集》，这部《石湖集》没有刻本，都是传抄的，我说我们馆里有部抄本。他就特别惊讶，说他一直想找，原听人说国图有，但就是找不到，他说你们怎么能有，我说我们还就是有，这书我肯定没记错。我对清华馆藏的那种熟悉，都是源于那些年工作的积累。也是自己有兴趣吧，多少还算用心地记了一些东西，有些就陆续地写成文章了，有些还有点记录，后来也是忙得顾不上，将来要退休的话，我就把这些都给整理出来。

王：其实还是平时材料的积累吧。因为您刚才说这个我就突然想起来，我刚到南师来的时候，招的第一个硕士叫万丽文，当时我让她做孙希旦的《礼记集解》。她查了之后，说是孙延钊给孙希旦编过《孙敬轩先生年谱》，在《瓯风杂志》上发过，那个杂志清华有。我说这事好办，就给您打一个电话，三四天您就把东西给我寄过来了。我一提您就说知道，有。也就是说您在那待时间长了，那儿东西摸得很熟，不光是古籍的，包括与古籍有关的刊物上的文章，您都很熟。所以也就是说，做任何事情，如果不去下这么多功夫，要想达到您现在的这个程度是不可能的。

刘：做什么事儿你要是不用心，不用功，可能都没什么收获的。

三、《四库全书存目丛书》编纂情况

王：您参加编纂《存目》，是刚工作就去做了。现在外界可能还是对《四库全书存目丛书》了解得不太多，其实我知道最多的还是从您和杜泽逊老师那里了解的，其他人讲的好像也不多，请您来跟我们介绍下《四库全书存目丛书》的编纂情况。

刘：如果您想了解得更详细、准确一点儿，前两年复旦的吴格吴老师写了一篇文章，讨论90年代这些大规模的古籍整理影印出版的意义，就是90年代那几大套书，他的记述，会更准确一些。杜老师也写过一些文章。就我了解的情况，《存目》这个事情开始其实是很早的，1992年、1993年就有这个动议，包括季羡林先生、顾廷龙先生等。当然后来大家有分工了，顾老那边做的是《续修四库全书》，季先生做《四库存目》的主编。但是刚开始的时候，1991年、1992年，据说最早是胡道静先生提议的，他们好像还是政协会的提案，主张影印出版《四库全书存目丛书》。大家都知道《四库全书》的编纂过程，大概真正抄到《四库全书》里的书，只是所征书的三分之一而已，其余三分之二的书只是留了个书名和提要保存在《钦定四库全书总目》里，同时还禁毁了很多书。这些都和乾隆修《四库》有关系，等于是《四库全书》的不同体系。

以前做古籍影印，大都是由出版社来做，由出版社出资，或是通过国家的一些专项经费。80 年代以来，既有国家古籍整理规划小组，就是原来在国务院的古籍整理规划小组，还有高校古委会，即全国高校古籍整理研究工作委员会，就是安平秋先生他们那边。古委会做的更多的是整理，“十全一海”都是标点整理的，而古籍小组做影印书比较多。可是真要做到《续修四库全书》《四库全书存目丛书》这个规模，资金从哪里来？这两套大书，正好是 90 年代这种大套的影印书的两种运作方式。《续修四库全书》基本上是上海古籍出版社自己出的经费，当然，它是边发行边弄起来。《存目》是民间集资，最早好像是深圳市南山区政府出了一百万，之后合作不好，深圳就退出了，再到后来就以集资的名义筹款。这个集资是在他们编委会内部搞的。

编委会的成员都是大学里的一些老师，主任是刘俊文先生，是《存目》实际的主编，他本人是一位唐史专家，北大历史系教授，后来从做《存目》开始，学校里教学什么的基本上就不怎么做了，全部精力都集中于此。先是做《存目》，后来注册了爱如生公司，“中国基本古籍库”就是他开发的，据传闻他是拿《存目》挣的钱成立了这个公司。我们那时候都叫他刘先生，他也是天津人，特别聪明。所以当时《存目》编委会中，大家都不是专职在做，是兼职在做。成立了一个编委会，还有一个顾问委员会，季先生是主编，像刘乃和先生、王钟翰先生等好多人，很大的一个顾问委员会。同时还有一个工作委会，工委会负责其它的事情，比如它的发行、印刷等。编委会的成员包括您熟悉的杜泽逊老师、罗琳老师，当时还在北师大的倪晓建老师等这些人，还包括刘先生自己的老同学、老朋友，大都是大学里的老师，还有几位像中华书局的张忱石先生、冯宝志先生。那时大家都是风华正茂，精力最好的时候，您想象一下，二十几年前啊。1993 年底、1994 年初成立编委会，我加入他们工作是 1994 年底。我为什么会去呢？他们本来是邀请我们所长赵子富先生去参加这个编委会的工作，但他因为有行政职务去不了，所以就派我去了。每天有半天时间在那边工作，因为工作地点一直是在北大周围，所以也很近。我们这些人的工作情况都不一样，我是每天去半天，可其实我们经常在晚上加班，还加班到很晚。杜老师是在山大上课，下了课坐着火车过来，一个礼拜待几天，他是这种形式。罗老师一般是一个礼拜来两个半天加晚上，可能中午来了，一干就干到后半夜去了，然后再回单位。各自情况都不一样，基本上大家都是花了挺大精力。

刘老师在清华办公室里

当时编委会里，有一个工作流程。杜老师是在总编室，所谓总编室，就是杜老师带一个在他们那儿打工的年轻人，还有另外一个编务，帮他处理事情，大概也就这么三两个人，真正为主的是杜老师。罗老师是在目录室，所有的目录是由他这儿编出，他是第一流程，杜老师也有一半是在目录室这边，他和罗老师做我们的工作目录。工作目录做出来了，就要征集底本，但是这个底本合不合用，能不能用，要通过我们的调查。我们那叫拍摄室，所谓的拍摄室实际上也就我和另外一个同事两个人。所以那时候，杜老师说就看我成天打电话，拿着目录跟人家联系，那时候参加的单位大概有一百多个，都是古籍藏书单位，然后我们就跟人家联系，问你们那儿有没有这个书，是不是什么版本，给我们看一下，给我们填一个工作单。我们有一套工作单，单子发回来后，罗老师再来审查，他们认可了，就和人家谈价钱，那时候都拍缩微胶卷，少量的是缩微平片，谈好后，就把这个胶卷给征集来。这个过程看似简单，但是他们的目录会有反复，调查回来的情况也各式各样，所以得很耐心，很细致。可好处是什么呢？就是跟我们的同行，特别是年长我的老一代的古籍界的同行，就熟悉了。有的我都没见过，但就是通过打电话，然后就了解了大家不同的工作风格，不同的专业水准。比如说北图帮我们做版本调查的是冀淑英冀先生，那时候冀老填的那些单子，字迹写得颤颤巍巍的，虽然她写得不多，可是非常精准，很值得信赖。基本上每个参加单位，我们会有一个联络人，而这个联络人，我现在要说起来，您肯定都知道，都是长我十岁左右的，当时最年富力强的古籍工作者，比如吴格吴老师，比如上海图书馆的陈秉仁先生，比如浙江图书馆的童正伦童老师，基本上都是古籍部主任这一层的，还有辽图的王清原、北大的沈乃文。这些人都是这个行当里最专业的，也是当年来讲最能干的一拨人。所以我自己是觉得那几年的经历挺难得的，大概是别人可遇不可求的一段经历。

我们在编委会，是个大办公室，大家合作得特别好。那时候都年轻，罗老师还不被叫罗老呢，现在他胖了，头发也白了，老开玩笑叫他罗老。那时候大家都叫杜老师小杜，这么多年也是叫他小杜，都改不过嘴来了。因为都年轻，然后做事情都特别认真，配合也很好，编大书这个事情本身也是摸索着在做，而且这种调查，我觉得我们所有参加者在专业方面，都有各自的收获。罗老师此后一直在做《四库》系列，包括后来我也参加了他编的《四库未收书辑刊》和《四库禁毁书丛刊》，他现在又在编《四库著录书丛刊》，等于是几个《四库》系列都做过了。我自己这边，一方面是我们学校派我去编委会工作，另外还有进行的《续修四库全书》的编纂工作，《续修四库全书》在我们馆的调查也是我在做。所以这几方面加在一块儿，大概跟《四库》有关系的这些书和史料，不熟也被迫都熟了。

王：就是当时你们互相在一起，大家也都互相见证了各自的成长过程。您回想起来，这也是非常愉快的一段经历，是很重要的一段学习经历。

刘：我们大家真是怀着各自不同的目的加入到这里来，比如说杜老师是要做他的《四库存目标注》，只有借助大项目他才能够看到这么多东西。我是单位派来的。像罗老师他们那个年代，很多人三十多岁的时候，正是单位的事情对他们来说都不在话下，出来做事情也都特别踊跃的时候。所以现在回过头去看这个过程，其实每个人都有超出于自己当时目标以外的更多的收获。

王：就是当时大家在一起，合作做的事情做了，自己一些

“私活”也干了，也成长了。

刘：特别是像罗老师，他们后来还是用这种运行方式，整理其它大书，给学界直接的好处就是影印了这么多的书出来。有时候我会觉得，现在影印古籍书的名目，如果像《存目》这样，有则更好，如果没有，比如说像《续修》那样，《续修》里面其实收了很多晚近的版本，民国的东西都有，甚至像《帛书周易》这一类的出土材料，它也收了，它只不过是用了“续修四库全书”这个书名，但是乾隆修《四库》以后的，它认为重要的当收的文献，它就影印收进来。所以这种大套书，你不论它编的时候所谓的宗旨是什么，但是客观来讲，都给学界留下了一大批化身千百，容易得到的版本。这是很重要的。

王：对。不仅是你们所编的这些书将来要在历史上留下来，你们工作的这段经历，我想也应该留在《四库》学史里边，这是很重要的一段史料。包括中国的古籍整理，也就是说我们在八九十年代，改革开放初期的古籍整理的工作是怎么进行的，大家做了什么事，这种模式对后代有什么影响，我想都应该留下来。

刘：像现在很多高校，特别是一些比较新的 80 年代以后成立的高校，在古文献这方面，不可能像有家底的学校一样有古籍收藏，它就只能去买这种大套的影印书。我们单位影印古籍的采购，也是我来帮采编勾选，我就看它是不是重复，这些大套书和我们自己的馆藏，和已经影印出版的这些书，这个重复率怎么样。如果重复率超过百分之二三十，我就觉着不好。那我们就要看一看你那些不重的，是不是我们一定要收。影印书的版本要选，哪怕同一种书，版本不同，还是有用的，所以后来我也经常给图书馆灌输这种看法，不管怎么样，影印古籍还是易得的文献，如果能够补充馆藏，你花的钱不多，应该还是尽可能地买进来。

我们经历的这段呢，是从 90 年代初到差不多 2006 年、2007 年前后，这十几年正是大规模影印古籍的比较高峰的一段时间。现在你再看，大家好像又开始回归，更多的是去选主题性的，比如说《诗经要籍集成》《子海》，等等，把主题更加突出一些。而我们是经历了一段四部全包的时期，因为《四库》本身就是包容性的，你不好讲它重点在哪里，但现在开始慢慢又回落到这种专题的丛书中来。

王：专题丛书的编写，必须是要在前期经史子集全包括的这些书的基础上才能进行。如果说没有你们那段工作，现在专题性工作恐怕是难以进行下去的。

刘：是。像以后呢，大概就越来越细化，然后越来越专业，一定是这么个过程。

王：今天您讲的这些问题，我们把它记录下来，将来就会是《四库》学史研究上非常重要的文献依据。

四、《清华园里读旧书》的内容及其编选情况

王：刚才我们谈到的关于《清华园里读旧书》，其实就是您一部版本目录学方面的论文集了。当时您给我这本书的时候，我大概快一个月没有给您回信。有一次您给我打电话，打电话时我正坐在公交车上，在随园返回仙林的路上。在车上我刚好还在读您的书，当时就没和您说什么，还没读完呢，不好给您讲。印象当中那本书分了好像四类还是五类，其实我倒觉得总的来说还是藏书和版本目录这么两大块。我当时说您为什么要编这样一本书，在里边收这些文章，刚才您已经讲了，也就是在图书馆工作过程当中，不断地看到一些材料，就把它记录下来，陆陆续续写成文的。那么显然，这不足以包括您在这些方面的成绩，恐怕还要编《续编》吧。

刘：是。那基本上是我工作头十年的一些文章。锷兄，我觉着我们做文献学这一块儿嘛，写的有些文章呢，是有时效性的。大概有些你做过了，别人也就不用再做了。我当时编选的时候，其中相当一部分是属于揭示馆藏的，我觉着外界对那些大概了解不够，而我是做第一研究的人，有这样的一个优势吧，所以我就

尽我所能把这些都揭示出来。这一类的题目，如果将来我把现在手上的一些专题做完，可能还会陆续不断地进行下去。所以有一段时间，我听人讲文献学想找题目有点难，怎么会这样讲呢？我觉得自己比较擅长这种研究，也更喜欢这样做，就是说我认为文献学最好是以一手文献为基础，从一手文献的研究入手，看别人没看的东西，尽可能地去做一手材料的探究。我一直是这么做的，基本上这也是我自己做研究的路数。

王：这很重要，您是近水楼台，揭示出来让大家知道有什么书，我印象比较深的就是其中揭示了一个光绪皇帝结婚的档案。

刘：《光绪大婚典礼红档》。

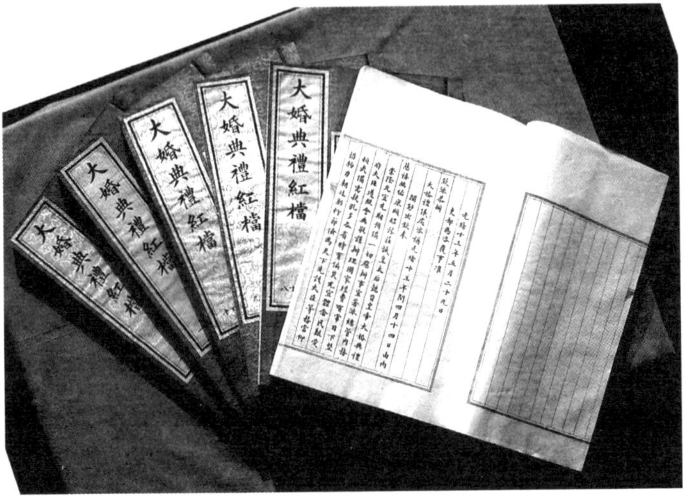

《大婚典礼红档》

王：我最近脑子里边有时候没事会瞎想，我这“学礼堂”微信公众号发什么呢？我还想到您这篇，说什么时候把这篇文章要来，我们也可以作为“古礼漫谈”来发布。

刘：没问题。只要您勾选出来的，我就把电子稿发给您。

王：这些都是很重要的，但是外界不知道。我看了您的书，如果说我哪一天想用到其中什么的时候，我就知道哪里有这样一部书，这些文章是非常重要的。

刘：《大婚典礼红档》，过去只有皇帝结婚才叫“大婚”，现在演员结婚也叫大婚，叫得太随便了。

王：对。你看现在有些称谓也是这样乱七八糟的，河南师范大学吕友仁先生专门在《文史知识》上发文章，谈到这些问题。

五、清华藏古彝文文献的整理

王：您做完这些以后，就去美国哈佛大学帮沈津先生写书志了？

刘：《四库全书存目丛书》做到1997年，然后差不多1998年到2001年又做《四库禁毁书丛刊》，是业余时间做的，公家不会给你半天时间让你不上班，跑到人家那边编书。1999年至2001年还参与做了《四库未收书辑刊》。所以这几套和《四库》有关的大书我都有参与。这段时间在我们馆的主要工作，一是古彝文文献的整理，一是整理我们抗战那批焚余书。清华在抗战的时候南迁，与北大、南开共同成立西南联大，把学校认为重要的一些古籍善本挑出来带走，把最好的东西全带到南方了。这些书寄存重庆的时候，被日本战机扔下的燃烧弹击中，一把火烧得十存一二，存的一二也是残的居多。我们把这批古籍叫“焚余书”，就是烧剩下的书。焚余书自抗战后运回北京，一放就放了六十年，一直没整理。1999年图书馆给学校打了个报告，申请专项经费支持，把这批书给整理出来了，编目、整理、修复，做了一年多时间。

焚余书修复

王：这批焚余书的整理也很重要，里面主要有些什么书？

刘：很重要。2007 年国家文化部开始倡导“中华古籍保护计划”，在这个计划实施之前，我在清华主持做的两个事情，焚余书和彝文古籍的整理修复，都是被业界推举为重要的古籍保护工作，有一定示范作用。焚余书总共两千多册，其中包括一部清雍正铜活字光绪描润本《古今图书集成》，是一部非常特殊的版本，是光绪年间影印大字本的底本，是《集成》出版流传的重要一环，残余五百多册。还有很多其它善本，我有专文做过介绍。老彝文古籍的修复，是针对一批 40 年代在西南地区收集的老彝文典籍，是彝文古籍，那批材料也很重要，包括了很多大部头的彝文著作。这是有来历，有价值，很特殊的一批材料，也是在我们馆里一放就放了几十年，后来都说不清楚是什么文字，开始还以为是纳西文呢。

王：都编了目录了是吧？

刘：都编目了，当时请中央民大一位彝族老师帮我们编的，然后我们全都重新整理出来。我这两个工作都是在2007年以前做的，后来每次国家办重大古籍保护成果展的时候，我们清华的两个修复成果都受邀参展，这在高校里是唯一的。

王：这些真的很重要：焚余书是爱国主义教材，是帝国主义侵略我们的罪证，很重要；彝文古籍这些材料，是民族文献，是研究彝族历史的重要资料。

刘：我没有整理那批彝文古籍以前，以我的认识，老觉着彝文是不是也跟纳西文一样是象形文字，画图的，实际上彝文是高度符号化、高度成熟的文字。而且古彝文还有刻本，里面有一部彝文《劝善经》，应该是明代万历前后所刻，您都想象不出，那是相当于明代的彝文刻本。

老彝文修复

王：也就是说对我们国家少数民族历史、文字的研究来讲，这些是非常重要的材料。

刘：非常重要，而且属于有点边缘地带，现在对少数民族的研究，更多的是文化、历史、文学这方面。因为很多民族没有古籍保存下来，很少的有几个，比如有藏文古籍。那像蒙、满，都很晚，元朝以后才有少量的保存下来。

王：这样来看，清华彝族文献的收藏还是一个特色。

刘：是，而且大家在我们没有整理之前都说不清楚其来历。这批材料是当年马学良先生发现的，他是中央民族大学少数民族文学系的创系的老主任，当年是中央研究院的助理研究员。抗战后，1945 年到 1947 年这段时间，他以中央研究院的助理研究员的身份在彝族地区学彝语、做调查，研究彝风彝俗。在一个末代女土司家里，他发现了这批材料。那个时候有好多外国传教士在彝族地区传教，他们传教的做法，一是把我的经典给你带进来，我建教堂，然后给你看《圣经》这些书；另一方面，我把你的书弄走，有的东西他觉得有用的他就带走，没用的他给你烧掉，毁你的本民族文化。所以，这真是抢救性的发现。当时马先生看到她家里有很多古书，两千多册，就想买下来，但没有钱，他就打报告给傅斯年先生，中研院也没有足够的经费，就跟当时的北平图书馆商量，两家出资把它买下运回来，不光有两千多册书，还有明代的彝文雕版，十几块雕版，是用一支规模很大的马队运出来的。

马先生晚年回忆，运出来的书分成五份，北平图书馆和中央研究院各取一份，剩下一份给了西南联大。马先生的说法是西南联大以后又分了，应该是清华、北大和南开各取一部分，北大和南开那两份至今没发现。我动手整理是 2005 年、2006 年的时候，给两家单位去信，包括通过同行去北大、南开的档案馆、校史馆到处查，没有发现，都没找到。只有我们这份落实了，中央研究院那份在台湾，1949 年被运走了，那是马先生特别心心念念、遗憾的事情，因为拿过去也没有人整理。国图的这部分被改装，他们整理的时候没有彝族学者帮着看，所以装错的，切掉天头的，分装的，错装的，各种情况都有。我们是按照彝族古籍的原状整理的，因为之前我是先做调查，看看现在存下来的传世的这种彝文文献是一个什么状态，应该是怎么个做法，怎么能把它尽可能做好，所有的编目、整理、修复都是先调查，后定方案，然后再实践，这样就比较科学。所以无论彝族学者，还是我们图书馆界古籍善本这一块，包括他们做古籍保护的，方方面面来看，都认为我们做的是很成功的。

王：这也是需要从专业文献角度来做这些事情。

刘：是。所以我就这个事情还写过一篇文章，后来还写了一个英文版的，发在 IFLA 大会的论文集里，IFLA 大会就是“国际图联”大会，2006 年那一届在杭州召开，后来在国外又出版了英文的论文集。因为这个事情比较难得，也有它特殊的意义。

王：对，有它特别的价值。您不说我不知道，我们没有谈过这个事情。

刘：我做的事情可杂呢，在图书馆工作是啥事儿都做。

王：这个真的不亚于当年天一阁花功夫收了一批考试的卷子，顾廷龙先生带一批人在“文革”期间收家谱之类的，当时大家也没觉得这有什么重要的，但是现在来看都是特色。你说彝族文献这当然是清华的特色了，这是非常重要的。

六、美国哈佛燕京图书馆访问学者经历

王：做完彝族古文献整理以后，您才去的美国哈佛大学那边？

刘：是的。2006年夏天，完成了古彝文文献的整理，我就去了美国。哈佛燕京图书馆是1928年成立的，沈津先生最初去是1992年，开始也是以访问学者身份去的，在哈佛燕京图书馆做了两年的访问学者，然后在上海辞书出版社出版了一百多万字的《美国哈佛大学哈佛燕京图书馆藏中文善本书志》。哈佛燕京图书馆从成立到现在，也八九十年了，总共就三任馆长，现在是第三任，每任馆长都做了二三十年。请沈先生去的是第二任吴文津先生，第一任是裘开明先生，他们两人都是做了三十年以上的馆长，都对哈佛燕京贡献很大。吴先生有个想法，就是哈佛燕京这些书很重要，重要到什么程度呢？你看看是什么人收集来的就知道了。顾廷龙先生帮他们搜集，帮他们采购过。这是抗战前后的事情，那时候顾老还在燕京大学工作，有一项工作就是洪业派他去琉璃厂、隆福寺等书店给哈佛燕京学社买书。买来的书，如果这书有副本，两本，那就哈佛燕京一本，燕大一本；只有一本，就燕京一本，燕大留一个晒蓝本。燕大的书都给了北大，所

以现在你看北大馆藏古籍里有些钞本、稿本是晒蓝本，就是这么一个来历。到后来，顾老就不做这个事情了。顾老晚年曾说，他觉着给美国人买书他心里不如意。以顾老当年的眼光，他们这些老燕大的毕业生，都是很有功力的，而且都是学历史出身的，所以说哈佛燕京的书很重要。

王：现在来看留了副本还是不错的。

刘：还是不错的，而且西方学者他们挑中国的文献和我们传统的经史子集那种正经正史不一样，他们会收我们过去所不取的一些材料，比如说像那些朱卷、少数民族的、宗教的，比如说像缙绅录。我们以前甚至认为像方志都不是正儿八经的收藏，我以前就听中国书店的老先生讲，过去卖方志，都整摞整摞地卖，一拐棍儿高的一摞书，大概一块大洋就拿走了，大家都不重视，家谱根本没人收。

王：意思就是正经正史之外的都不太看重。

刘：对，都不看重。那些坊刻本的小集子、小词集，现在拍卖会上卖这么贵，过去人家认为这都是细枝末节的，没人在意的东西，都还是更看重正经正史的书籍。可是因为西方学者就是人所不取他取，反倒真的是留下了，而且很系统、很全，各个朝代的，比如缙绅录。哈佛燕京图书馆里的书架也都是几乎到书库顶这么高大的，就差不多您这儿小半面墙，这么大一面墙的书架上全是清代的缙绅录。

王：各个时期都有吗?

刘：从雍正一直到清末，每个季度的、不同的缙绅录，官刻本、坊刻本都有，非常全。

王：这些东西对研究政治和社会史是非常重要的材料。

刘：是的。特别是我们中国经济史的研究，我们只能从古籍里找到很少材料。反倒是在大家认为是一些杂项的，像文书档案那类书里能找到材料。哈佛燕京图书馆里的古籍和文书是杂在一起排架的，也是这么编目的。吴文津馆长说过，哈佛燕京的东西很重要，它在收藏的数量和质量上，在北美地区应该讲是仅次于美国国会图书馆的。

王：它的地位很重要。

刘：地位很重要，确实也一直是服务于哈佛的东亚系和哈佛燕京学社，这么传承下来的。但它编目情况很差，因为是西方人做的，不准确。像我们的编目，也是90年代在做，大家用善本书目的方式去揭示馆藏。那个时候，公藏单位因为数量太大了，几乎没有编书志的。可是吴先生就有这种眼光，他觉得我在海外，怎么能够让学术界更多地了解馆藏情况呢，所以采用善本书志的体例。可是写书志比编书目更难，所以他就请了沈津先生。吴先生在香港遇到沈津先生，沈先生的舅舅是杨振宁先生。杨先生那时候正在香港中文大学，所以沈先生也被调到香港中大工作。吴先生在香港遇到沈先生，遇到一个合适的人选，问他你愿不愿意做这件事情，沈先生说那可以啊，然后就把他按访问学者的名义请到哈佛燕京来。沈先生也特别用功，他按照他自己的理解，制定了一个体例。因为书志有多种写法，有版本的书志，比如《天禄琳琅书目》就是版本书志，也有像《四库提要》那种介绍作者和编书情况、评价内容优劣的写法。沈先生的做法是结合这两种，既有作者介绍，也有成书经过，这书是怎么编的，版本流传的情况，有哪些特殊的地方等。

王：内容的好与坏这些也都有？

刘：内容评价不占主体，但他的书志是几段式，也有这一部分。

王：就是传统版本学这一块东西他比较全。

刘：沈先生比较看重版本部分，这也是我们擅长的地方，但是他也没有完全把作者和书的内容这一块省去。您看他的体例，第一段是作者，第二段是成书的情况，第三段是书刊刻、流传的情况，再后面一段是存世的情况，照此顺序一段一段写下来。第一段是这部书版本的著录——行款、版式，对版本的基本描述。最后一段是书上面的藏书印、题跋题识。书志嘛，书志是要有体例的，有定式的。

王：他的体例和王重民先生的提要相比，已经是推进了一大步。

刘：对，王先生的提要一般就是一段，基本上还是个版本提要。书志这一类的撰写，其实是有个人的色彩在里面，沈先生把它总结叫“哈佛模式”。“哈佛模式”这个词最早不是他提出来的，是严佐之老师提出来的。严老师写了一篇文章，就讲“哈佛模式”书志的撰写，他当时说“哈佛模式”是指哈佛请人写书志的这种做法，这篇文章发表在台湾的《书目季刊》上。他说所谓“哈佛模式”，一是组织有人，二是经费保证，三是请专人来做，然后就是按照这个单位的需要，制定一个特殊的体例，严老师把它总结为“哈佛模式”。到后来沈先生说得更多的是讲他这种区分于伯克利书志，区分于国内现在出版不多的其它体例的书志，包括区分于台北的“中央图书馆”《“国家图书馆”善本书志初稿》，是跟他们相区别的，他把哈佛燕京善本书志的体例和写法，称作“哈佛模式”。

王：还是有他一定道理的。因为我印象当中，可能是2001年年底或者2002年年初，沈先生给我回过一封信，也是因为给他寄《三礼研究论著提要》。他说他到了美国，那封信是从上海寄出来，他妈妈在上海住，给了我一个地址。所以大概他完全去那边，就是2001年前后。

刘：好像是。所以他那两年做的部分，是为哈佛燕京所藏的宋元明善本写了书志，所有的钞本、稿本、写本等等刻本以外的，以及全部的清代的善本没有写。后来沈先生就留在美国了。清代善本的数量很大，他一个人的力量做不完，然后学社就单出一笔钱，用哈佛燕京访问学者的名义请人来写。沈先生自己写集部，经、史、子三部是请了四个人，因为史部量最大，就请了两个人。头两年的经费是1999年到2001年，先请的是严佐之老师，严老师写经部。紧跟着就是浙江图书馆古籍部的老主任谷辉之老师，谷老师的博士论文是做柳如是的文集，挺棒的。谷老师做了史部的刻本，她写了史部三分之二的刻本，还留了三分之一的刻本。因为史部没有宋元的写本、钞本了，我做的是明代到清代的钞本和那剩下三分之一的刻本，所以我做的史部书特别杂。后来还富余一点时间，丛部也是我写的，所以我写的书志是史部和丛部。

王：大概一年能做多少种呢？

刘：两百多。一天一篇，两百多个工作日吧。每天上午一来，就是跟沈先生进善本书库，因为那个书库是划卡的门禁，不能早于九点，早于九点警报就响了。我跟沈先生在书库门口站着，九点过了两分钟，沈先生就领着我推一辆书车进去取书。然后各写各的，他做他的集部，我做我的史部，顺着书架拿，一种

在美国哈佛燕京图书馆工作

一种拿。基本上一天一种，写一千五百到两千多字。后来越写越快，有时候一天写两种。我应该写了两百多篇吧，最后还加了四十多种丛部的书，三十四五万字。

王：其实专门做确实很辛苦，一天一千多字是很辛苦的。

刘：还好，后来写习惯了就快了。

王：熟悉就快。有些书比较熟练，拿起来就可以写，有些书嘛总得查查看看什么的。

刘：我记得那时候有几部书特别麻烦，比如日记，不知道谁写的，名不见经传，里头净写什么“今天抽大烟了”“明天玩牌了”这些。可是呢，他还是个小文人，有吟诗唱和这些事，还有个小诗社。我们当时的做法是从善本书库里把书推出来，不是只拿一种书，不能老是进库，因为我们进善本书库还不能光我跟沈先生进，还得加上他们 Reference Book 那边的一位同仁跟我们同时进库，所以得多拿几种。万一有的书不够入善的话，这种书就被剔掉。当时沈先生一次拿个四五种，我也是一气儿拿个四五种，反正都是顺着架子拿，也不用看索书号。拿下来的书呢，因为过去是西方人编目的，所以不一定真是善本。你别看它放在善本库，并不一定就是善本书。我要觉着这书根本不够入善，我就说沈先生这书要剔，沈先生看了觉得对，我们就做个记录，把它剔除，将来它要挪到普通古籍库去。入不入善，我自己一票，沈先生一票，我们共同商定。如果可以入善，就坐下来写书志。开始的时候慢，到后来写得就很快了，我们每天九点钟来，我经常两三点就写完了，然后就跑到楼下看书去了。这也是个熟练工种，不是那么难，所以我说有些基本功很考验人，你自己对工具书熟不熟，根据几项要求你能不能特别快地把很多问题落实了，然后把它的价值写出来。我们还好，那时已是在电脑上写作，修修改改反正都很快。严老师全部是手写稿，严老师的字特好看，就写在四百字的格纸上。我特佩服严老师，遇到要修改的地方，他就再裁一纸条，写好后把它贴上，你几乎看不出来它是有修改的，就小小的、整整齐齐地粘在上面。

王：对。他这么做肯定是老师教的。我那时候抄稿子把这一页写错了，我老师李庆善先生就给我讲，他是我和漆永祥的老师，先生说，你不要把稿纸浪费了，把写错的再拿下来，你把字写好了，剪切下来，方方正正再贴这儿，完了誊清那稿子你看不出来哪个地方有错字。所以从那时候我就学会了这么抄。他说你要记住，拿给别人看的稿子上面永远不能有墨团，要干干净净。

刘：是的，我去的时候，严老师那一摞手稿也是这样。我们差不多每个人都是三十多万字，就按这个规模。沈先生他有个观点，他觉着写得越多肯定越好，因为你能写出来的多，说明能告诉人家的东西多，所以他是鼓励多写的。我写的最长的一篇是一万多字，《清代缙绅录》，那一篇好像写了一万七八千字，就是要把那一大架子缙绅书作为一种书志，写明白到底怎么回事。最后大论文一篇，讲了这些不同的缙绅录版本，前后流变之类。我回国后，在湖州开皕宋楼藏书楼国际研讨会，我就把这篇书志改了改，当论文发表，引用率还挺高的。因为在哈佛燕京我看了这么一架子书，书成规模了，就比较容易讲清楚，到底这些不同是怎么回事，比如谁转刻谁。缙绅录那种书，为什么大家不重视它？官名录嘛，都是你家刻了，我把你家的拿来，稍微挖挖改改，又刻，模模糊糊、乱七八糟、一塌糊涂，基本上都是属于“邋遢本”那种的，可是它里面还是能看出之间的关系，挺好玩的。当时那篇我是写了一个礼拜，连查资料，再一本一本地顺，一本一本给搞清楚，那是写得比较费劲的一篇。

王：一万多字一个礼拜，那写得很快了。

刘：等到后来再让我这么写东西，我也觉得累得慌。

王：您在哈佛这一年，干了不少活。

刘：是的。

七、《天禄琳琅研究》的撰写

王：您为什么要写《天禄琳琅研究》?

刘：这个说来话长。我是在2004年的时候，又考回到北大中文系，在安平秋先生名下读博士。我后来做的这些工作实际上都是在文献学领域里，已经和图书馆学分得很清楚了，肯定是考回中文系这边比较对路子。所以2004年开始在职读博士，边上学边工作。也简单，第一年就把所有学分课都修完了，然后做论文，安先生管得很宽松，我们自己想做什么题目就做什么。

我去美国之前，并不是“天禄琳琅研究”这个题目，那时候有点想做《四部丛刊》。我最早的想法还是跟自己的实际工作有关系。就是说，你整理一个什么东西，你做完了以后，这块儿你也会特别熟。因为我后来的工作和研究一直偏版本、偏目录，特别是偏版本这一块，我很想把《四部丛刊》里的版本情况理一下，因为它里面用到的重要版本太多了。后来发现量太大，大就不好弄。我跟杜老师他们聊过，觉着铺散面太大，然后就收心了，想着做博士论文还得实际一点，不能旷日持久。我想要么就做一个人物，要么做一部书，比如一个重要的文献学著作或目录学著作。在选人物时有点反复，想做名家，例如叶德辉，但要尽量做别人没做过的。后来一聊天，有的老师说，我的学生在做。即便他们是硕士论文，我也不想跟人家重复，那我就换题目。我说过，文献学领域有的是可做的题目。

当时选《天禄琳琅书目》，是因为我们做版本研究，是会经常用到这部书目，但用到这部书目时，大家会像看待《四部丛刊》一样，认为这里面错误很多。《四部丛刊》是因为它有些东西没有讲清楚，而《天禄琳琅书目》好像反面教材用到的更多一些。尽管这样，大家很多时候还会引用到《天禄琳琅书目》，因为它里面有大量的宋元版书的记载。可又因为大家觉着这个书目里错误太多了，不可信，所以学界不太重视。我那时候也没有想好怎么做，只是觉着得要找学术史上名头比较大的、有意义的，比如说一些起点的、创制的那些书，可能做起来会好写一点。很显然，《天禄琳琅书目》就版本目录来讲它是非常重要的，不管它有多少错，它的体例在乾隆时代是特殊的。大家现在更多的是研究乾隆时代的《四库全书总目》，这俨然是一个很热门的学问，是个显学，大家认为它很经典，繁衍出很多的方向来。《天禄琳琅书目》属于是冷门的，没有一个人去想想到底这个书目是不是有它足够的影响。其实它影响之大，我觉着在当时那个年代已经显现出来了，因为它是收录到《四库全书》里，前编书目是在《四库全书》里的，所以民间有很多人效法。

开始的时候，我先从目录学这个角度理了一下，稍微一理就看出来了这里可做的余地在哪儿了——藏书还在。通过调查梳理，我越来越坚信其实它存世量是很大的，因为毕竟才二百年，没有散失得那么严重。加上我早年读硕士的时候觉得藏书这块是个挺有意思的角度，我们过去没有说藏书是个学问，后来图书馆学系的老师们觉着藏书楼是跟古代的图书馆有关系的，所以大家才开始重视藏书研究。藏书和目录其实正好是一组对应关系，我想有没有可能把书和目对应起来研究，然后这个思路就比较清楚了。我记得当时跟杜泽逊老师打了一个钟头的电话，我问他说《天禄琳琅书目》值不值得做，杜老师说他的学生唐桂艳做过，做的是硕士论文。因为我跟杜老师聊的时候我的思路是比较成熟的，就说了我想怎么做。我给杜老师讲，我肯定是做最大的两块——版本学一块、目录学一块。版本学这块我不想再做人云亦云的这种，我想做实际的调查，把书和目对应起来。然后目录学这块，我觉得大家重视不够，这是我的切入点，就做这两部分研究。然后杜老师讲，你做，小唐做过的绝达不到你的深度。我基本上就把这个想法定下来了，这是在 2008 年。2008 年夏天我去德国待了三个月，那是以前我们所里做《匠作则例》课题的一个结尾，工作基本上已经结束了。外国学者真的比我们对资料的看法更开放，他们把资料库放在网上供学界使用，但因为是英文的资料库，要校对一些基本的概念，所以我在那边工作就是做一下这些名词术语翻译的校对。那三个月比较自由，我去之前要做的文献基本上都已看过，校对时看得非常快，所以有好多闲暇时间。我去的时候带了一本上海古籍出版社《中国历代书目题跋丛书》中的《天禄琳琅书目》，在德国的时候，没事就看里面提要的写法。回国时我基本上看完了，也把论文框架确定了下来。2008 年九月份回来后，便开展对存世天禄书的调查，做了不到一年。

王：好像就是那一年的十月份还是十一月份，当时在北大，漆永祥喊我们去开会，我听您和杜泽逊两个在聊这个事情。

刘：是。因为那时候，我有一个优势，我本人是在图书馆工作，又和这些公藏单位同仁比较熟悉，所以我可以很快地把基本的目录理出来。理出来以后，一方面我自己去做调查，然后大家也帮了很多忙，有些个别的小书有时候就是一个电话、一封邮件，“你帮我看一下”“上面有没有那个印章”“给我发张书影过来”，等等。基本调查几乎一年就大体出来了，基本调查一出来，2009 年我就申请了国家社科基金的课题。因为我有基本的调查，要做什么都很清楚，评审的时候专家看上去就觉得写得很扎实了。后来有老师就问我要当时课题申报的材料，给大家当一个范本，申请社科基金要怎么写，是怎么个思路。所以都很顺，2009 年就评上了，评上了就好了，有了充裕的经费去出差。我是 2010 年博士毕业，做了两年多。

王：很快就做完了，这当然也还是与您前期的准备、基础都是有关系的。

刘：对，等于调查一年，然后一些复核，所以我 2009 年开始就经常跑各地去调查，比较集中的几个区域，基本上原书都看到了，但那时候台湾去得少。台湾文献学这块要比大陆发展早，特别是文献整理这一块，早年昌彼得先生他们将一些《四库》学的材料整理出版，这些工作比大陆整早了十来年，我们是 90 年代才开始大量出版，他们是七八十年代就出了，80 年代出了好多，包括影印《文渊阁四库全书》。所以他们的目录，比如“故宫”的目录、“央图”的目录、台大的目录，这几家都能看得到，这部分就比较容易做。实际上我去台湾集中调查已经是博士毕业后，《天禄琳琅研究》出版之前，2012 年春天去了三个月，主要是把台北“故宫”的书看了一遍。从 2009 年到 2014 年，只要有机会去台湾，时间多就多看点儿，时间少就少看点儿，就这么不断地去。我现在做的是《天禄琳琅知见书录》，这本书是个理论性的，是研究专著的体裁。现在 word 字数大概有八十万字，放开排版的话就可能得上一百万字吧。

王：做完了没有？

刘：做完了，在进行最后的补充完善。

王：从您本人来说，如果总结个一二三，您觉得《天禄琳琅研究》这本书有哪几个特点？请告诉我们。

刘：我自己总结，我觉着我这种研究方法大家将来可能会借鉴，其实是超出于书本之外的，有点像做历史研究似的，这也是大家比较认可的一点。我不是纯粹的就书目谈书目，而是把“天禄琳琅”作为一个历史事件，写出它的始末源流、来龙去脉，特别是用书和目结合的这种研究方法，大家是比较认可的，这是一点。第二点，其实跟第一点也是有关系的，大概很少有像我这样就原书来做版本研究，很多人可能只是就一种书研究版本、做校勘等，都是针对某一书，而像我这样针对一批书，对一宗材料来做一个整体的研究很少。

王：就是对《天禄琳琅书目》里边所收的所有书的版本都要去调查。

刘：是，目前这种做法的很少很少。

王：假如说一般人来研究《天禄琳琅书目》，就是《天禄琳琅书目》的版本怎么样，而您是针对《天禄琳琅书目》所收书的版本怎么样，它的对与错、是与非来进行研究。

刘：是。乾隆时代，有些说法不能说它是错的，它只是局限于那个时候的水准。《天禄琳琅书目续编》的编纂已经到了嘉庆年间了，那么乾嘉年代版本学的成就究竟是怎么样的？我其实有一个自己的想法，做版本研究，如果去看一下版本学的学术史，看它发展脉络的话，乾嘉时代是一个高峰，民国时期又是一个高峰。我为什么以前想做《四部丛刊》，其实跟这些想法也都有点关系。我现在想，往前追溯就是乾嘉时代，乾嘉时代的版本学内容这么丰富，一下子好像张扬起来。明末的时候人们已经开始重视版本了，但是材料不够丰富，也没有能够把它和学术研究搞得这么紧密。因为有乾嘉的朴学、考据学的需要，大家才开始重视版本。另外同时也是因为大家重视古董的这种风气，重视古董的风气是源自于这部善本目录的，“天禄琳琅”是皇家藏书，书目中体现出重早期版本、重名家收藏的特点。皇家认为宋元版书一定是比明版书好，书目中有很多理念，被由上而下地倡导。所以我觉得版本学史上有一条学理的脉络，你明白了乾嘉时代人们的认识，才好往后理，才能看到晚清、民国时期大家又怎么在看待版本、运用版本。版本学只是个工具，但它和我们的研究有很大的关系。特别是像我们当代又开始回过头来两方面并重，又把它视作古董，觉得古书太值钱了，这个古书怎样怎样。然后做研究的人也不是随便拿个丛书本就当工作底本开始点校、就动手整理，也开始翻回头去理清书的版本源流。

王：其实我们现在大概回顾一下，宋代《郡斋读书志》是稍微带一点版本的。但是尤袤的《遂初堂书目》就比较具体了，可是这两部书目之后，你看整个明代书目带版本的就极少极少。但是到了清代，如果我们撇开私家藏书目录不说的话，国家组织撰写的这两部书目，《天禄琳琅书目》和《续编》，显然它是代表作、是高峰，所以有人如果说它里边错得多、鉴定得不准确，当然这也是它的缺陷，但是如果整个把它放在版本学史上来看，它的地位是不能忽视的。

刘：对，它绝对是个经典，因为从目录学的目录体例来讲，与我们现在的做法是一脉相承的，今天的我们没超出那个时代的认识，包括我自己编我们清华的馆藏善本书目，著录的基本就是这些内容。

王：对，所以有时候我给学生上课，我说我至今认为像张元济先生给潘宗周编的《宝礼堂宋本书录》，其体例之完善、著录之准确，我们现在学者编的很多书目还超不过它。我至今认为它是代表版本目录学最高水准的。那么如果讨论乾嘉时期的版本目录学，恰恰《天禄琳琅书目》和《续编》也是这样一个概念。

刘：它在这一段历史，无论往上延还是往下延都是影响最大的。特别是它之后的书目，有些就是直接继承的关系。说明在乾嘉时代，把古书视同文物，才这么著录。这种做法，大家一下子就接受了，然后一下子就应用开了，而且越到后来著录还更繁密一些。

王：它有开风气之先的这么一个作用。

刘：是。所以当时选研究题目时，我是觉得要找有重大影响的书目来做。

王：这样说来我们的看法还接近，我原来还有时候觉得好像不要说太多，以免别人说你说错了，其实仔细来看真是这么回事。《天禄琳琅研究》其实也是证明了这两部书目它在历史上地位是什么，文献学的地位。那这接下来您要做的工作是什么？

刘：我做了一个书录，我叫它《天禄琳琅知见书录》。天禄琳琅书，前编书已毁，续编书六百六十四部，现在能够找到的是六百二十多部，大约三十部是一点线索没有，还有十几部是比如傅增湘见过，袁克文见过，也有些则一点线索也没有，所以有少量的“知”，绝大部分是我自己亲见，因此取名“知见书录”。

王：就是《天禄琳琅书目》曾经收藏的书的知见书录？

刘：对。是书志体的。

王：那大概再有半年也应该出版了？

刘：应该今年内出版，还是由北京大学出版社出版。我自己确定的体例是关注两块：重版本、重流传。流传是重清宫以后的流传，就是出宫以后的流传，前面主要是重版本，特别是它的版本鉴定为什么错，尤其它的宋元部分判定错的部分，怎么错的？有的是有意的做手脚，有的是编书目的大臣没看到，实际上这个版本的实情是怎么回事，在已出版的《天禄琳琅研究》里只是选择一些例子来写，而《知见书录》是一部书一部书地挨个写。有些天禄书上，比如说它加了什么东西还是删改了什么东西，有些配有书影。所以您问到这个书的价值，特别是后边这一本，当然这两部书可以配套来读，《天禄琳琅研究》像一个综论式的，《天禄琳琅知见书录》都是版本鉴定实例。《天禄琳琅知见书录》可以视作版本学的教材，里面会讲天禄书的版本到底是怎么回事，明代的那些影宋刻本、覆宋刻本，是怎么改头换面后被误认为是宋版书的，等等。这里都是实际的例子，所以我觉着是有一定实践性的。

王：两个大概应该是姊妹篇，其实现在要出版的是《天禄琳琅研究》的副产品。

刘：当年我申请国家社科基金时，计划做的就是上下两编，上编是综论，也拿它当博士论文了；下编是分论，就是即将出版的这一本。我一直是这个思路，看这些书的目的就是弄清楚它的版本到底为什么错。所以《天禄琳琅知见书录》的体量会比《天禄琳琅研究》大一倍以上。

王：赶紧出版，我修订我的《三礼研究论著提要》就可以借鉴了，因为里边有很多《三礼》的书。

刘：是。而且因为是讲版本，所以我有些书也做得比较深，就是这书前面是怎么回事，到底为什么是这个版本，然后它后面的版本，比如说明清以后的，再以它为底本的影刻本有哪些，涉及的本子比较多。但是因为我差不多从2008年做到现在，看书可能会疏密不太一致，所以去年、今年都还在补，这事做得我特别烦闷。

王：这个是正常，也就是说您之所以觉得前面做得疏，现在做得细，也是一个自己慢慢提高认识的过程，这是自然的。

刘：是，特别是去年上半年，我从2014年十二月份到去年七月份，半年多在台北“故宫”做访问，将台北“故宫”所藏的三百多部天禄书又细看了一遍。

王：看到很多书，是吧？

刘：对。真的也是挺让我感动的一段访书经历。我前些年去台北“故宫”看书老是断断续续的，人家也知道我做得挺不容易的。后来，给我提供了一个机会，说可以申请他们的一个专题

在台北“故宫”调查天禄琳琅书

访问的资助，可以安安稳稳地看一段时间的书。一申请就申请成了，然后又特配合，所有的原书全部拿出来看，包括被定为国宝级和重要文物级别的几十部宋元版书。这回比以前看得细致多了，台北“故宫”所藏占存世天禄书的一半，这一半都做得那么细，以前呢因为各种情况看得可能没那么细的，看得比较急的，所以又都翻过头来再补。

《天禄琳琅知见书录》分正编和附录两部分。正编是“《天禄琳琅书目后编》著录书”，总计 664 部，按照《天禄琳琅书目后编》宋、辽、金、元、明顺序，采用检寻历代书目、相关文献和实地目验原书相结合的手段，对如今分散在海内外 60 多个公私藏家的天禄琳琅书，逐一著录，辨析版本，每部书的书名卷数、审定版本、存藏单位、行款版式刻工等版本特征、序跋题记、递藏钤印等，一项一项写下来。附录是“天禄继鉴书”存佚状况、版本实情一览，以及与《天禄琳琅书目》编纂相关之各类“目外书”存世情况。书后还附了一个书名索引，方便检索。“知见”这种写法，跟莫友芝的《郘亭知见书目》一样，可以最大限度地扩大收录范围。我的想法是，尽可能准确无误地反映天禄琳琅藏书的现存情况，所以凡是现存的书，基本上都经过我的目验，书亡佚无存，或尚不知现存何处，则移录文献或者注明前人经眼线索，我相信那些存世的天禄琳琅书，假以时日，早晚会一一重现在世人面前。（编者按：《天禄琳琅知见书录》已由北京大学出版社于 2017 年 4 月正式出版，93 万字，878 页。）

王：那就是所有您经眼过的书，应该手头都拍到几张书影了？

刘：都有。

王：**那将来《三礼》的著作，我就从您这要书影。**

刘：没问题。但是现在国家古籍保护中心想出一个《天禄琳琅》的图录，据说出好几大本大图录式的画册。它出的话，我就不用随文插入卷端书影了，只有当我讲到这个版本有问题的时候才附一个书影来说明。我就不费劲了，否则一下成本还增加好多，我还不胜其烦，得每书每张地去选图，所以我就把部分工作省了。

王：**这个下面还有好多的活要做。**

刘：希望快点干完吧，干完好换个题目。

八、版本目录学的学习与研究

王：刚才您讲二十三年工作期间，做了这么多事，而且还保养得如此姣好。请告诉我的学生们，女性能不能做文献学研究？应该怎么做？

刘：还是要有兴趣吧，我觉得最主要就是有兴趣，有兴趣能做得久，做久了积累多了，自己眼界会不一样。这倒不是我夸口，我觉着有时候大家从学校到学校，可能还是会有些局限，但是你只要踏实下来做，老话说“功不唐捐”，只要你在做，你总有收获，这个收获当时不一定看得见，但是后来慢慢回过头去看，都有用。只要喜欢就能坚持下来，看你喜欢不喜欢了，不喜欢而勉强做，也挺没劲的。其实我们工作环境也没那么好，书上有几百年甚至上千年的尘土，经常书库里出来时鼻子里都是黑的。摸书嘛，那手黑乎乎的，鼻子黑乎乎的，我这鼻炎、过敏什么的都跟这个有关系，看书五分钟就开始擤鼻涕，也习惯了，无所谓了。

王：对。我跟您和杜泽逊都熟，他也是有鼻炎。去年十二月份他把我们招呼到北京人大那边开个会，那一天晚上他在那里坐着，鼻炎犯了，他说他的鼻炎全是扒拉那些发霉的卡片，落的这个病，现在上哪看也看不好。

刘：是。我一进我们古籍书库看书，管库的同事都知道，保证几分钟就开始“啪啪啪”打喷嚏、擤鼻涕。但是习惯了也不觉着怎么样。不用担心女孩子怎么样，反正你天生怎么样也就这么回事，好也好不到哪儿去，坏也坏不到哪儿去。

王：就是只要喜欢、认真做，都可以做出事情来，是吗？

刘：是。当然你自己有兴趣的话，才可能让别人觉得你做的这个事有点意思。你自己都觉着没劲，别人再看就更没劲了。

王：您今天讲的治学经历很重要，尤其对女学生有教育意义。再次感谢！

2016 年 3 月 18 日，王锷老师于学礼堂采访刘蔷先生，访谈稿由刘晓咏、陶晓婷整理，已经刘先生、王老师审定。